백년 지혜 한자 짝글

삼자대구 三字對句

세 자씩 짝을 맞춰 해설한 名句

사단법인 시습학사 편저

이 도서의 국립중앙도서관 출판시도서목록(CIP)은 서지정보유통지원시스템 홈페이지(http://seoji.nl.go.kr)와 국가자료공동목록시스템(http://www.nl.go.kr/kolisnet)에서 이용하실 수 있습니다.(CIP제어번호: CIP2017014305)

국립중앙도서관 출판시도서목록(CIP)

(백년 지혜 한자 짝글) 三字對句
시습학사 편저. -- 서울 : 다운샘, 2017
    p. ;   cm. -- (시습고전총서 ; 5)

ISBN 978-89-5817-374-8 94710 : ₩23000
ISBN 978-89-5817-255-0 (세트) 94710

한자(글자)〔漢字〕
사자 성어〔四字成語〕

714.4-KDC5
495.78-DDC21
CIP2017014305

책을 내며

  시습학사에서는 2014년에 ≪사자대구(四字對句)≫를 출간했고, 이를 이어 지금 ≪삼자대구(三字對句)≫를 출간하게 되었다.
  한자(漢字)의 '짝글' '대구(對句)'는 예로부터 글공부하는 좋은 방법으로 여겨져 왔다. 대구에는 짝을 맞춘 묘미의 쾌감과 암송의 편의가 있기 때문이다. 여기에 압운(押韻)이 더해지면 금상첨화(錦上添花)이다. 이러한 저술로는 당(唐) 이한(李翰)의 몽구(蒙求), 명(明) 소량유(蘇良有)의 용문편영(龍文鞭影) 등이 많이 읽혀졌다.
  필자는 이러한 압운대구(押韻對句)에 흥미를 느끼고 시습학사(時習學舍) 회원들과 공동 작업을 진행하여 마침내 책을 출간하게 되었다. 이번에는 특히 천안(天安) 회원들이 작업을 선도하여 모범을 보였다.
  작업 과정은 기획, 자료수집, 편집, 역주, 교열, 교정으로 이루어졌다. 작업 방식은 회원들의 분담과 협동으로 진행되었는바, 작업이 원활하게 수행된 것은 이전처럼 '시습(時習)'하는 회원들의 찰떡같은 협동심에 의한 결과이다.
  이 책이 독자들에게 고사성어·대구·압운을 이해하고, 나아가 한문을 이해하는 데에 조금이라도 도움이 된다면 매우 다행이다.

출간을 앞에 두고 보니 미흡한 부분이 많고, 또 오자·오역도 심히 우려된다. 사계 제현의 애정 어린 지도편달을 기대한다.

이 책이 나오는 데에는 여러분들의 도움이 있었다. 특히 교열해 주신 선생님들의 필삭(筆削)은 큰 가르침이 되었다. 그리고 어려운 형편에도 불구하고 출판을 흔쾌히 맡아주신 다운샘 김영환 사장님께 깊이 감사드린다.

2017. 입춘절(立春節)
시습학사 이충구 씀

일러두기

○ 본서는 한자(漢字) '짝글' 삼자대구(三字對句)를 수집하여 편집하고 그 한문 원문을 국어로 역주한 것이다.
○ 대구 6자 1연이 연속되어 분리되지 않은 것, 예컨대 "滿招損 謙受益 (자만하면 손해를 자초하고, 겸손하면 이익을 받는다)"과 같은 말은 본래 연속된 대구인바, 일부러 짝을 맞출 필요가 없이 원문 그대로 해설한 것이다. 그러나 각각 분리되어 있는 자료, 예컨대 "屠龍技(용을 잡는 재주)"와 "食牛氣(소를 잡아먹을 기개)"는 필자가 대구로 짝을 찾아 맞추어 해설한 것이다.
○ 본서의 대구는 중첩 글자가 있는 것, 예컨대 "知者樂 仁者壽"('者'가 겹침)도 포함시켰다.
○ 편제는 평수운(平水韻) 106운(韻)의 동(東)·동(冬)·강(江)·지(支) 등의 순서에 의해 격구(隔句), 즉 6자마다 압운(押韻)이 되게 하였다. 그리고 각운(各韻) 안에서의 배열은 한글 자모순으로 하였다. 예를 들면 '상평성(上平聲) 동운(東韻)'의 경우 '공(功), 공(公), 궁(宮), 동(同), 총(聰), 충(忠), 통(通), 풍(風)'의 순서로 배열한 것이다. 한글 '공'은 '공(功), 공(公)'이 있는데 이 경우 바로 앞 글자의 자모순을 따져 '喪厥功', '忠武公', '亡是公', 즉 '궐', '무', '시'의 순서로 배열하였다.
○ 따라서 이를 익히면 삼자성어(三字成語), 대구(對句), 압운(押韻) 세 가지 지식을 동시에 얻게 되는 일석삼조(一石三鳥)의 효과를 꾀할 수 있다.

○ 각 연(聯)의 편집 체제는, '대구 원문 6글자(혹은 9글자 이상), 106운 운목(韻目), 국음, 원문과 국역, 의미 요약 또는 재해석, 6글자를 포함한 확대된 원문 문장과 그에 대한 국역, 출전, 주(注)'로 되어 있다.

○ 동일 자료가 중복되어 제시되는 경우는 번역을 생략하고 앞에 제시된 번역을 참고하게 하였다. 예컨대 '盜跖行 孔子語'와 '懸牛頭 賣馬脯'는 해당 원문이 동일하게 중복되어 제시되었는데, 앞에 제시된 '盜跖行 孔子語'에만 번역을 제시하고 뒤에 제시된 '懸牛頭 賣馬脯'에는 "번역 '盜跖行 孔子語'를 참고하라."라고 하여 생략한 것이다.

○ 목차의 자형(字形)은 크게 제시하였는바, 대구(對句) 본문의 강독용으로 겸용하기 위한 것이다.

목 차

- 책을 내며 / 3
- 일러두기 / 5

1. 평성(平聲) / 23

2. 상성(上聲) / 159

3. 거성(去聲) / 221

4. 입성(入聲) / 285

- 색인(索引) / 345

1. 평성(平聲)

矜其能 喪厥功	23
忠武侯 忠武公	23
烏有子 亡是公	25
言有盡 意無窮	26
昌德宮 景福宮	27
朝夕變 古今同	29
明四目 達四聰	29
修其職 盡其忠	30
窮則變 變則通	31
夢中夢 風裏風	31
滿四澤 多奇峯	32
揚明暉 秀孤松	32
極高明 道中庸	32
惠迪吉 從逆凶	33
懷其寶 迷其邦	34
離必合 合必離	34
百草萎 萬物衰	35
彼一時 此一時	36
詩中畫 畫中詩	37
安其危 利其菑	39
狐埋之 狐搰之	39
天與之 人歸之	40
父生之 師敎之	41
君食之	41
擠人者 人擠之	41
侮人者 人侮之	41
比翼鳥 連理枝	42
名不知 姓不知	43
吹恐飛 執恐虧	43
朝氣銳 暮氣歸	44
畫大謀 決沉機	44
致廣大 盡精微	45
必彈冠 必振衣	45
不俟屨 不俟車	46
河出圖 洛出書	47
柙中虎 網中魚	48
阱中虎 釜中魚	50
俎上肉 鼎中魚	50
齊死生 一毁譽	52
獲山猪 失家猪	52

善易消 惡難除	53	
有若無 實若虛	53	
下愛有 上愛無	54	
用則智 舍則愚	54	
混貴賤 等賢愚	55	
君子儒 小人儒	56	
棄敝屣 獲明珠	57	
山上蓋 水中珠	57	
食志乎 食功乎	58	
貴易交 富易妻	59	
莫空過 不再來	60	
祭思敬 喪思哀	60	
德功言 酒色財	61	
空手去 空手回	62	
誅其君 吊其民	63	
驚天地 泣鬼神	64	
折衝臣 禦侮臣	65	
犬守夜 雞司晨	66	
苟不學 曷爲人	66	
祈五祀 祭百神	67	
棟梁材 柱石臣	68	
富潤屋 德潤身	69	

久則天 天則神	70	
洼則盈 敝則新	71	
股肱臣 社稷臣	71	
幼習業 壯致身	73	
上匡國 下利民	73	
不勉己 欲勉人	73	
疏君子 任小人	74	
親賢臣 遠小人	74	
親小人 遠賢臣	74	
能愛人 能惡人	75	
苟不學 曷爲人	76	
仰畏天 俯畏人	76	
不怨天 不尤人	77	
舜何人 余何人	78	
誓牧野 渡孟津	78	
千載寶 一朝塵	79	
有服親 無服親	80	
首孝弟 次見聞	81	
知某數 識某文	81	
車同軌 書同文	81	
眼不見 心不煩	82	
言顧行 行顧言	82	

鄙夫寬 薄夫敦	83	
東大門 興仁門	84	
南大門 崇禮門	84	
建春門 迎秋門	85	
光化門 敦化門	86	
食不語 寢不言	87	
惡旨酒 好善言	88	
敏於事 愼於言	88	
詩言志 歌永言	89	
難爲水 難爲言	89	
登大寶 履至尊	90	
無慾易 無名難	91	
爲惡易 爲善難	92	
仁民易 愛物難	92	
創業難 守成難	93	
戰勝易 守勝難	95	
放言易 力行難	96	
乘船危 就橋安	96	
去平安 來平安	98	
一日暴 十日寒	98	
言之易 行之艱	99	
三角山 五臺山	99	

重開日 更少年	101
夏曰歲 商曰祀	101
周曰年	101
衆好之 必察焉	103
衆惡之 必察焉	103
鳥逾白 花欲燃	103
虎在山 龍在淵	104
崇文學 重桑田	104
寧玉碎 毋瓦全	105
學聖道 得正傳	106
井底蛙 管中天	106
生紫煙 掛長川	107
風似箭 月如弦	108
賢希聖 士希賢	108
赤兔馬 青龍刀	109
卯金刀 人月刀	110
無伐善 無施勞	112
邀處無 往處多	113
車轂擊 人肩摩	113
吸血鬼 殺人魔	114
築長城 鑿運河	115
君臣正 父子親	116

長幼和		116
小役大 弱役强		116
擊空明 泝流光		117
擊石火 閃電光		118
多諫諍 盡賢良		118
冰淸姿 璧潤望		119
操則存 舍則亡		120
智欲圓 行欲方		121
旣借堂 又借房		122
三不幸 三不祥		123
夏曰校 殷曰序		124
周曰庠		124
飢則附 飽則颺		125
有房杜 並魏王		126
高鳥盡 良弓藏		127
敵國破 謀臣亡		127
泉源壯 流派長		128
書卷氣 文字香		128
雀夕瞽 鴟晝盲		130
志氣大 識見明		130
四美具 二難幷		131
齎盜糧 借賊兵		131
烏頭白 馬角生		132
寧烈死 毋侒生		133
自誠明 自明誠		134
誠則明 明則誠		134
大學敬 中庸誠		134
喪盡禮 祭盡誠		135
名不正 言不順		136
事不成		136
影隨形 響應聲		136
本法意 原人情		137
世皆濁 我獨淸		138
人皆醉 我獨醒		138
狡免死 良狗亨		138
訥於言 敏於行		139
修字典 纂聖經		139
注四書 並五經		140
明倫堂 觀德亭		140
喜有賞 怒有刑		142
除苛賦 止虐刑		142
千里馬 萬里鵬		143
臨深淵 履薄氷		144
打憎蠅 傷美蠅		145

風徐來 波不興	145	山河在 草木深	152
乘肥馬 衣輕裘	146	花濺淚 鳥驚心	152
五花馬 千金裘	147	測水深 昧人心	152
植遺腹 朝委裘	147	難畫骨 不知心	153
騎黃鶴 狎白鷗	148	啓乃心 沃朕心	153
梁上燕 水中鷗	149	無恒産 有恒心	154
畫碁局 敲釣鉤	149	無恒産 無恒心	154
五大洋 六大洲	150	入乎耳 著乎心	155
贊周易 脩春秋	150	先入金 後受任	155
建萬國 親諸侯	151	鷄登塒 鳥入簷	156
三更雨 萬里心	151	釣龍臺 落花巖	156

2. 상성(上聲)

龍生龍 鳳生鳳	159	作舟車 爲耒耜	163
眇能視 跛能履	159	鬢雖殘 心未死	165
安處善 樂循理	160	未知生 焉知死	165
究天文 窮地理	161	鳥有翼 魚依水	166
遏人欲 存天理	161	馬牛羊 雞犬豕	167
正經界 分宅里	162	怒於室 色於市	167
去言美 來言美	163	出乎爾 反乎爾	168

天與賢 天與子	168	
楮先生 管城子	169	
黑松使 陶泓子	169	
樹欲靜 風不止	170	
量吾被 置吾趾	171	
厭家雞 愛野雉	172	
左牽牛 右織女	172	
造基業 垂統緒	173	
盜跖行 孔子語	173	
作結繩 爲網罟	174	
火焠掌 髮懸樑	175	
錐刺股	175	
左準繩 右規矩	176	
柔不茹 剛不吐	177	
魚成魯 帝成虎	178	
花信風 梅熟雨	178	
作舟楫 作霖雨	180	
戰必勝 攻必取	180	
懸牛頭 賣馬脯	181	
僅避狐 更逢虎	182	
驅群羊 攻猛虎	182	
左青龍 右白虎	183	
前朱雀 後玄武	183	
雲從龍 風從虎	185	
前怕狼 後怕虎	185	
欲敗度 縱敗禮	186	
同生兄 同生弟	187	
同腹兄 同腹弟	187	
異腹兄 異腹弟	187	
異父兄 異父弟	187	
難爲兄 難爲弟	190	
居移氣 養移體	190	
子欲養 親不待	191	
救無辜 伐有罪	191	
甘受和 白受采	192	
言寡尤 行寡悔	193	
先睡心 後睡眼	193	
有其善 喪厥善	194	
膽欲大 心欲小	194	
開誠心 布公道	195	
盡君道 盡臣道	195	
京畿道 忠淸道	196	
慶尙道 全羅道	196	
黃海道 江原道	196	

咸鏡道 平安道	196	
水流濕 火就燥	198	
生男惡 生女好	198	
言必信 行必果	199	
彼爲彼 我爲我	200	
書自書 我自我	200	
朝氣銳 晝氣惰	201	
行不翔 言不惰	202	
通金石 蹈水火	203	
下公門 式路馬	203	
自暴者 自棄者	204	
得道者 失道者	205	
捐親戚 棄土壤	206	
親其親 長其長	206	

賤妨貴 少陵長	207
知者動 仁者靜	207
入乎耳 出於口	208
口不言 心自咎	209
樂則安 安則久	209
穿牛鼻 絡馬首	210
啓予足 啓予手	211
湯放桀 武伐紂	211
月如眉 霞似錦	213
易爲食 易爲飮	213
一簞食 一瓢飮	214
春省耕 秋省斂	215
董强項 朱折檻	215

3. 거성(去聲)

玉不琢 不成器	221
人不學 不知義	221
有一弊 有一利	221
竭耳力 竭心思	222

兵凶器 戰危事	223
廢私恩 害公義	223
進以禮 退以義	224
小加大 淫破義	225

無怨難 無驕易	225	
處貧難 處富易	225	
史記一 漢書二	226	
後漢三 國志四	226	
眼中疔 肉中刺	226	
經一事 長一智	228	
山如沐 草似醉	229	
寢不側 坐不邊	229	
立不蹕	229	
有死心 無生氣	230	
屠龍技 食牛氣	231	
空手來 空手去	233	
棄妻子 失匕箸	233	
日月門 鴻雁路	234	
西氷庫 東氷庫	235	
聲爲律 身爲度	236	
三綱淪 九法斁	236	
三握髮 三吐哺	237	
力拔山 氣蓋世	238	
依於仁 游於藝	239	
膚不毀 虎難制	240	
入則孝 出則弟	240	

祈雨祭 祈晴祭	241	
有一利 有一弊	242	
誠於中 形於外	243	
有諸內 形諸外	244	
善可法 惡可戒	244	
前車覆 後車誡	245	
少所見 多所怪	246	
同生姊 同生妹	246	
無賴漢 不良輩	247	
守錢奴 謀利輩	248	
見於面 盎於背	248	
治則進 亂則退	249	
不泄邇 不忘遠	249	
性相近 習相遠	250	
不敢請 固所願	250	
西夷怨 北狄怨	251	
納嘉謀 陳善算	252	
愛酒家 好色漢	253	
耳無聞 目無見	253	
耳有聞 目有見	253	
學不厭 教不倦	254	
出必告 反必面	255	

陰地轉 陽地變	255
分水嶺 分界線	256
等高線 等深線	257
等壓線	257
勤政殿 思政殿	257
輕富貴 安貧賤	258
稀則貴 多則賤	259
遭一蹶 得一便	259
下齊牛 式宗廟	260
出則忠 入則孝	260
斷大刑 赦小過	261
不遷怒 不貳過	262
養不教 父之過	262
教不嚴 師之惰	262
先時者 殺無赦	263
後時者 殺無赦	263
夏之日 冬之夜	264
明於上 親於下	265
登泰山 小天下	265
天下安 注意相	266
天下危 注意將	266
明天子 賢宰相	267
反其仁 反其智	267
反其敬	267
言忠信 行篤敬	268
喪致哀 祭致敬	269
望遠鏡 顯微鏡	270
正容體 齊顏色	270
順辭令	270
修法制 申號令	271
過五關 斬六將	272
盡人事 待天命	272
存其心 養其性	273
鎭國家 撫百姓	273
莫不仁 莫不義	274
莫不正	274
曲則全 枉則正	275
恥其言 過其行	275
聽其言 信其行	276
聽其言 觀其行	276
謹於言 愼於行	277
禮樂崩 夷狄橫	277
遠間親 新間舊	278
根本固 枝葉茂	278

知者樂 仁者壽	279	好好色 惡惡臭	281
飄輕裾 翳長袖	279	賞不僭 刑不濫	282
欲左左 欲右右	280	口有蜜 腹有劍	283
老吾老 幼吾幼	281	不怕慢 只怕站	283

4. 입성(入聲)

侶魚鰕 友麋鹿	285	心有餘 力不足	295
三綱領 八條目	285	損有餘 補不足	295
虛其心 實其腹	286	心有餘 識不足	296
齊得喪 忘禍福	287	倉廩實 衣食足	297
東家食 西家宿	287	濯吾纓 濯吾足	297
其進銳 其退速	288	一擧手 一投足	298
床下床 屋上屋	289	旣平隴 復望蜀	298
挂羊頭 賣狗肉	290	如負薪 如掛角	299
懸羊頭 賣馬肉	291	龜生毛 兎生角	301
明譜系 收世族	291	破廉恥 沒知覺	301
收宗族 厚風俗	292	見其禮 聞其樂	302
假公義 濟私欲	292	刪詩書 定禮樂	302
視爾褥 展厥足	293	興於詩 立於禮	303
去其角 兩其足	294	成於樂	303

繼往聖 開來學	303	
上無禮 下無學	304	
尊德性 道問學	304	
巧者勞 拙者逸	305	
巧者凶 拙者吉	305	
淡如水 甘若蜜	306	
蠶吐絲 蜂釀蜜	307	
縮地法 遁甲術	307	
先名實 後名實	310	
蟹旣逸 網又失	311	
攘夷狄 尊周室	311	
春社日 秋社日	312	
苦言藥 甘言疾	313	
不能移 不能屈	314	
起死人 肉白骨	315	
賜彤弓 揚黃鉞	315	
火始然 泉始達	317	
取無禁 用不竭	317	
如囊螢 如映雪	318	
文王謨 武王烈	319	
辨異端 闢邪說	319	
知仁誼 重禮節	320	
操欺罔 權僭竊	321	
生同衾 死同穴	321	
度爾袭 伸爾脚	322	
責己厚 責人薄	323	
仰不愧 俯不怍	323	
一傳十 十傳百	324	
欲心平 躁心釋	325	
滿招損 謙受益	325	
勤有功 戲無益	326	
因丘陵 因川澤	326	
一人敵 萬人敵	327	
承天休 建皇極	328	
偃干戈 修文德	329	
德勝才 才勝德	330	
志於道 據於德	330	
莫如爵 莫如齒	331	
莫如德	331	
祖有功 宗有德	331	
巧者言 拙者默	336	
巧者賊 拙者德	336	
加不得 減不得	336	
不度德 不量力	337	

室於怒 市於色	338
朝不食 夕不食	339
愼言語 節飮食	339
攀龍鱗 附鳳翼	340
車兩輪 鳥兩翼	340
稻粱菽 麥黍稷	341
巡所守 述所職	342
內志正 外體直	342
三不朽 三不惑	343
少則得 多則惑	344

색인(索引)

ㄱ/345　ㄴ/346　ㄷ/346　ㅁ/347

ㅂ/348　ㅅ/349　ㅇ/350　ㅈ/352

ㅊ/354　ㅌ/355　ㅍ/355　ㅎ/355

* 삼자대구

1. 평성(平聲) … 23

2. 상성(上聲) … 159

3. 거성(去聲) … 221

4. 입성(入聲) … 285

1. 평성(平聲)

矜其能 喪厥功 (上平1東)   긍기능 상궐공

矜其能   재능을 자랑하면
喪厥功   공을 상실한다.

자랑하면 공이 없다.

원문 有其善, 喪厥善, 矜其能, 喪厥功.

번역 훌륭함이 있다고 여기면 훌륭함을 잃고, 재능을 자랑하면 공을 상실한다.

출전 ≪書經 商書 說命中≫

주 ◆ 有其善 … 喪厥功 : 스스로 훌륭함이 있다고 여기면 자신이 더 힘쓰지 않아 덕이 이지러지고, 스스로 재능을 자랑하면 사람들이 힘을 다하지 않아 공이 훼손된다.〔自有其善, 則己不加勉而德虧矣. 自矜其能, 則人不效力而功隳矣.〕(≪書經 商書 說命中 集傳≫)

忠武侯 忠武公 (上平1東)   충무후 충무공

忠武侯   충무후 제갈량
忠武公   충무공 이순신

무훈으로 국가에 공헌한 장수의 시호(諡號)이다.

원문 諸葛亮, 字孔明, 琅邪陽都人也. … 先主遂詣亮, 凡三往乃見. … 詔策曰, "贈君丞相武鄕侯印綬, 諡君爲忠武侯."

|번역| 제갈량(諸葛亮)의 자는 공명(孔明)이요, 낭야(琅邪) 양도인(陽都人)이다. … 선주가 마침내 제갈량에게 갔는데 모두 세 번 가서야 만났다. … 〈후주(後主) 유선(劉禪)이〉 조서를 내리기를, "그대 승상(제갈량)에게 무향후(武鄕侯) 인수(印綬)를 주고, 그대에게 시호를 충무후(忠武侯)로 준다."라고 하였다.

|출전| ≪三國志 蜀志 5권 諸葛亮≫

|주| ◆ 先主 : 개국(開國)한 군주(君主). 특히 삼국의 촉(蜀)나라 유비(劉備)를 일컫는다.

|원문| 甲辰, 策勳第一, 賜效忠仗義迪毅協力宣武功臣之號. 進左議政, 封德豊府院君, 謚忠武.

|번역| 갑진년에 제1등 공훈으로 책봉하여 효충장의적의협력선무공신(忠仗義迪毅協力宣武功臣)의 호칭을 내렸다. 좌의정으로 올렸으며, 덕풍부원군(德豊府院君)에 봉하고 충무(忠武)라고 시호를 내렸다.

|출전| 金堉 ≪潛谷先生遺稿 13권 李統制忠武公神道碑銘≫

|주| ◆ 甲辰 : 선조 37년(1604)에 좌의정과 덕풍부원군으로 봉해졌고, 이순신에게 '忠武'의 시호가 내려진 것은 인조 21년(1643)이며, 영의정에 추증된 것은 정조 17년(1793)이다. ◆ 策 : 임금이 신하에게 명령을 내리다. ◆ 諡法 : ≪문헌비고(文獻備考) 239권 동국현행시법(東國見行諡法)≫의 내용을 중심으로 정리하면, 종친과 문무관(文武官) 중에서 정2품 이상의 실직(實職)을 지낸 사람이 죽으면 시호를 주었다. 후대엔 제학(提學)이나 유현(儒賢), 절신(節臣) 등과 같이 훌륭한 경우에 정2품이 아니어도 시호를 주었다. 죽은 이의 행장(行狀)을 적은 시장(諡狀)을 예조(禮曹)에서 심의한 뒤 봉상시(奉常寺)와 홍문관(弘文館)에 보내어 시호를 정하였다. 시호에 사용되는 글자는 '文, 忠, 貞, 恭, 精, 孝, 安, 翼, 武, 敬' 등 120자인데 한 자 한 자마다 정의(定義)가 있어 생전의 행적(行蹟)에 알맞게 두 자로 만들고 시호 아래 공(公)자를 붙여 부른다.
시호 중에도 문반(文班)에서는 문(文)자를 가장 존귀하게 여겼으며 문반의 시호로는 한문공(韓文公 : 韓愈), 주문공(朱文公 : 朱熹), 문정공

(文正公 : 趙光祖), 문순공(文純公 : 李滉), 문원공(文元公 : 金長生) 등이 있다. 무반(武班)의 시호로는 충(忠)자를 귀하게 여겼다. 특히 충무(忠武)를 가장 영예롭게 여겼는데, 조선조의 충무공은 이순신 외에도 조영무(趙英茂), 남이(南怡), 용성군(龍城君) 준(浚), 정충신(鄭忠信), 김시민(金時敏), 김응하(金應河), 이수일(李守一), 구인후(具仁垕) 등이 있다.

烏有子 亡是公 (上平1東)   오유자 무시공

烏有子 '어찌 이런 일이 있는 사람이냐'라는 뜻의 가공인물
亡是公 이러한 사람이 없다는 뜻의 가공인물.

한나라 사마상여가 작명한 가공인물 호칭이다.

[원문] 子虛子過烏有子, 相與出入乎百代.

[번역] 자허자(子虛子)가 오유자(烏有子)를 만나 서로 백대를 출입하였다.

[출전] 金守溫 ≪拭疣集 4권 喜晴賦≫

[주] ◆ 烏有子 : 오유선생(烏有先生)의 다른 표현임. 실재하지 않는 가공의 인물을 뜻한다. 한(漢)나라 사마상여(司馬相如)가 〈자허부(子虛賦)〉에서 자허(子虛)·오유선생(烏有先生)·무시공(亡是公)이라는 세 가공의 인물을 설정하여 문답을 전개하였던 데서 유래한다. 무(亡)는 무(無)와 통한다. 무제는 사마상여가 지은 〈자허부〉를 읽고 탄복하여 사마상여를 불러 보았는데, 사마상여가 이것은 제후의 유렵(游獵)을 다룬 내용이라고 하면서 다시 자허(子虛), 오유선생(烏有先生), 무시공(亡是公)이라는 가공의 세 인물이 문답하는 형식으로 천자가 유렵하는 것을 묘사하여 무제를 기쁘게 해 주었다.(≪史記 117권 司馬相如列傳≫)

[원문] 相如以子虛虛言也, 爲楚稱. 烏有先生者, 烏有此事也, 爲齊難. 無是公者, 無是人也, 明天子之義.

[번역] 사마상여는 자허를 '허황된 말'로 만들어 초(楚)나라의 아름다움을 지칭하고, 오유선생을 '이런 일이 어디 있냐'는 말로 하여 제(齊)나라 사람들이 초나라를 힐난하는 말이며, 무시공은 '이런 사람이 없다'는 말로 하여 천자의 도리를 천명한 것이다.

[출전] ≪史記 117권 司馬相如列傳≫

言有盡 意無窮 (上平1東) 언유진 의무궁

言有盡 말은 그침이 있으나
意無窮 뜻은 한이 없다.

말은 한계가 있으나 뜻은 한계가 없다.

[원문] 盛唐諸人, 惟在興趣, 羚羊掛角, 無迹可求. 故其妙處, 透徹玲瓏, 不可湊泊. 如空中之音, 相中之色, 水中之月, 鏡中之象, 言有盡而意無窮.

[번역] 성당의 여러 시인들은 흥취에 있어서 영양이 뿔을 나무에 걸어서 자는 것처럼 자던 자리의 흔적을 찾지 못하게 한다. 그러므로 미묘한 곳은 투철하고 영롱하여 덩어리가 지지 않는다. 마치 공중의 소리와 상(相) 속의 색과 물속의 달과 거울 속의 모습과 같아서 말은 그침이 있으나 뜻은 한이 없다.

[출전] 宋 嚴羽 ≪滄浪集 1권 詩辯≫

[주] ◆ 羚羊掛角 : 영양은 양(羊)과 비슷하면서 약간 큰데, 잘 적에는 뿔을 나무에 걸어, 자던 자리의 흔적을 없애 후환을 방지한다고 하는바, 이는 시의 경지가 매우 절묘해서 인위적인 흔적이 보이지 않음을 비유한 것이다.

昌德宮 景福宮 (上平1東)　창덕궁 경복궁

昌德宮　덕을 창성하게 하는 궁, 또는 창성한 덕의 궁,
景福宮　큰 복이 있는 궁.

서울에 있는 왕궁 이름이다.

|원문| 號離宮曰昌德宮.

|번역| 이궁(離宮 : 별궁) 호칭을 창덕궁(昌德宮)이라 하였다.

|출전| ≪太宗實錄 5년 10월 25일≫

|주| ◆ 昌德宮 : 1405년(태종 5) 완공되었다. 1411년(태종 11)에 조성한 진선문(進善門)과 금천교(錦川橋), 1412년에 건립한 궁궐의 정문인 돈화문(敦化門)에 이어 여러 전각들이 차례로 들어서면서 궁궐의 모습을 갖추어나갔다. 임진왜란이 일어나서 불타고 1605년(선조 38)부터 재건 준비를 시작하여 1609년(광해군 원년) 10월 인정전 등 주요 전각이 거의 복구되었다. 1623년 인조반정(仁祖反正) 때 또다시 정전인 인정전(仁政殿)을 제외한 대부분의 건물들이 소실되어 1647년(인조 25)에 가서야 복구가 완료되었다. 이후 역대 왕들은 창덕궁에서 주로 정무(政務)를 보았으며, 1704년(숙종 30) 12월에는 대보단(大報壇)이 조성되었고, 1776년(영조 52) 9월에는 후원에 규장각(奎章閣 : 주합루(宙合樓))이 건립되었다. 특히 임진왜란 이후 법궁(法宮)인 경복궁이 복구되지 못하여 창덕궁은 고종(高宗) 때까지 법궁의 기능을 하였다. 1917년에는 경복궁의 내전(內殿)이 소실되었는데, 교태전(交泰殿)·강녕전(康寧殿)과 그 앞의 동·서 행각 등 많은 건물들이 1918년 경복궁에서 창덕궁으로 이전되면서 대조전(大造殿), 희정당(熙政堂) 등으로 복구되었다. 현재 유네스코 세계유산으로 지정되어 있다.

|원문| 鵂鶹鳴于昌德宮西掖. 翼日, 鳴于典農寺祭器庫.

|번역| 부엉이가 창덕궁(昌德宮)의 서쪽 액정(掖庭)에서 울고, 이튿날은

전농시(典農寺)의 제기고(祭器庫)에서 울었다.

출전 ≪太宗實錄 태종 6년 8월 18일≫

원문 命判三司事鄭道傳, 名新宮諸殿. 道傳撰名, 幷書所撰之義以進. 新宮曰景福, 燕寢曰康寧殿, 東小寢曰延生殿, 西小寢曰慶成殿, 燕寢之南曰思政殿, 又其南曰勤政殿, 東樓曰隆文, 西樓曰隆武, 殿門曰勤政, 午門曰正門.

번역 판삼사사(判三司事) 정도전(鄭道傳)에게 분부하여 새 궁궐의 여러 전각의 이름을 짓게 하니, 정도전이 이름을 짓고 아울러 이름 지은 의의를 써서 올렸다. 새 궁궐을 경복궁(景福宮)이라 하고, 연침(燕寢)을 강녕전(康寧殿)이라 하고, 동쪽에 있는 소침(小寢)을 연생전(延生殿)이라 하고, 서쪽에 있는 소침(小寢)을 경성전(慶成殿)이라 하고, 연침(燕寢)의 남쪽을 사정전(思政殿)이라 하고, 또 그 남쪽을 근정전(勤政殿)이라 하였다. 동루(東樓)를 융문루(隆文樓)라 하고, 서루(西樓)를 융무루(隆武樓)라 하고, 전문(殿門)을 근정문(勤政門)이라 하며, 남쪽에 있는 문[午門]을 정문(正門)이라 하였다.

출전 ≪太祖實錄 4년 10월 7일≫

주 ◆ 景福宮 : 사적 제117호. 현재 서울에 있는 조선시대 5대 궁궐 중 정궁(正宮)에 해당하는 것으로 북쪽에 자리하고 있어 북궐(北闕)로도 불린다. 조선왕조를 창업한 태조 이성계가 한양(漢陽)으로 도읍을 정하고 가장 먼저 한 일 중의 하나가 경복궁을 짓는 일이었다. 1394년(태조 3) 12월 4일 시작된 이 공사는 이듬해 9월 중요한 전각이 대부분 완공되었다. 궁의 이름은 왕조의 큰 복을 빈다는 뜻으로, 이는 ≪시경(詩經) 대아(大雅) 기취(旣醉)≫에 나오는 '군자만년 개이경복(君子萬年 介爾景福 : 군자께서는 만년토록 당신의 큰 복을 크게 누리리로다.)'에서 따왔다. 임진왜란 이전까지 조선왕조의 법궁(法宮)으로 임금이 정무를 보았다. 임진왜란 이후 불타서 창덕궁으로 옮겨갔다가 고종(高宗) 4(1867)년에 대원군(大院君)이 다시 지었다. 5대 궁궐 중 가장 먼저 지어졌으나 이곳에 왕들이 머문 기간은 별궁인 창덕궁에 비해 훨씬 짧다.

[원문] 夜, 鴟鸐鳴于景福宮北園, 上王移居于北涼亭.
[번역] 밤에 부엉이가 경복궁(景福宮) 북원(北園)에서 울므로, 상왕(上王)이 북쪽 양정(涼亭)으로 옮겨 가서 거처하였다.
[출전] ≪太祖實錄 太祖 7년 9월 10일≫
[주] ◆ 上王 : 태조 이성계를 말함. 이성계는 1398년(태조7) 8월 25일에 1차 왕자의 난이 일어난 뒤, 9월 5일에 정종(定宗)에게 전위하여 9월 10일에는 상왕이 되었다.

朝夕變 古今同 (上平1東) 조석변 고금동

朝夕變 아침저녁으로 변하지만
古今同 예나 지금이나 같다.

사람의 마음은 수시로 변하지만, 자연은 한결같음을 말한다.

[원문] 人心朝夕變, 山色古今同.
[번역] 사람의 마음은 아침저녁으로 변하지만, 산의 빛깔은 예나 지금이나 같다.
[출전] ≪推句≫

明四目 達四聰 (上平1東) 명사목 달사총

明四目 사방의 눈을 밝히고
達四聰 사방의 귀를 통하게 하다.

널리 소통하여 견문을 넓혀야 함을 말한 것이다.

원문 舜詢于四岳, 闢四門, 明四目, 達四聰.

번역 순임금이 사악(四岳)에게 물어서, 사방의 문을 열어놓고, 사방의 눈을 밝히고, 사방의 귀를 통하게 하였다.

출전 ≪書經 虞書 舜典≫

주 ♦ 四岳 : 고대에 사방 제후의 우두머리를 말한다. 즉 요(堯) 임금 당시 희화(羲和)의 네 아들인 희중(羲仲), 희숙(羲叔), 화중(和仲), 화숙(和叔)을 말한다. 요 임금이 모든 정사를 이들에게 물어서 의논했다.≪書經 虞書 堯典≫

修其職 盡其忠 (上平1東) 수기직 진기충

修其職 그 직책을 닦고
盡其忠 그 충성을 다한다.

맡은 바 소임에 최선을 다한다.

원문 君子之仕也, 有官守者, 修其職, 有言責者, 盡其忠, 皆以敬吾之事而已, 不可先有求祿之心也.

번역 군자가 벼슬할 적에 관리로서 직책에 책임이 있는 자는 그 직책을 닦고 말에 책임이 있는 자는 충성을 다하여, 모두 자신의 일을 공경할 뿐이오, 먼저 녹봉을 구하는 마음을 두어서는 안 된다.

출전 ≪論語 衛靈公 '事君敬其事' 集註≫

주 ♦ 有官守者 修其職 有言責者 盡其忠 : ≪漢書 85권 谷永傳≫의 "有言責者 盡其忠 有官守者 脩其職"을 인용한 것이다.

窮則變 變則通 (上平1東)　궁즉변 변즉통

窮則變　궁하면 변하고
變則通　변하면 통한다.

끊임없이 변화하여 생명력을 가진다.

[원문] 神農氏沒, 黃帝堯舜氏作, 通其變, 使民不倦, 神而化之, 使民宜之. 易窮則變, 變則通, 通則久. 是以自天祐之, 吉无不利. 黃帝堯舜, 垂衣裳而天下治, 蓋取諸乾坤.

[번역] 신농씨(神農氏)가 별세하자, 황제와 요·순이 나오시어 그 변(變)을 통하여 백성들이 게으르지 않게 하며, 신묘하게 화(化)하여 백성들이 마땅하게 하였다. 역(易)은 궁하면 변하고 변하면 통하고 통하면 오래간다. 이 때문에 하늘이 스스로 도와서 길하여 이롭지 않음이 없는 것이다. 황제와 요·순이 의상을 드리우고 있었으나 천하가 잘 다스려졌으니, 건괘(乾卦)·곤괘(坤卦)에서 취하였다.

[출전] ≪周易 繫辭下≫

[주]　◆ 垂衣裳 : 옷자락을 늘어뜨리고 두 손을 가만히 잡고 있어도 백성들이 스스로 선(善)으로 교화되는 것을 말한다.

夢中夢 風裏風 (上平1東)　몽중몽 풍리풍

夢中夢　꿈속의 꿈이요
風裏風　바람 속의 바람이다.

덧없는 인생이 모두 꿈과 바람 같다.

[원문] 翻覆升沉百歲中, 前途一半已成空. 浮生暫寄夢中夢, 世事如聞風裏風.

|번역| 뒤집히며 떴다 잠기다하는 일생 중에 지난 일이 반쯤은 이미 빈 껍질이 되었네. 덧없는 인생 잠시 꿈속의 꿈에 맡기니, 세상 일 마치 바람 속의 바람처럼 들리네.
|출전| ≪李群玉詩集 中 自遣≫

滿四澤 多奇峯 (上平2冬)　　만사택 다기봉
揚明暉 秀孤松 (上平2冬)　　양명휘 수고송

滿四澤　사방 못에 가득하고
多奇峯　기이한 봉우리처럼 생긴 것이 많다.
揚明暉　밝은 빛을 드날리고
秀孤松　소나무가 한그루가 빼어나다.

사철의 특정한 풍경을 말한다.

|원문| 春水滿四澤, 夏雲多奇峯. 秋月揚明暉, 冬嶺秀孤松.
|번역| 봄 물은 사방 못에 가득하고, 여름 구름은 기이한 봉우리처럼 생긴 것이 많다. 가을 달은 밝은 빛을 드날리고, 겨울 고갯마루에는 소나무 한 그루가 빼어나구나.
|출전| 陶淵明 ≪四時≫

極高明 道中庸 (上平2冬)　　극고명 도중용

極高明　높으며 밝은 것을 지극히 하고
道中庸　중용을 말미암는다.

군자는 중용의 도를 지켜야 한다.

[원문] 君子尊德性而道問學, 致廣大而盡精微, 極高明而道中庸, 溫故而知新, 敦厚而崇禮.

[번역] 군자는 덕성을 존중하고 학문을 말미암으니, 광대함을 지극히 하고 정미한 것을 다하며, 높고 밝은 것을 지극히 하고 중용을 말미암으며, 옛것을 익혀 새것을 알고, 돈후하고 예절을 숭상한다.

[출전] ≪中庸章句 27장≫

惠迪吉 從逆凶 (上平2冬) 혜적길 종역흉

惠迪吉 도를 따르면 길하고
從逆凶 악을 따르면 흉하다.

도를 따라야 함을 말한 것이다.

[원문] 禹曰, "惠迪吉, 從逆凶, 惟影響."

[번역] 우임금이 말하였다. "도를 따르면 길하고, 악을 따르면 흉하니, 이는 그림자와 메아리 같은 것이다."

[출전] ≪書經 虞書 大禹謨≫

[주] ◆ 惠迪吉 從逆凶 惟影響 : 혜(惠)는 순함이요, 적(迪)은 도(道)요, 역(逆)은 도(道)를 위배함이니, 혜적종역(惠迪從逆)은 선(善)을 따르고 악(惡)을 따른다는 말과 같다. 우(禹)가 말하기를, "천도(天道)가 두려울 만하니, 길흉(吉凶)이 선악(善惡)에 응함이 그림자와 메아리가 형체와 소리에서 나오는 것과 같다."라고 하였다.〔惠, 順, 迪, 道也. 逆, 反道者也. 惠迪從逆, 猶言順善從惡也. 禹言天道可畏, 吉凶之應於善惡猶影響之出於形聲也.〕(≪書經 虞書 大禹謨 集傳≫) ◆ 影響 : 길흉의 보답이 그림자가 형상을 따르고, 울림이 소리에 호응하는 것과 같으니 헛되지 않

음을 말한다.〔吉凶之報, 若影之隨形, 響之應聲, 言不虛.〕(≪書經 虞書 大禹謨 孔傳≫)

懷其寶 迷其邦 (上平3江)　회기보 미기방

懷其寶　보배를 품고서
迷其邦　나라를 어지럽힌다.

좋은 능력을 쓰지 않아 국가가 다스려지지 않는다.

[원문] 懷其寶而迷其邦, 可謂仁乎?
[번역] 보배를 품고서 나라를 어지럽게 하는 것을 인(仁)이라고 할 수 있겠습니까?
[출전] ≪論語 陽貨≫
[주] ◆ 懷寶迷邦 : 도덕(道德)을 간직하고서도 나라의 어지러움을 구원하지 않는 것을 말한다.〔懷寶迷邦, 謂懷藏道德, 不救國之迷亂.〕(≪論語 陽貨 集註≫)

離必合 合必離 (上平4支)　이필합 합필리

離必合　헤어지면 반드시 만나고
合必離　만나면 반드시 헤어진다.

헤어지고 만남은 기약이 없음을 말한다.

[원문] 賢人君子之處於世, 合必離, 離必合.

[번역] 현인과 군자가 세상에 살아가는 데에는 만나면 반드시 헤어지고 헤어지면 반드시 만난다.
[출전] 宋 蘇洵 ≪上歐陽內翰 제1書≫

[원문] 離必合, 合必離, 聚散本無期也.
[번역] 헤어지면 반드시 만나고 만나면 반드시 헤어지니, 모이고 흩어짐은 본래 기약이 없는 것이다.
[출전] ≪潛谷先生遺稿 9권 潘中 留別石室先生序≫

百草萎 萬物衰 (上平4支) 백초위 만물쇠

百草萎 온갖 풀이 시들고
萬物衰 만물이 쇠한다.

만물이 조락하는 가을과 겨울을 이른다.

[원문] 胡康侯如大冬嚴雪, 百草萎死, 而松柏挺然獨秀者也.
[번역] 호강후〔胡安國〕는 엄동설한에 온갖 풀이 시들어 죽지만 소나무와 잣나무가 우뚝 홀로 빼어난 것과 같다.
[출전] ≪宋史 儒林傳 5 胡安國≫
[주] • 胡康侯 : 胡安國. 1074~1138. 송나라의 학자. 자는 강후(康侯), 호는 무이선생(武夷先生). 정이천(程伊川)을 사숙하고 사량좌(謝良佐), 양시(楊時), 유초(游酢)와 교유하였다. 남송(南宋) 철종(哲宗) 때 태학박사(太學博士)로 출발하여 고종(高宗) 때 중서사인(中書舍人)이 되었고, 왕안석(王安石)이 ≪춘추(春秋)≫를 학관(學官)에서 폐지하자 20여 년간 ≪춘추≫를 연구해서 ≪춘추호씨전(春秋胡氏傳)≫을 저술하였다. ≪宋史 435권 儒林列傳 胡安國≫

|원문| 秋陰之時, 萬物衰憊. 履霜露, 則其心悽愴而悲哀焉.

|번역| 가을에 만물이 시들어 쇠약해지니, 서리와 이슬을 밟으면 마음이 처량하고 슬퍼진다.

|출전| ≪小學集註 明倫 集解≫

|주| ♦ 履霜露 : 돌아간 부모를 애모함을 말한다. 서리와 이슬이 내려서 군자가 이것을 밟으면 반드시 〈부모를 그리는〉 슬픈 마음이 생기니, 이는 날이 추워져서 그런 것이 아니다.〔霜露旣降, 君子履之, 必有悽愴之心, 非其寒之謂也.〕(≪禮記 祭義≫)

彼一時 此一時 (上平4支) 피일시 차일시

彼一時   저것도 한 때이며
此一時   이것도 한 때이다.

시간과 정황이 달라서 동일선상에서 논할 수 없음을 말한다.

|원문| 彼一時, 此一時也. 五百年必有王者興, 其間必有名世者.

|번역| 저것도 한 때이며, 이것도 한 때이다. 5백 년에 반드시 왕자(王者)가 나오며, 그 사이에 반드시 세상에 유명한 자가 있다.

|출전| ≪孟子 公孫丑下≫

|주| ♦ 彼一時 此一時 : 시간이 같지 않고 정황 또한 달라서 둘 다 끌어와 함께 논할 수 없음을 말한다.〔謂時間不同, 情況亦異, 不能相提並論.〕(≪漢語大詞典 '此一時彼一時'≫)

|원문| 孟子去齊. 充虞路問曰, "夫子若有不豫色然. 前日虞聞諸夫子曰, '君子不怨天, 不尤人.'" 曰, "彼一時, 此一時也."

|번역| 맹자가 제나라를 떠날 때 충우가 길에서 묻기를, "선생님께서는

기쁘지 않은 기색이 있는 듯합니다. 지난날 제가 선생님께 듣기를, '군자는 하늘을 원망하지 않고 남을 탓하지 아니한다.'라고 하셨습니다."라고 하니, 맹자가 대답하기를, "저것도 한 때이며, 이것도 한 때이다."라고 하였다.

출전 ≪孟子 公孫丑下≫

주 ◆ 充虞 : 맹자의 제자. ◆ 豫 : 기쁘다.〔豫, 悅也.〕(≪孟子 公孫丑下 集註≫) ◆ 尤 : 허물하다.〔尤, 過也.〕(≪孟子 公孫丑下 集註≫) ◆ 君子不怨天 不尤人 : ≪論語 憲問≫에 있는 공자의 말을 맹자가 인용한 것이다.

원문 東方先生喟然長息, 仰而應之曰, "是固非子之所能備也. 彼一時也, 此一時也, 豈可同哉? 夫蘇秦張儀之時, 周室大壞, 諸侯不朝, 力政爭權, 相禽以兵, 并爲十二國, 未有雌雄, 得士者強, 失士者亡, 故談說行焉."

번역 동방선생(東方先生)이 길게 탄식하고 우러러 보며 대답하기를, "이것은 진실로 그대가 갖출 수 있는 바가 아니다. 저것도 한 때이고 이것도 한 때이니, 어찌 같을 수 있겠는가? 대저 소진과 장의가 살던 시기는 주나라 왕실이 크게 무너지고 제후가 조회하지 않으며 힘으로 다스려 권력을 다투고 서로 병력으로 굴복시켜 모두 12국이 되었는데, 아직은 자웅이 드러나지 않아서 인걸을 얻은 자는 강해지고 인걸을 잃은 자는 망하였으니, 그래서 설득이 행해졌던 것이다."라고 하였다.

출전 ≪漢書 65권 東方朔傳≫

詩中畫 畫中詩 (上平4支) 시중화 화중시

詩中畫 시 속에 그림이 있고
畫中詩 그림 속에 시가 있다.

경물 묘사를 잘 한 시와 시적 정취가 풍부한 그림을 나타내는 말로, 시 쓰고 그림 그리는 역량이 모두 뛰어남을 뜻한다.

원문 昔聞詩中畫, 今見畫中詩. 芭蕉生雪裏, 只有輞川知.

번역 과거에 듣기로 시 속에 그림이 있다 하였는데 지금 보니 그림 속에 시가 있구나. 파초가 눈 속에서 나는 것은 망천(輞川)만이 알리라.

출전 明 胡奎 ≪斗南老人集 6권 五言絶句 畫≫

주 ◆ 詩中畫 畫中詩 : '詩中有畫 畫中有詩'의 생략이다. ◆ 輞川 : 당(唐)나라 시인 왕유(王維)의 별장(別莊)이 있던 곳. 왕유가 일찍이 그 곳의 승경(勝景)을 그린 것이 바로 망천도(輞川圖)이다. 망천 별장 주위의 아름다운 경관 20곳을 골라 각기 이름을 붙이고 시를 읊었는데, 세상에서는 이를 망천이십경(輞川二十景)이라고 한다.(≪王右丞集 14권≫) ◆ 畫 : '畵'(그림 화)로도 쓰는데 '畫'의 속자이다.

원문 味摩詰之詩, 詩中有畫, 觀摩詰之畫, 畫中有詩.

번역 마힐(摩詰 : 왕유)의 시를 음미하면 시 속에 그림이 있고, 마힐의 그림을 보면 그림 속에 시가 있다.

출전 宋 蘇軾 ≪東坡志林 題王維藍關煙雨圖≫

주 ◆ 摩詰 : 왕유(王維)의 자. 701~761. 산서성(山西省) 태원(太原) 사람. 당(唐)나라 때의 시인(詩人)이자 화가(畫家). 자연을 소재로 하여 불교사상을 바탕으로 한 서정시에 뛰어나 '시불(詩佛)'이라고 불리며, 수묵(水墨) 산수화에도 뛰어나 남종문인화(南宗文人畫)의 창시자로 평가받는다. 만년에 별장에 은거하면서 전원생활(田園生活)을 했는데, 그의 전원시(田園詩)는 예술적 성취가 매우 높다. 저서로 ≪왕우승집(王右丞集)≫이 있다. '詩中有畫 畫中有詩'라는 소동파의 평가는 왕유의 시에는 화의(畫意)가 넘치고 그림에는 시의(詩意)가 풍부함을 동시에 나타낸 것이다.

安其危 利其菑 (上平4支) 안기위 이기재

安其危 위태로움을 편안히 여기고
利其菑 재앙을 이롭게 여긴다.

위험과 재앙을 깨닫지 못함을 말한 것이다.

[원문] 孟子曰, "不仁者可與言哉? 安其危而利其菑, 樂其所以亡者. 不仁而可與言, 則何亡國敗家之有?"

[번역] 맹자가 말하였다. "불인(不仁)한 자와 더불어 말할 수 있겠는가. 위태로움을 편안히 여기고, 재앙을 이롭게 여겨, 망하게 되는 짓을 즐긴다. 불인한 자라도 더불어 설득할 수 있게 된다면 어찌 나라를 망하게 하고 집안을 패하게 하는 일이 있겠는가."

[출전] ≪孟子 離婁上≫

[주] ◆ 安其危 利其菑 : 위태로움과 재앙이 되는 줄을 알지 못하고, 도리어 편안하고 이로운 것으로 여기는 것이다.〔安其危利其菑者, 不知其爲危菑, 而反以爲安利也.〕(≪孟子 離婁上 集註≫)

狐埋之 狐搰之 (上平4支) 호매지 호골지

狐埋之 여우가 묻고
狐搰之 여우가 파낸다.

의심이 많으면 성공하지 못함을 말한 것이다.

[원문] 夫諺曰, "狐埋之而狐搰之, 是以無成功." 今天王旣封殖越國, 以明聞于天下, 而又刈亡之, 是天王之無成勞也.

[번역] 속담에 말하길, "여우가 묻었다가 여우가 파낸다. 이러한 까닭으로 성공하지 못한다."라고 하였다. 지금 천왕이 이미 월나라를 봉해주어 천하에 명성을 밝히고 또 베어서 없애니, 이것이 천왕이 공을 이루지 못하는 것이다.

[출전] ≪古今圖書集成 明倫彙編 勳爵部≫

[주] • 狐埋 狐搰 : ≪국어 오어≫에 "여우가 묻었다가 여우가 파낸다. 이러한 까닭으로 성공하지 못한다."라고 하였다. 위소(韋昭) 주에 "매(埋)는 감추는 것이다. 골(搰)은 파내는 것이다."라고 하였으니, 여우의 성질이 의심이 많아 한 물건을 묻어 감추었다가 곧 파내어 조사해봄을 말한다. 의심이 매우 지나침을 비유한다.〔≪國語 吳語≫, "狐埋之而狐搰之. 是以無成功." 韋昭注, "埋, 藏也. 搰, 發也." 謂狐性多疑, 才埋藏一物, 就掘出查看. 喩疑慮過甚.〕(≪漢語大詞典 '狐埋狐搰'≫)

天與之 人歸之 (上平4支) 천여지 인귀지

天與之 하늘이 그에게 주고
人歸之 사람들이 그에게 귀의하다.

문왕의 덕이 하늘과 사람을 감동시키다.

[원문] 文王之德, 足以代商. 天與之, 人歸之, 乃不取而服事焉, 所以爲至德也. 孔子因武王之言而及文王之德, 且與泰伯, 皆以至德稱之, 其指微矣.

[번역] 문왕의 덕은 상나라를 대신할 만하였다. 그리하여 하늘이 주고, 사람들이 귀의하였는데도 도리어 상나라를 취하지 않고 복종하여 섬겼으니, 이 때문에 지극한 덕이 된다. 공자가 무왕의 말로 인하여 문왕의 덕을 언급하고, 또 태백과 함께 모두 지극한 덕이라 칭하였으니 그 뜻이 은미하다.

[출전] ≪論語 泰伯 集註≫

父生之 師敎之 君食之 (上平4支) 부생지 사교지 군사지

父生之 아버지는 나를 낳으시고
師敎之 스승은 나를 가르치시고
君食之 임금은 나를 먹여준다.

사람은 세 분의 은혜로 살게 됨을 말한 것이다.

[원문] 民生於三, 事之如一, 父生之, 師敎之, 君食之. 非父不生, 非食不長, 非敎不知, 生之族也.

[번역] 백성은 세 분에 의해 살아가니 하나같이 섬겨야 한다. 아버지는 낳아 주시고, 스승은 가르쳐 주시며, 임금은 먹여주신다. 아버지가 아니면 태어날 수 없고, 음식이 아니면 성장할 수 없고, 가르침이 아니면 알지 못하니, 살게 한 것은 같다.

[출전] 《國語 晉語1》

[주] ◆ 君食之 : 食는 음을 '사'로 읽고 '먹이다'로 풀이한다.

擠人者 人擠之 (上平4支)   제인자 인제지
侮人者 人侮之 (上平4支)   모인자 인모지

擠人者 남을 배척하는 사람은
人擠之 남도 그를 배척하고
侮人者 남을 업신여기는 자는
人侮之 남도 그를 업신여긴다.

인간관계의 원인과 결과는 모두 자신에게서 유래함을 말한 것이다.

[원문] 擠人者人擠之, 侮人者人侮之, 出乎爾者反乎爾, 理也.

[번역] 남을 배척하는 사람은 남도 그를 배척하고, 남을 업신여기는 자는 남도 그를 업신여긴다. 네게서 나와서 네게로 돌아가는 것이 이치이다.

[출전] 宋 張載 ≪張載集 正蒙下 有德 제12≫

比翼鳥 連理枝 (上平4支) 비익조 연리지

比翼鳥   날개를 합하는 새
連理枝   결이 합쳐진 나뭇가지

일체(一體)가 되어 떨어질 수 없는 관계로, 부부나 짝을 말한다.

[원문] 七月七日長生殿, 夜半無人私語時. 在天願作比翼鳥, 在地願爲連理枝. 天長地久有時盡, 此恨綿綿無絶期.

[번역] 7월 7일 칠석날 장생전(長生殿)에 한밤중 아무도 없이 둘이서 속삭일 때, 하늘에선 비익조(比翼鳥)가 되기를 원하고 땅에선 연리지(連理枝)가 되기를 원하였지. 하늘과 땅이 오래되어 다할 때가 있어도 이 한스러움은 줄줄이 끊길 날 없으리.

[출전] 唐 白居易 ≪白氏長慶集 12권 長恨歌≫

[주] ◆ 七月七日長生殿 … : 당(唐) 현종(玄宗)과 양귀비(楊貴妃)의 사랑을 읊은 장한가(長恨歌)의 끝 부분으로 영원한 한을 애절하게 표현한 것이다. ◆ 長生殿 : 당나라 화청궁(華淸宮)의 전각 이름. 섬서성(陝西省) 임동현(臨潼縣) 성남(城南) 여산(驪山) 기슭에 있다. 그 곳에 온천이 있어 현종과 양귀비가 목욕을 하러 다녔다. ◆ 比翼鳥 : 눈 하나와 날개 하나만 있는 새여서 두 마리가 서로 나란히 합쳐야 두 날개를 이루어 날 수 있는 새. 흔히 애정이 두터운 부부를 비유한다. ◆ 連理枝 : 뿌리가 서로 다른 두 나무의 가지 결이 서로 연이어 붙어 하나가 된 나뭇가지. 역시

애정이 두터운 부부를 비유한다.

名不知 姓不知 (上平4支)　명부지 성부지

名不知　이름도 모르고
姓不知　성도 모른다.

전연 모르는 사람을 말한다.

[원문] 名不知, 姓不知.
[출전] ≪우리말속담큰사전≫

吹恐飛 執恐虧 (上平4支)　취공비 집공휴

吹恐飛　불면 날아갈까 두렵고
執恐虧　만지면 이지러질까 두렵다.

사랑이 지극함을 말한다.

[원문] 吹恐飛, 執恐虧. 言愛之至也.
[번역] 불면 날아갈까 두렵고 만지면 이지러질까 두렵다. 사랑이 지극함을 말한다.
[출전] 李德懋 ≪靑莊館全書 62권 洌上方言≫
[주] ◆ 洌上方言 : 조선 영조·정조 때 규장각(奎章閣) 검서관(檢書官)을 지낸 아정(雅亭) 이덕무(李德懋)가 수집, 한역(漢譯)한 속담집이다.

朝氣銳 暮氣歸 (上平5微)　조기예 모기귀

朝氣銳　아침 기세는 날카롭고
暮氣歸　저녁 기세는 돌아간다.

상대방의 상승세를 피하고 하강세를 틈타서 공격해야 한다.

[원문] 三軍可奪氣, 將軍可奪心, 是故, 朝氣銳, 晝氣惰, 暮氣歸, 故善兵者, 避其銳氣, 擊其惰歸, 此治氣者也.

[번역] 삼군의 기세라도 빼앗을 수 있고, 장군이라도 마음을 빼앗을 수 있다. 그래서 아침 기세는 날카롭고 대낮 기세는 나태하고 저녁 기세는 돌아간다. 그러므로 용병을 잘 하는 사람은 그 날카로운 기세를 피하여, 나태하고 돌아갈 때 공격한다. 이것이 기세를 다스리는 것이다.

[출전] ≪孫子兵法 제7 軍爭≫

畫大謀 決沉機 (上平5微)　획대모 결침기

畫大謀　큰 계획을 세우고
決沉機　은미한 기미를 결정한다.

큰일은 계획과 기미가 관건이다.

[원문] 子房佐漢, 畫大謀六七件, 遂定天下. 孔明創蜀, 決沉機三二策, 遽成鼎峙. 英雄之大略, 將帥之宏規也. 安危之機, 存亡之要, 審諸將略, 可見徵焉.

[번역] 자방[張良]이 한나라를 보좌할 때 큰 계획 예닐곱을 세워서 마침

내 천하를 평정했다. 공명〔諸葛亮〕이 촉나라를 창업할 때 은미한 기미 두세 가지 책략을 결정하여 대번에 삼국을 이루었다. 영웅의 큰 책략은 장수의 큰 법칙이니, 안위의 기미와 존망의 요점은 장수의 책략을 살펴보면 징조를 알 수 있다.

출전 三國 吳王叡 ≪將略論≫

致廣大 盡精微 (上平5微) 치광대 진정미

致廣大 넓으며 큼을 지극히 하고
盡精微 자세하며 작은 것을 다한다.

군자는 광대하면서도 정밀해야 한다.

원문 君子尊德性而道問學, 致廣大而盡精微, 極高明而道中庸, 溫故而知新, 敦厚而崇禮.
번역 '極高明 道中庸'을 참고하라.
출전 ≪中庸章句 27장≫

必彈冠 必振衣 (上平5微) 필탄관 필진의

必彈冠 반드시 갓을 털어 쓰고
必振衣 반드시 옷을 털어 입는다.

보다 깨끗이 하려는 행동으로, 세속과 타협하지 않는 결백한 마음을 말한다.

1. 평성 | 45

[원문] 新沐者, 必彈冠, 新浴者, 必振衣.

[번역] 새로 머리감은 사람은 반드시 갓의 먼지를 털어서 쓰고, 새로 목욕을 한 사람은 반드시 옷의 먼지를 털어 입는다.

[출전] ≪史記 84권 屈原列傳≫

[주] ◆ 新沐者 … 必振衣 : 전국(戰國) 초(楚)나라 굴원(屈原)이 지은 〈어부사(漁父辭)〉의 가사이다.

不俟屨 不俟車 (上平6魚) 불사구 불사거

不俟屨 신발 신기를 기다리지 않고 가고
不俟車 수레가 준비되기를 기다리지 않고 간다.

임금의 부름에 신하가 즉시 출발함을 말한 것이다.

[원문] 凡君召以三節. 二節以走, 一節以趨, 在官不俟屨, 在外不俟車.

[번역] 대체로 임금이 〈신하를〉 부를 때에는 부절 세 개를 쓴다. 두 개의 부절로 부르면 달려서 가고, 한 개의 부절로 부르면 종종걸음으로 간다. 관청에 있을 때에는 신발 신기를 기다리지 않고 가고, 밖에 있을 때에는 수레가 준비되기를 기다리지 않고 간다.

[출전] ≪禮記 玉藻≫

[주] ◆ 二節以走 一節以趨 : 임금이 신하를 부를 때 급하거나 바쁘지 아니한 때에 따라 달려가거나 종종걸음으로 감을 말한다. 본문의 정현(鄭玄) 주에는, "〈임금이〉 사자를 보내 신하를 부를 적에 급한 경우에는 부절 두 개를 가지고 가게하고 여유가 있는 경우에는 부절 하나를 가지고 가게 한다.〔使使召臣, 急則持二, 緩則持一.〕"라고 하였다.

河出圖 洛出書 (上平6魚) 하출도 낙출서

河出圖 하수에서 그림이 나오고
洛出書 낙수에서 무늬가 나오다

상서로운 징조를 말한다.

[원문] 河出圖, 洛出書, 聖人則之.
[번역] 하수에서 용마가 선천도(先天圖)의 그림을 지고 나오고 낙수에서 신귀(神龜)가 후천도의 무늬를 지고 나오자 성인이 그것을 본받았다.
[출전] ≪易 繫辭上≫
[주] ◆ 河出圖 : 황하에서 하도가 나왔다. 뒤에 '河出圖'로 길상의 징조를 삼았다.〔黃河出現河圖. 後以'河出圖'爲吉祥的徵兆.〕(≪漢語大詞典 '河出圖'≫)

[원문] 聖王興則出圖書, 王道廢則竭絶.
[번역] 성왕(聖王)이 흥하면 하도와 낙서가 나오고 왕도(王道)가 폐하면 없어진다.
[출전] ≪漢書 29권 溝洫志≫

[원문] 昔人之受命者, 龍龜假. 河出圖, 洛出書, 地出乘黃.
[번역] 옛날 사람들은 천명을 받으면 용과 거북이 이르렀다. 하수에서 그림이 나오고 낙수에서 무늬가 나오고 땅에서 승황(乘黃)이라는 말이 나왔다.
[출전] ≪管子 小匡≫

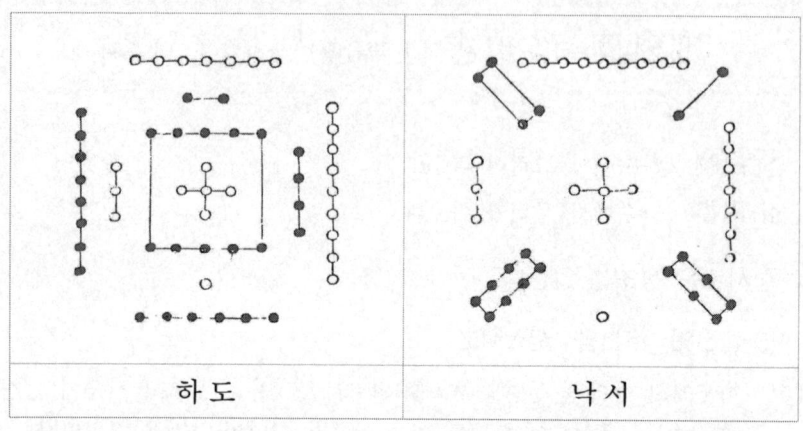

| 하도 | 낙서 |

주 ♦ 假 : 이르다[至]는 뜻이다.(≪管子 小匡≫ 房玄齡 注) 이에 의하면 '假'의 음은 '격'이다. ♦ 乘黃 : 전설 속의 신마의 이름이다.〔傳說中的神馬名.〕≪管子 小匡≫에 "땅에서 승황이 나왔다."라고 하였고, 윤지장(尹知章) 주(注)에 "승황은 신마이다."라고 하였다. 뒤에 이를 사용하여 임금의 말을 가리켰다.〔≪管子 小匡≫, "地出乘黃." 尹知章注, "乘黃, 神馬也." 後用以指御馬.〕(≪漢語大詞典 '乘黃'≫)

柙中虎 網中魚 (上平6魚) 합중호 망중어

柙中虎 우리 속의 호랑이
網中魚 그물 속의 물고기.

속박을 받아 자유롭지 못한 사람을 비유한다.

원문 羣盜竊發, 猶柙中虎, 內無資糧, 外無救援, 築城環之, 坐待其困, 計日可擒也.

번역 여러 도적들이 몰래 일어나지만 우리 속의 호랑이와 같아서, 안으로는 군량이 없고 밖으로는 구원이 없으니, 성을 쌓아 포위하고 앉아서 저들이 피곤해지기를 기다리면 며칠 뒤에 사로잡을 수 있습니다.
출전 ≪元史 149권 郭侃列傳≫

원문 又哀網中魚, 開口吐微濕.
번역 또 그물 속의 물고기가 입을 벌려 약간의 물기를 토해내는 것이 애처롭다.
출전 宋 蘇軾 ≪東坡全集 2권 岐亭 詩之2≫

원문 穆宗蒙已成之業, 承旣平之緖, 授任非才, 爲謀不臧, 使柙中之虎, 復縱暴于原野, 網中之魚, 得自脫于深淵, 元和之功, 于茲墜矣.
번역 당나라 목종은 이미 성공한 사업을 받고 이미 태평한 사업을 이었으나, 임명한 이들이 인재가 아니었고 도모함이 훌륭하지 못해, 우리 속의 호랑이가 다시 들에서 포악을 부리게 하였고 그물 속의 물고기가 깊은 연못으로 스스로 도망하게 하였으니 원화(元和) 시대의 공로가 이에 실추되었다.
출전 ≪宋文選 3권 司馬君實文≫
주 ◆ 穆宗 : 당나라의 제12대 황제 이항(李恒). 헌종(憲宗)의 셋째 아들이다. 처음에 수왕(遂王)에 봉해졌으나 812년 맏형 혜소태자(惠昭太子) 이녕(李寧)이 폐위되자 둘째 형 이관(李寬)을 제치고 황태자가 되었다. 820년에 제위를 계승하였으나 824년에 갑자기 사망하였다. ◆ 元和之功 : 당나라 헌종(憲宗)이 발호(跋扈)하는 번진(藩鎭)들을 소탕한 공로. 원화는 헌종의 연호(年號)이다.

阱中虎 釜中魚 (上平6魚)　정중호 부중어

阱中虎　함정 안의 호랑이
釜中魚　솥 안의 물고기.

손아귀에 들어 빠져나가지 못할 지경을 말한다.

원문 阱中之虎釜中魚, 一網擒之伏猛鷙.
번역 함정 안의 호랑이와 솥 안의 물고기를 한 그물로 잡아서 사나운 것을 굴복시킨다.
출전 清 葉廷琯 ≪鷗陂漁話 嚴戊卿撲鱷行紀誅潮匪事≫

원문 兵貴神速, 我抵城下營, 彼阱中虎, 爪牙安施!
번역 전쟁에서는 신속함이 중요하니 우리가 성 아래 진영에 이르면 저들은 함정 안의 호랑이이므로 발톱과 어금니를 어디에 쓰겠는가!
출전 ≪明史紀事本末 27권 高煦之叛≫
주 ◆ 釜中之魚 : 오래 살지 못함을 비유한다.〔比喩不能久活.〕(≪漢語大詞典 '釜中之魚'≫) '정중지어(鼎中之魚 : 솥 안의 물고기)'로도 쓴다.

俎上肉 鼎中魚 (上平6魚)　조상육 정중어

俎上肉　도마 위의 고기
鼎中魚　솥 속의 물고기.

재앙을 벗어나지 못하고 꼼짝 할 수 없는 처지를 이르는 말이다.

원문 今由俎上肉, 任人膾截耳!

|번역| 지금 도마 위의 고기가 되어서, 남이 회를 치는 대로 맡겨둘 뿐이로다!

|출전| ≪晉書 孔坦傳≫

|주| ◆ 俎上肉 : 도마 위의 고기로, 사람이 요리하는 대로 맡겨둘 뿐 피할 수 없음을 말한다. 이 말은 ≪사기(史記) 항우본기(項羽本紀)≫의 "지금 사람이 한창 칼질을 하는데, 우리가 물고기나 고기가 된 것과 같다."에서 나왔는데 나중에는 이어서 "俎上肉"으로 남에게 제압당하고 유린되는 대로 두고 반항할 힘이 없는 자를 비유한다.〔砧板上的肉, 謂任人宰割, 無可逃避. 語出 ≪史記 項羽本紀≫, "如今人方爲刀俎, 我爲魚肉". 後因以 "俎上肉"比喩任人欺壓蹂躪而無力反抗者.〕(≪漢語大詞典 '俎上肉'≫)

|원문| 無由飛出鼎中魚, 不忍盡殲緣好生.

|번역| 솥 안의 물고기처럼 달아날 길이 없었으나, 차마 섬멸하지 않은 것은 살리기를 좋아해서다.

|출전| 高麗 李穡 ≪牧隱詩藁 5권 詩 長歌≫

|원문| 瑣尾之蒼生, 未免俎上之肉, 鼎中之魚.

|번역| 힘없는 백성들이 도마 위의 고기와 솥 속의 물고기 신세를 면하지 못하였다.

|출전| 趙慶男 ≪亂中雜錄 2 壬辰下 萬曆 20年 我宣廟壬辰 25年≫

|원문| 我蒙古大軍已駐入其心臟地帶, 有如鼎中之魚, 幕下之燕, 已亡在旦夕了.

|번역| 우리 몽고 대군이 이미 그들의 심장 지대에 들어가 머물러, 마치 솥 안의 물고기와 휘장 속의 제비처럼 되었으니, 이미 멸망함이 아침저녁에 달려있게 되었다.

|출전| 인터넷 百度 ≪白話 24史 高麗傳≫

齊死生 一毁譽 (上平6魚) 제사생 일훼예

齊死生 죽음과 삶을 동일시하고
一毁譽 비방과 칭찬을 하나로 하다.

생과 사, 비방과 칭찬에 구애받지 않는다.

[원문] 使天下之士, 能如莊周, 齊死生, 一毁譽, 輕富貴, 安貧賤, 則人主之名器爵祿, 所以礪世摩鈍者廢矣.

[번역] 천하의 선비들이 마치 장주처럼 삶과 죽음을 같게 여기고, 비방과 칭찬을 하나로 여기고, 부유함과 존귀함을 가볍게 여기고, 가난과 천함을 편안하게 여기게 하면, 임금이 주는 벼슬자리와 녹봉이 세상을 면려하고 우둔한 사람을 연마하게 하는 경우가 없어질 것이다.

[출전] 宋 蘇軾 ≪東坡全集 51권 議學校貢擧狀≫

[주] ◆ 譽 : 상평성 어(魚) 운과 거성 어(御) 운의 양운(兩韻)으로, 뜻은 같다. ◆ 礪世磨鈍 : 세속을 격려하고 우둔한 사람을 연마시킨다.〔激勵世俗, 磨煉愚魯.〕(≪漢語大詞典 '礪世磨鈍'≫)

獲山猪 失家猪 (上平6魚) 획산저 실가저

獲山猪 멧돼지를 잡으려다
失家猪 집돼지를 잃는다.

저것을 탐내다 도리어 이것을 잃는다.

[원문] 獲山猪, 失家猪. 言欲貪彼而反失此也.

[번역] 멧돼지를 잡으려다 집돼지를 잃는다. 저것을 탐내다 도리어 이것

을 잃음을 말한다.

출전 李德懋 ≪靑莊館全書 62권 冽上方言≫

善易消 惡難除 (上平6魚)　선이소 악난제

善易消　선은 사라지기 쉽고
惡難除　악은 제거하기 어렵다

좋은 일은 잘 잊혀지나 나쁜 일은 오래도록 전해진다.

원문 薰, 香草, 蕕, 臭草也. 十年有臭, 言善易消惡難除也.

번역 훈(薰)은 향기가 나는 풀이요, 유(蕕)는 악취(惡臭)가 나는 풀이다. 10년이 되어도 악취가 남는다는 것은 선은 사라지기 쉬우나 악은 제거하기 어려움을 말한 것이다.

출전 ≪春秋左氏傳 僖公 4년 '一薰一蕕' 杜預注≫

有若無 實若虛 (上平6魚)　유약무 실약허

有若無　있어도 없는 것처럼 하고
實若虛　찼어도 빈 것처럼 하다.

겸손함을 말한다.

원문 曾子曰, "以能問於不能, 以多問於寡, 有若無, 實若虛, 犯而不校, 昔者, 吾友嘗從事於斯矣."

번역 증자가 말하였다. "능력이 있으면서도 능력이 없는 사람에게 물으

며, 많으면서도 적은 사람에게 물으며, 있으면서도 없는 것처럼
하고, 가득 차 있으면서도 빈 것처럼 하며, 침해를 받아도 따지지
않는 것을, 예전에 내 벗이 이 일에 종사한 적이 있었다."

출전 ≪論語 泰伯≫

주 • 犯而不校 : 다른 사람이 자기를 해쳐도 따지지 않는다.〔別人觸犯自己,
也不計較.〕(≪漢語大詞典 '犯而不校'≫)

下愛有 上愛無 (上平7虞) 하애유 상애무

下愛有　내리 사랑은 있어도
上愛無　치사랑은 없다.

윗사람이 아랫사람을 사랑하는 일은 있어도 그 반대되는 경우는 어
렵다.

출전 ≪東言考略≫

用則智 舍則愚 (上平7虞) 용즉지 사즉우

用則智　등용되면 지혜롭게 하고
舍則愚　그만두면 어리석은 체한다.

나아가서는 능력을 발휘하고 은거해서는 우직하게 생활해야 한다.

원문 景行錄云, "古人修身以避名, 今人飾己以要譽, 所以古人臨大節而不
奪, 今人見小利而易守. 君子人則無古今, 無治無亂, 出則忠, 入則

孝, 用則智, 舍則愚."

번역 ≪경행록≫에 말하였다. "옛사람은 몸을 수양하여 명예를 피하였는데, 지금 사람은 스스로를 꾸며 명예로움을 구한다. 그래서 옛사람은 큰 절의에 임하여 그 뜻을 빼앗기지 않았지만 지금 사람은 작은 이익을 보면 지키던 것을 바꾼다. 군자인 사람은 예나 지금이 다스려짐이나 어지러움이 없이, 조정에 나가서는 충성하고 집에 들어와서는 효도하며 등용되면 지혜롭게 하고 그만두면 어리석은 체한다."

출전 ≪明心寶鑑 正己篇≫

混貴賤 等賢愚 (上平7虞) 혼귀천 등현우

混貴賤　귀함과 천함을 하나로 하고
等賢愚　현명함과 어리석음을 같이 여긴다.

만물에 동화되어 현실에 초탈함을 말한 것이다.

원문 方其寓形於一醉也, 齊得喪, 忘禍福, 混貴賤, 等賢愚, 同乎萬物, 而與造物者遊, 非獨自比於樂天而已.

번역 그가 한 번 취함에 몸을 맡기게 되면 얻음과 잃음을 같게 보고 재앙과 복을 잊어버리며, 귀함과 천함을 하나로 하고 현명함과 어리석음을 같이 여겨서, 만물을 똑같이 대하여 조물주와 노니니, 스스로 하늘을 즐김에 견줄 뿐만이 아니었다.

출전 宋 蘇軾 ≪東坡全集 36권 醉白堂記≫

君子儒 小人儒 (上平7虞) 군자유 소인유

君子儒 군자다운 선비
小人儒 소인다운 선비.

군자다운 선비가 되어야 한다.

[원문] 子謂子夏曰, "汝爲君子儒, 無爲小人儒"

[번역] 공자가 자하(子夏)에게 말하였다. "너는 군자다운 선비가 되고, 소인의 선비가 되지 마라."

[출전] ≪論語 雍也≫

[주] ◆ 儒 : 제갈공명이 답하기를, "선비에는 군자와 소인의 구별이 있다. 군자의 선비는 임금에게 충성하고 나라를 사랑하며 바른 것을 지키고 간사함을 싫어하며, 혜택이 당대의 사람들에게 미쳐 이름이 후세에 남기를 힘쓴다. 그런데 소인의 선비는 오직 문장을 다듬는 데만 힘쓰고 서예에만 힘쓰며, 젊어서는 시를 짓고 늙어서는 경서만 연구하며, 글로는 비록 천 마디 말이 있더라도 가슴 속에는 실질적 대책이 하나도 없다."라고 하였다.〔孔明答曰, "儒有君子小人之別, 君子之儒, 忠君愛國, 守正惡邪, 務使澤及當時, 名留後世. 若夫小人之儒, 惟務彫蟲, 專工翰墨, 靑春作賦, 皓首窮經, 筆下雖有千言, 胸中實無一策."〕(≪三國志演義 제43회 諸葛亮舌戰群儒 魯子敬力排衆議≫) ◆ 子夏 : 공자의 제자. 자하는 문학에는 비록 넉넉함이 있었으나, 생각하건대 원대한 것에 대해서는 혹 모른 듯하다. 그러므로 부자가 이러한 내용으로 말해 준 것이다.〔子夏文學雖有餘, 然意其遠者大者, 或昧焉, 故夫子語之以此.〕(≪論語 雍也 集註≫) ◆ 彫蟲 : 시문과 사부를 짓는 것을 가리킨다.〔指寫作詩文辭賦.〕(≪漢語大詞典 '彫蟲'≫)

棄敝屣 獲明珠 (上平7虞)　기폐사 획명주

棄敝屣　헌신짝처럼 던져 버리고
獲明珠　밝은 구슬을 얻다.

시원치 않은 것을 버리고 귀한 것을 얻다.

[원문] 舜視棄天下, 猶棄敝屣也.
[번역] 순(舜)임금은 천자의 자리를 버리는 것을 헌신짝을 버리는 것처럼 여겼다
[출전] ≪孟子 盡心上≫

[원문] 山扉日午不開, 忽驚剝啄聲, 華翰帶得新詩入手, 如獲明珠.
[번역] 산골 사립문은 대낮에도 열 일이 없는데 홀연히 문 두드리는 소리에 놀라보니, 귀한 편지에 새로 지은 시까지 손에 들어와서 마치 밝은 구슬을 얻은 듯합니다.
[출전] 崔昌大 ≪昆侖集 12권 書 答朴質甫≫

山上蓋 水中珠 (上平7虞)　산상개 수중주

山上蓋　산 위의 일산
水中珠　물 속의 구슬.

산 위에 뜬 구름과 물 속에 비친 달을 말한다.

[원문] 白雲山上蓋, 明月水中珠.
[번역] 흰 구름은 산 위의 일산이요, 밝은 달은 물 속의 구슬이다.

출전 ≪推句≫

주 • 김인후(金麟厚)의 〈백련초해(百聯抄解)〉에, "산 위의 흰 구름은 산 위의 일산이요, 물속의 밝은 달은 물속의 구슬이네.〔山上白雲山上盖, 水中明月水中珠.〕"라는 구절이 보인다.

食志乎 食功乎 (上平7虞)　사지호 사공호

食志乎　뜻을 먹일 것인가?
食功乎　공을 먹일 것인가?

보답을 일의 의도에 따라 할 것인지 일의 공적에 따라 할 것인지의 문제를 제기한 것이다.

원문 彭更曰, "梓匠輪輿, 其志將以求食也, 君子之爲道也, 其志亦將以求食與?"曰, "子何以其志爲哉? 其有功於子, 可食而食之矣. 且子食志乎? 食功乎?"曰, "食志."

번역 팽경이 말하였다. "재장윤여는 그 뜻이 장차 밥을 구하려는 것이지만, 군자가 도를 행함도 그 뜻이 장차 밥을 구하려는 것입니까?" 맹자가 말하였다. "자네는 어찌 그 뜻을 따지는가? 자네에게 공이 있어 밥을 먹일 만하면 밥을 먹이는 것이다. 또 자네는 남의 뜻을 보고 먹여주는가, 남의 공를 보고 먹여주는가?" 팽경이 말하였다. "남의 뜻을 보고 먹여줍니다."

출전 ≪孟子 滕文公下≫

주 • 梓匠輪輿 : 목공예품 제작자, 목수, 수레바퀴 제작자, 수레 제작자. • 食志·食功의 食은 모두 음이 '사'이니 아래도 같다.〔食志食功之食, 皆音嗣, 下同.〕(≪孟子 滕文公下 集註≫) • 彭更은 맹자의 제자이다.〔彭更, 孟子弟子也.〕(≪孟子 滕文公下 集註≫)

貴易交 富易妻 (上平8齊)　귀역교 부역처

貴易交　귀해지면 친구를 바꾸고
富易妻　부유해지면 아내를 바꾼다.

부귀해지면 빈천할 때의 친구와 아내를 버린다.

[원문] 後弘被引見, 帝令主(湖陽公主)坐屛風後, 因謂弘曰, "諺言'貴易交, 富易妻', 人情乎!" 弘曰, "臣聞貧賤之知不可忘, 糟糠之妻不下堂." 帝顧謂主曰, "事不諧矣."

[번역] 후에 송홍(宋弘)이 불려와 알현하자, 황제(광무제)가 공주(호양공주, 광무제의 손위누이)를 병풍 뒤에 앉게 하고 송홍에게 말하였다. "속담에 '귀해지면 친구를 바꾸고, 부유해지면 아내를 바꾼다'고 했으니 사람의 마음이겠지!" 그러자 송홍이 말하였다. "제가 듣기로는, 가난하고 천할 때 사귄 친구는 잊을 수 없고, 지게미와 쌀겨를 함께 먹은 아내는 버릴 수 없다고 했습니다." 광무제가 호양공주를 돌아보며 말하였다. "일이 원만하게 되지 않았소이다."

[출전] ≪後漢書 26권 宋弘傳≫

[주] ◆ 貧賤之知 : 가난하고 천할 때의 절친한 친구.〔貧賤時的知交好友.〕(≪漢語大詞典 '貧賤之交'≫) ◆ 糟糠之妻不下堂 : 빈곤할 때 더불어 조강(糟糠: 지게미와 쌀겨)을 함께 먹은 아내는 버릴 수 없다는 뜻이다. 후에는 "조강"이란 말로 일찍이 고난을 함께 한 아내를 지칭하게 되었다.〔意謂貧困時與之共食糟糠的妻子不可遺棄. 後因以'糟糠'稱曾共患難的妻子.〕(≪漢語大詞典 '糟糠'≫)

[원문] 劉留北方, 音問不通, 或語之曰, "人言'貴易交, 富易妻', 今陳已貴, 必他娶矣, 盍改適?" 曰, "吾知守吾志而已, 皇恤乎他?" 公緖亦不他娶.

[번역] 유씨가 북방(北方 : 금나라)에 머물렀는데 소식이 통하지 않았다. 혹자가 그에게 말하기를, "사람이 말하기를, '귀하면 친구를 바꾸

고, 부유해지면 아내를 바꾼다.'라고 하는데, 지금 진공서(陳公緒
: 유씨의 남편)가 이미 귀하게 되어서 반드시 다른데 장가를 갈
것인데, 어찌 개가하지 않는가?"라고 하였다. 유씨가 말하기를,
"나는 나의 뜻을 지켜야 함을 알 뿐이니 다른 데를 돌아볼 겨를이
있겠소?"라고 하였다. 진공서 또한 다른 데로 장가들지 않았다.

[출전] ≪宋史 列女傳 劉氏≫

[주] ♦ 改適 : 개가하다. 적(適)은 시집간다는 뜻이다.〔改適. 改嫁. 適. 嫁.〕
(≪漢語大詞典 '改適'≫)

莫空過 不再來 (上平10灰)   막공과 불재래

莫空過   공연히 지내버리지 말라
不再來   다시 오지 않는다.

시간을 아껴라.

[원문] 白日莫空過, 青春不再來.

[번역] 밝은 날을 공연히 지내버리지 말라. 청춘은 다시 오지 않는다.

[출전] 唐 林寬 ≪御定全唐詩 卷606 少年行≫

[주] ♦ 莫空過 : '莫虛送'(허송하지 말라)으로도 쓴다.

祭思敬 喪思哀 (上平10灰)   제사경 상사애

祭思敬   제사에는 경건함을 생각하고
喪思哀   상사에는 슬픔을 생각한다.

제사와 상례에서의 마음가짐을 말한다.

|원문| 子張曰, "士見危致命, 見得思義, 祭思敬, 喪思哀, 其可已矣."

|번역| 자장이 말하였다. "선비는 위급한 일을 보면 목숨을 바치고, 이득을 보면 의로운가 생각하며, 제사에는 경건함을 생각하고, 상사에는 슬픔을 생각한다면, 괜찮다."

|출전| ≪論語 子張≫

德功言 酒色財 (上平10灰) 덕공언 주색재

德功言　덕행·공업·문장.
酒色財　술·여색·재물.

길이 칭송받는 세 가지 일인 삼불후(三不朽), 미혹되지 않았던 세 가지 일인 삼불혹(三不惑)을 말한다.

|원문| 立德立功立言, 以惠後人, 則雖貧賤夭壽, 可爲百世師. 不然雖富貴上壽, 後人何以知其有無也. 若所立德功言, 出於道之差誤, 欲有補於後人者, 反有害於後人, 欲開導於後人者, 反貽蔽於後人.

|번역| 입덕(立德)하거나 입공(立功)하거나 입언(立言)하여 후세 사람들에게 은혜를 끼치게 되면, 비록 빈천하거나 일찍 죽는다 하더라도 백대의 스승이 될 것이지만, 그렇지 못하다면 부귀하고 오래 산다 하더라도 후세 사람들이 어찌 그가 있었는지 없었는지 알겠는가? 만일 세운 덕과 공과 말이 그릇된 도리에서 나온 것이라면, 후세 사람들에게 도움을 주려 한 것이 도리어 후세 사람들에게 해를 주게 되고, 후세 사람들을 개도(開導)하려 한 것이 도리어 후세 사람들에게 폐해를 끼치게 된다. 이는 그야말로 그렇게 한 자신은 알지 못하는 것이고, 후세의 포폄하는 사람들이 구분하게 되는 것이다.

|출전| 崔漢綺 ≪人政 10卷 敎人門〔三〕 貧富貴賤≫

|원문| 太上有立德, 其次有立功, 其次有立言, 雖久不廢, 此之謂不朽.
|번역| 최상은 덕행을 남김〔立德〕이고, 그 다음은 공업을 남김〔立功〕이고, 그 다음은 후대에 전할 만한 말(문장)을 남김〔立言〕이다. 이는 세월이 아무리 오래 흐르더라도 없어지지 않으니, 이를 일러 썩지 않는다고 한다.
|출전| ≪春秋左氏傳 襄公 24年≫

|원문| 秉性不飮酒, 又早喪夫人, 遂不復娶, 所在以淳白稱. 嘗從容言曰, "我有三不惑, 酒色財也."
|번역| 양병(楊秉)은 성품이 술을 마시지 않고, 또 일찍 부인과 사별하고서 끝내 다시 장가들지 않아서, 사는 곳에서는 청백하다고 칭송하였다. 일찍이 조용하게 말하기를, "나는 세 가지 미혹되지 않는 것이 있으니 술·여색·재물이다."라고 하였다.
|출전| ≪後漢書 54권 楊秉傳≫
|주| ◆ 楊秉 : 92~165. 후한(後漢) 때 청렴하고 강직하기로 이름난 문신(文臣)이다. 환제(桓帝) 때 태위(太尉)가 되어서는 수령들의 불법을 조목조목 아뢰어 지방관 50여 인을 사형시키거나 면직시켰으며, 조정의 득실(得失)에 대해서 매번 충성을 다해서 규간(規諫)하였다.(≪後漢書 54권 楊秉列傳≫)

空手去 空手回 (上平10灰) 공수거 공수회

空手去 빈손으로 갔다가
空手回 빈손으로 돌아왔다.

뇌물을 보내지도 받지도 않는 청렴한 생활을 말한다.

[원문] 于謙每次入朝, 不但不送禮納賄, 連普通的人事也不送, 空手去, 空手回.

[번역] 우겸(于謙)은 조정에 들어올 때마다 선물을 보내거나 뇌물을 바치지 않았을 뿐만 아니라 보통 사람의 일에까지도 보내지 않고 빈손으로 갔다가 빈손으로 돌아왔다.

[출전] ≪明代民族英雄于謙≫

誅其君 弔其民 (上平11眞)   주기군 조기민

誅其君   그 군주를 죽이고
弔其民   백성들을 위문하다.

포악한 군주를 죽이고 백성을 위로함을 말한 것이다.

[원문] 歸市者弗止, 芸者不變, 誅其君, 弔其民, 如時雨降, 民大悅. 書曰, "徯我后, 后來其無罰."

[번역] 시장으로 돌아가는 자가 멈추지 않으며 밭가는 자가 변동하지 않거늘, 포악한 군주를 주벌(誅罰)하고 백성들을 위문하시니, 단비가 내린 듯이 백성들이 크게 기뻐하였습니다. ≪서경(書經)≫에 이르기를, "우리 임금님을 기다리니, 우리 임금님이 오시면 형벌이 없으시겠지!"라고 하였습니다.

[출전] ≪孟子 滕文公下≫

驚天地 泣鬼神 (上平11眞) 경천지 읍귀신

驚天地　천지를 놀래고
泣鬼神　귀신을 울린다.

매우 장렬하게 죽은 희생정신을 나타낸 것이다.

원문 黃花岡七十二烈士爲國犧牲的精神, 足可以驚天地, 泣鬼神.

번역 황화강(黃花岡) 72열사의 나라를 위한 희생정신은 천지를 놀래고 귀신을 울릴 만하다.

출전 ≪敎育部重編國語辭典修訂本≫
(http://dict.revised.moe.edu.tw/cbdic/search.htm)

주 ◆ 黃花岡七十二烈士 : 신해혁명(辛亥革命) 직전인 1911년 4월 중, 중국 혁명 동맹회의 황흥(黃興) 등이 광동(廣東)에서 일으킨 무장 봉기에 참여한 많은 사람들이 희생당하고 붙잡혀 살해 되었다. 그 중에 유해 72구를 찾아 황화강(黃花岡)이라는 곳에 안장하고, 이들을 황화강 72열사라고 부른다. ◆ 驚天地 泣鬼神 : 매우 장렬하게 희생한 사람들을 나타낸 것이다.〔形容極爲壯烈.〕(≪敎育部重編國語辭典修訂本≫ '驚天地 泣鬼神') '動天地 泣鬼神'으로도 쓴다.

원문 然則匹婦雖微, 及其精誠所激, 往往動天地, 泣鬼神, 何可忽也?

번역 그렇다면 보통 사람의 부인은 비록 미약하지만 그 정성이 격렬하면 자주 천지를 진동시키고 귀신을 울릴 수 있으니, 어찌 소홀하게 할 수 있는가?

출전 淸 汪琬 ≪烈婦周氏墓表≫

折衝臣 禦侮臣 (上平11眞)　절충신 어모신

折衝臣　적군의 수레를 되돌리게 하는 신하
禦侮臣　수모를 막아내는 신하.

한・중에 쓰인 고급 무신 호칭이다.

원문　敵冦未遏, 以未得折衝禦侮之臣, 財賦未裕, 以未得掌財心計之臣.

번역　도적을 막아내지 못함은 적의 수레를 되돌리게 하여 수모를 막아내는 신하를 얻지 못해서이고, 재화(財貨)와 부세(賦稅)가 넉넉하지 못함은 재물을 담당하거나 마음으로 기획하는 신하를 얻지 못해서이다.

출전　≪宋史 379권 章誼列傳≫

주　• 折衝 : 충(衝)은 충거(衝車 : 전차(戰車))로, 적군에 충돌하여 파괴하는 것이다. … 자기를 공격하려는 자들에게 그 충거를 천 리 밖으로 되돌아가게 하여 감히 못 오게 하는 것이다.〔衝, 車. 所以衝突敵之軍, 能陷破之也. … 使欲攻己者折還其衝車於千里之外, 不敢來也.〕"라고 하였다.(≪呂氏春秋 召類≫ '折衝乎千里之外者' 高誘 注)　• 折衝禦侮 : 장군의 명칭에 많이 쓰였다.

원문　(王莽)復拜衛尉王級爲虎賁將軍, 大鴻臚望鄕侯閻遷爲折衝將軍, 與甄邯王晏西擊趙明等.

번역　(왕망은) 다시 위위 왕급(王級)을 임명하여 호분장군(虎賁將軍)으로, 대홍려(大鴻臚) 망향후(望鄕侯) 염천(閻遷)을 임명하여 절충장군(折衝將軍)으로 삼아서, 견감(甄邯)・왕안(王晏)과 함께 서쪽으로 가서 조명(趙明) 등을 공격하게 하였다.

출전　≪漢書 84권 翟方進列傳≫

주　• 折衝將軍 : 신(新)나라 왕망 때 무관의 호칭〔新莽武官名號〕.(≪漢語大

詞典 '折衝將軍'≫)

[원문] 予曰有先後, 予曰有禦侮.

[번역] 나는 서로 앞뒤에서 인도하는 자가 있다고 말할 것이며, 나는 외적의 예봉을 꺾는 자가 있다고 말할 것이다.

[출전] ≪詩經 大雅 緜≫

[주] ◆ 禦侮 : 어모(禦侮)는 무력이 있는 신하가 적군이 충돌해 오는 것을 꺾어 그칠 수 있게 하는 것이니, 침해와 모욕을 막을 수 있으므로 '禦侮'라고 한다.〔禦侮者, 有武力之臣, 能折止敵人之衝突者, 是能扞禦侵侮, 故曰禦侮也.〕"(≪詩經 大雅 緜 孔穎達 疏≫)

[원문] 正三品, 折衝將軍. 已上堂上官. 正三品, 禦侮將軍.

[번역] 정삼품은 절충장군(折衝將軍)이다. 이상은 당상관(堂上官)이다. 정삼품은 어모장군(禦侮將軍)이다.

[출전] ≪大典會通 兵典 京官職 西班官階≫

[주] ◆ 折衝將軍 : 조선의 무관 계급으로 가장 높은 칭호이다. 정3품 당상관이고, 그 이상 오르게 되면 문관계급과 같은 호칭을 사용한다. ◆ 禦侮將軍 : 수모를 막아낸다는 뜻의 장군으로, 절충장군의 바로 아래 계급이며 당하관의 가장 높은 계급이다.

犬守夜 雞司晨 (上平11眞)　　견수야 계사신
苟不學 曷爲人 (上平11眞)　　구불학 갈위인

犬守夜　개도 밤을 지키고,
雞司晨　닭도 새벽을 알리거늘,

苟不學   만약 학문을 하지 않으면,
曷爲人   어찌 사람이 되겠는가!

가축도 담당하는 것이 있으니, 사람은 학문을 해야 한다.

[원문] 犬守夜, 雞司晨. 苟不學, 曷爲人.
[출전] ≪三字經≫

祈五祀 祭百神 (上平11眞)   기오사 제백신

祈五祀   오관의 신에게 제사하고
祭百神   모든 신에게 제사한다.

풍년과 안녕을 기원하는 제사를 말한 것이다.

[원문] 祈五祀, 祭百神.
[출전] 唐 徐堅 ≪初學記 4권≫
[주] ◆ 五祀 : 오사(五祀)는 오관(五官)의 신이다.〔五祀者, 五官之神.〕(≪周禮 春官 大宗伯 鄭玄 注≫)

[원문] 天子乃祈來年于天宗, 大割祠于公社及門閭, 臘先祖五祀.
[번역] 천자는 일월성신에게 내년의 풍년을 기원하는 제사를 하고, 대대적으로 희생소를 잡아 조정과 마을 어귀에서 제사지내고, 납일에 선조와 오행의 신에게 제사지낸다.
[출전] ≪禮記 月令≫
[주] ◆ 天宗 : 일월성신을 가리킨다.〔指日月星辰.〕(≪漢語大詞典 '天宗'≫) ◆ 公社 : 고대 관가에서 제사를 지내는 곳.〔古代官家祭祀的處所〕(≪漢語大詞典 '公社'≫) ◆ 臘 : 동지 후 임술일(壬戌日)에 모든 신에게 납제를 지

내는 것이다.〔冬至後壬戌, 臘祭百神.〕(許愼 ≪說文≫) 우리나라는 조선 태조 때부터 동지 후 세 번째 미일(未日)을 납일로 하였다.

棟梁材 柱石臣 (上平11眞)   동량재 주석신

棟梁材   마룻대와 들보 같은 인재
柱石臣   기둥과 주춧돌 같은 신하.

나라의 중임을 맡을 인재와 신하를 말한다.

원문 自驚衰謝力, 不道棟梁材.

번역 쇠미해가는 힘에 스스로 놀라 마룻대와 들보 같은 인재를 말하지 못하네.

출전 ≪杜詩詳註 23권 雙楓浦≫

주 ♦ 棟梁材 : 방과 집의 큰 대들보를 만들 수 있는 목재로, 큰 임무를 감당해낼 수 있는 인재를 비유한다.〔能做房屋大梁的木料, 比喩堪當大任的人材.〕(≪漢語大詞典 '棟梁材'≫)

원문 王商內行篤, 有威重, 位歷將相, 國家柱石臣也.

번역 왕상(王商)은 안으로 행실이 견실하여 위엄이 있고 중후하며, 지위는 장군과 재상을 역임하였으니, 국가의 기둥과 주춧돌이 될 만한 신하이다.

출전 ≪漢書 元后傳≫

주 ♦ 柱石臣 : 국가의 중요한 임무를 담당하는 대신.〔擔當國家重任的大臣.〕(≪漢語大詞典 '柱石臣'≫)

원문 及至匠石過之而不眄, 伯樂遇之而不顧, 然後知其非棟梁之材超逸之

足也.

[번역] 장석(匠石)이 그것을 지나쳤으나 곁눈질을 하지 않고, 백락(伯樂)이 그것을 마주쳤으나 돌아보지 않고 나서야 그것이 마룻대와 들보로 쓸 만한 나무이거나 빼어난 발을 가진 준마가 아님을 알았다.

[출전] 唐 韓愈 ≪爲人求薦書≫

[주] ◆ 匠石 : 고대의 유명한 돌을 다루는 석공.〔古代名石的巧匠.〕(≪漢語大詞典 '匠石'≫) ◆ 伯樂 : 춘추 시대 진(秦)나라 목공(穆公) 때 사람으로, 성은 손(孫)이고 이름은 양(陽)이며 말을 잘 감별하는 것으로 유명했다.〔春秋秦穆公時人, 姓孫, 名陽, 以善相馬著稱.〕(≪漢語大詞典 '伯樂'≫) ◆ 超逸 : 크게 빼어나서 평범하며 속된 것과는 같지 않다.〔高超, 不同凡俗.〕(≪漢語大詞典 '超逸'≫)

[원문] 雖有柱石之臣, 而其君不能委任, 則不得爲柱石之臣而國隨以亡矣.

[번역] 나라의 기둥과 주춧돌이 될 만한 신하가 있다고 할지라도 그 임금이 임무를 맡기지 않으면 나라의 기둥이 될 만한 신하가 될 수 없을 것이고, 나라도 따라서 망할 것입니다.

[출전] ≪承政院日記 仁祖 3년(1625) 8월 10일≫

富潤屋 德潤身 (上平11眞) 부윤옥 덕윤신

富潤屋　부유는 집을 윤택하게 하고
德潤身　덕성은 몸을 윤택하게 한다.

성실은 밖으로 아름답게 나타남을 말한다.

[원문] 富潤屋, 德潤身, 心廣體胖. 故君子必誠其意.

[번역] 부유는 집을 윤택하게 하고, 덕성은 몸을 윤택하게 해서 마음이

넓어지고 몸이 펴지게 한다. 그러므로 군자는 반드시 자기의 뜻을
참되게 하는 것이다.

[출전] ≪大學章句 傳6章≫

[주] ◆ 富潤屋 德潤身 : 마음에 부끄러움이 없으면 광대(廣大)하고 관평(寬
平)하여 몸이 항상 펴지고 편안하니, 덕(德)이 몸을 윤택하게 함이 그러
한 것이다. 선(善)이 중심(中心)에 성실하여 외면에 나타남이 이와 같
다.〔心無愧怍, 則廣大寬平, 而體常舒泰, 德之潤身者然也. 盖善之實於中,
而形於外者如此.〕

久則天 天則神 (上平11眞) 구즉천 천즉신

久則天 오래가면 하늘이요
天則神 하늘이면 신이다.

예악으로 다스려지는 태평한 모습을 말한다.

[원문] 禮樂不可斯須去身, 致樂以治, 則易直子諒之心油然生矣. 易直子諒
之心生則樂, 樂則安, 安則久, 久則天, 天則神, 天則不言而信, 神則
不怒而威, 致樂以治心者也.

[번역] 예(禮)와 악(樂)은 잠시도 몸에서 떠나서는 안 된다. 악을 지극히
미루어가서 마음을 다스린다면, 평탄하고 정직하며 자애롭고 성실
한 마음이 뭉클하게 생긴다. 평탄하고 정직하며 자애롭고 성실한
마음이 생기면 즐거워진다. 즐거우면 편안하고, 편안하면 오래간
다. 오래가면 하늘이요, 하늘이면 신이다. 하늘은 말이 없으나 믿
음이 있고, 신(神)은 노하지 않으나 위엄이 있으니, 악(樂)을 지
극히 미루어가서 마음을 다스리는 것이다.

[출전] ≪禮記 樂記≫

주 ◆ 易直子諒 : 평탄하고 정직하며 자애롭고 성실함이다.〔平易正直, 慈愛誠信.〕(≪漢語大詞典 '易直·子諒'≫) 자량(子諒)은 자량(慈良)으로 써야 한다.〔讀爲慈良〕(≪禮記 樂記 陳澔集說≫)

洼則盈 敝則新 (上平11眞)　　와즉영 폐즉신

洼則盈　움푹 파인 구덩이는 가득 채워질 수 있고
敝則新　낡으면 새로워질 수 있다.

마음을 비움으로써 채우고 새롭게 할 수 있다.

원문 曲則全, 枉則正. 洼則盈, 敝則新. 少則得, 多則惑.

번역 굽어 있으면 온전할 수 있고, 휘어 있으면 바르게 펼 수 있다. 움푹 파인 구덩이는 가득 채워질 수 있고, 낡으면 새롭게 할 수 있다. 적게 가지면 얻을 수 있고, 많이 가지면 미혹된다.

출전 老子 ≪道德經 22章≫

股肱臣 社稷臣 (上平11眞)　　고굉신 사직신

股肱臣　팔다리처럼 보필하는 신하
社稷臣　국가를 지탱할만한 신하.

임금이 가장 신임하는 신하와 나라의 안위를 맡은 중신을 말한다.

원문 上歎曰, "此眞股肱臣也." 卽命賜酒.

번역 임금이 감탄하여 말하였다. "이 사람은 진정 팔다리처럼 보필하는 신하이다." 즉시 명하여 술을 내렸다.

[출전] 朝鮮 吳克成 ≪問月堂集 3권 雜著 壬辰日記下≫

[원문] 絳侯所謂功臣, 非社稷臣. 社稷臣主在與在, 主亡與亡.
[번역] 강후는 이른바 공신이지 국가를 지탱할만한 신하가 아니다. 국가를 지탱할만한 신하는 임금이 살면 함께 살고 임금이 죽으면 함께 죽는다.
[출전] ≪史記 袁盎晁錯列傳≫
[주] • 絳侯 : 주발(周勃, ?~기원전 169)의 봉호(封號). 중국 전한(前漢) 초기의 군사(軍事) 전문가이자 정치가이다. 강직하고 돈후(敦厚)하여 한 고조가 큰일을 많이 맡겼으며, 혜제(惠帝) 때에는 태위(太尉)에 임명되었다. 한 고조 사후에 여태후(呂太后)가 정권을 잡고 천하를 여씨의 것으로 만들려고 하자 진평(陳平)과 함께 여씨들을 주살하고 한나라 황실을 안정시켰다. 문제(文帝)를 옹립한 후 우승상(右丞相)에 올랐다. • 社稷臣 : 국가의 안위에 관계되는 중요한 신하를 말한다.〔謂關係國家安危之重臣.〕(≪漢語大詞典 '社稷臣'≫)

[원문] 朕聞創業之君, 必須股肱之臣, 守文之主, 亦賴匡佐之輔.
[번역] 짐이 들으니 '왕업을 시작하는 임금은 팔다리와 같은 신하가 반드시 있어야 하고, 문덕을 지키는 임금도 바르게 돕는 재상을 의지해야 한다'고 한다.
[출전] ≪晉書 2권 景帝紀≫

[원문] 今不卹士卒而徇私, 非社稷之臣也.
[번역] 지금 사졸을 생각하지 않고 사사로움을 따르니 국가를 위한 신하가 아닙니다.
[출전] ≪漢書 31권 項籍列傳≫

[원문] 帝曰:"臣作朕股肱耳目, 予欲左右有民汝翼."
[번역] 제순(帝舜)이 말하였다. "신하는 나의 팔다리와 눈귀가 되니, 내가 백성들을 도우려하거든 네가 보좌하라."
[출전] ≪書經 虞書 益稷≫

幼習業 壯致身 (上平11眞)　유습업 장치신
上匡國 下利民 (上平11眞)　상광국 하리민

幼習業　어려서 학업을 익히고
壯致身　장성하여 나라에 몸을 바친다.
上匡國　위로 국가를 바로잡고
下利民　아래로 백성을 유익하게 한다.

학업하고 국가에 몸을 바쳐 국가와 백성을 위한다.

[원문] 幼習業, 壯致身. 上匡國, 下利民.
[출전] ≪三字經≫

不勉己 欲勉人 (上平11眞)　불면기 욕면인

不勉己　자기가 노력하지 않고
欲勉人　남에게 노력하게 하려 한다.

자기는 일 안하고 남에게 요구한다.

[원문] 不勉己而欲勉人, 難矣哉!
[번역] 자기가 노력하지 않고 남에게 노력하게 하려 하니 어렵구나!
[출전] 柳宗元 〈答韓愈論史官書〉

疏君子 任小人 (上平11眞)　소군자 임소인

疏君子　군자를 소원히 하고
任小人　소인에게 맡긴다.

덕이 있는 사람을 가까이 해야 함을 말한 것이다.

[원문] 親君子, 遠小人, 則主尊國安, 疏君子, 任小人, 則主憂國殆, 此理之必然.
[번역] 군자를 가까이하고 소인을 멀리하면 임금이 높아지고 나라가 편안하며, 군자를 소원하게 하고 소인에게 맡기면 임금이 근심하고 나라가 위태롭게 되니, 이것은 이치의 필연이다.
[출전] ≪宋史 339권 蘇轍列傳≫

親賢臣 遠小人 (上平11眞)　친현신 원소인
親小人 遠賢臣 (上平11眞)　친소인 원현신

親賢臣　현명한 신하를 가까이 하고
遠小人　소인을 멀리 한다.
親小人　소인을 가까이 하고

遠賢臣　현명한 신하를 멀리 한다.

현명한 신하를 가까이 하느냐 멀리 하느냐에 따라 국가의 흥망성쇠가 좌우된다.

[원문] 親賢臣, 遠小人, 前漢所以興隆. 親小人, 遠賢臣, 後漢所以傾頹也.
[번역] 현명한 신하를 가까이 하고 소인을 멀리한 것이 바로 전한(前漢)이 융성한 이유이고, 소인을 가까이 하고 현명한 신하를 멀리 한 것이 바로 후한(後漢)이 무너진 이유입니다.
[출전] ≪三國志 蜀志 5권 諸葛亮傳 出師表≫

能愛人 能惡人 (上平11眞)　능애인 능오인

能愛人　남을 사랑할 수 있으며
能惡人　남을 미워할 있다.

어진 사람만이 남에 대한 평가를 공정하게 할 수 있다.

[원문] 唯仁人, 放流之, 迸諸四夷, 不與同中國. 此謂唯仁人, 爲能愛人. 能惡人.
[번역] 오직 어진 사람이어야 소인을 추방하여 사방 오랑캐 땅으로 물리쳐서 그들과 더불어 중국에 함께 하지 않으니, 이를 일러 '오직 어진 사람이어야 남을 사랑할 수 있으며, 남을 미워할 수 있다'고 하는 것이다.
[출전] ≪大學章句 10章≫

苟不學 曷爲人 (上平11眞) 구불학 갈위인

苟不學　진실로 배우지 않으면
曷爲人　어찌 사람이 되겠는가?

사람은 배워야 함을 말한다.

[원문] 苟不學, 曷爲人?
[출전] ≪三字經≫

仰畏天 俯畏人 (上平11眞) 앙외천 부외인

仰畏天　우러러 하늘을 두려워하고
俯畏人　굽어 사람을 두려워하다.

하늘과 사람을 두려워해야 하늘에 도움을 얻게 됨을 말한 것이다.

[원문] 蓋累聖相繼, 仰畏天, 俯畏人, 寬仁恭儉, 忠恕誠慤, 此其所以獲天助也.
[번역] 역대 군주들이 서로 계승하면서, 우러러 하늘을 두려워하고, 굽어 사람을 두려워하며, 남에게 너그럽고 공손하고 검소하며, 충실하고 관용하며 정성으로 하였으니, 이것이 하늘의 도움을 얻은 까닭이다.
[출전] 宋 王安石 ≪本朝百年無事札子≫
[주] ◆ 累聖 : 역대 군주를 칭한다.〔稱曆代君主.〕(≪漢語大詞典 '累聖'≫)

不怨天 不尤人 (上平11眞) 불원천 불우인

不怨天 하늘을 원망하지 않고
不尤人 사람을 탓하지 않는다.

알아주지 않아도 학문에 정진한다.

[원문] 子曰, "莫我知也夫!" 子貢曰, "何爲其莫知子也?" 子曰, "不怨天, 不尤人. 下學而上達. 知我者其天乎!"

[번역] 공자가 말하였다. "나를 알아주는 사람이 없구나!" 자공이 말하였다. "어찌하여 선생님을 알아주는 사람이 없습니까?" 공자가 말하였다. "하늘을 원망하지 않고 사람을 탓하지 않고, 아래로 〈인간(人間)의 일을〉 배우면서 위로 〈천리(天理)를〉 통달하나니, 나를 알아주는 것은 하늘일 것이다!"

[출전] 《論語 憲問》

[원문] 君子素其位而行, 不願乎其外. 在上位, 不陵下, 在下位, 不援上, 正己而不求於人, 則無怨, 上不怨天, 下不尤人. 故君子, 居易以俟命, 小人行險以徼幸.

[번역] 군자는 자신의 위치에 맞게 행동하고 그 밖의 것은 바라지 않는다. 윗자리에 있으면서 아랫사람을 능멸하지 않으며, 아랫자리에 있으면서 윗사람을 부추기지 않으며, 자기를 바르게 하여 남에게 요구하지 않으면 원망이 없을 것이니, 위로는 하늘을 원망하지 않고 아래로는 사람을 탓하지 않는다. 그러므로 군자는 평이하게 살면서 명을 기다리고 소인은 위험한 일을 행하여 요행을 구한다.

[출전] 《中庸章句 14장》

舜何人 余何人 (上平11眞)　순하인 여하인

舜何人　순은 어떤 사람이며
余何人　나는 어떤 사람인가?

누구든지 훌륭한 일을 하면 성인이 된다.

[원문] 成覵謂齊景公曰, "彼丈夫也, 我丈夫也, 吾何畏彼哉?" 顏淵曰, "舜何人也, 予何人也? 有爲者, 亦若是." 公明儀曰, "'文王, 我師也.' 周公豈欺我哉?"

[번역] 성간(成覵)이 제나라 경공(景公)에게 말하기를, "그도 장부이고 나도 장부이니 내 어찌 그를 두려워하겠습니까?"라고 하고, 안연이 말하기를, "순은 어떤 사람이며 나는 어떤 사람인가? 일을 행함이 있는 자는 또한 이와 같다."라고 하고, 공명의(公明儀)가 말하기를, "〈주공(周公)이〉 '문왕은 나의 스승이다.' 하니, 주공이 어찌 나를 속였겠는가?"라고 하였다.

[출전] 《孟子 藤文公上》

[주] • 彼 : 彼는 성인을 이른다. '有爲者亦若是'는 사람이 일을 행함이 있으면 모두 순과 같아짐을 말한 것이다. 〔彼, 謂聖賢也. 有爲者亦若是, 言人能有爲, 則皆如舜也.〕(《孟子 藤文公上 集註》)

誓牧野 渡孟津 (上平11眞)　서목야 도맹진

誓牧野　목야에서 맹서하고
渡孟津　맹진을 건넜다.

주나라 무왕의 무공(武功)을 말한다.

|원문| 周姬發, 武王名, 生岐山, 都鎬京. 奉天命, 救黎民, 誓牧野, 渡孟津.

|번역| 주나라 희발(姬發)은 무왕의 성명이니, 기산에서 태어나 호경을 도읍으로 삼았다. 천명을 받들어 백성을 구제하고, 목야(牧野)에서 맹서하고 맹진(孟津)을 건넜다.

|출전| ≪三字鑑 1권≫

|주| ◆ 岐山 : 주(周)나라의 발상지(發祥地). 무왕의 증조인 고공단보(古公亶父)가 오랑캐의 침범을 피해 빈(邠)에서 기산(岐山)으로 옮겨 주나라의 기반을 다졌다.(≪孟子 梁惠王下≫) ◆ 鎬京 : 무왕이 상(商)나라를 정벌하고 주나라를 일으켜 호경을 도읍으로 삼았다. ◆ 誓牧野 渡孟津 : 무왕은 목야에서 군사들에게 맹서한 다음 맹진을 통해 황하를 건너(≪書經 周書 泰誓 牧誓 武成≫), 상나라의 도읍인 조가(朝歌)로 진군했다.

千載寶 一朝塵 (上平11眞)　천재보 일조진

千載寶　천년의 보배
一朝塵　하루아침의 티끌.

글은 오랜 가치가 있지만, 물건은 찰나에 가치가 없어짐을 말한다.

|원문| 學文千載寶, 貪物一朝塵.

|번역| 글을 배움은 천 년의 보배이지만, 물건을 탐냄은 하루아침의 티끌이다.

|출전| ≪推句≫

有服親 無服親 (上平11眞) 유복친 무복친

有服親　상복을 입는 친속
無服親　상복을 안 입는 친속.

상복을 입는 가까운 친속과 안 입는 먼 친속을 말한다.

[원문] 禮曹據此啓, "… 請自今繼後父母內外有服親, 勿令相婚, 其已婚者, 勿令繼後." 從之.

[번역] 예조에서 이 말에 의거하여 아뢰기를, "… 청컨대 이제부터는 계후(繼後)한 부모(父母)의 내외 유복친(內外有服親)과는 서로 혼인하지 못하도록 하고, 이미 서로 혼인한 사람도 계후하지 못하도록 하소서."라고 하니, 그대로 따랐다.

[출전] ≪成宗實錄 9년 7월 19일≫

[주] ◆ 有服親 : 친족(親族)이 사망한 경우 복제(服制)에 따라 일정 기간 일정한 상복을 입는 가까운 친척의 총칭. 동성(同姓)은 8촌까지 유복친이고 9촌부터 무복친이다.

[원문] 母氏無服之親, 將如之何? 春秋盟會, 辭稱舅甥之國, 以結恩好, 引而敦之, 以醇凉薄, 和一之道, 於是乎在, 崇親之義, 不宜有限.

[번역] 어머니의 무복친은 장차 어찌할 것인가? ≪춘추(春秋)≫의 맹회(盟會)에는 '구생(舅甥 : 외삼촌과 생질, 또는 장인과 사위)의 나라'라는 말을 하여 우호 관계를 맺고 이끌어 돈독하게 함으로써 냉담하고 야박한 관계를 순화시켰으니, 하나로 화평하게 하는 도리가 여기에 있으므로, 친속을 높이는 의리에는 제한을 두어서는 안 된다.

[출전] ≪常變通攷 4권 通禮 居家雜儀 下 異姓疎屬≫

[주] ◆ 禮有外宗之親 … : 이 글은 ≪通典 73권 敦疎遠外親≫에서 초록, 인용

한 것이다.

首孝弟 次見聞 (上平12文)　수효제 차견문
知某數 識某文 (上平12文)　지모수 식모문

首孝弟　첫째 효도와 공경을 하고
次見聞　다음은 보고 듣는 것을 하고
知某數　숫자를 알아야 하고
識某文　글을 기억해야 한다.

공부하는 순서를 말한다.

[원문] 首孝弟, 次見聞, 知某數, 識某文.
[출전] ≪三字經≫

車同軌 書同文 (上平12文)　거동궤 서동문

車同軌　수레는 바퀴 폭이 같으며
書同文　글은 문자가 같다.

천하통일을 말한 것이다.

[원문] 今天下車同軌, 書同文, 行同倫.
[번역] 지금 천하에 수레는 바퀴 폭이 같으며 글은 문자가 같으며 행실은 윤리가 같다.
[출전] ≪中庸章句 28장≫

주 ◆ 車同軌 書同文 行同倫 : 궤(軌)는 바퀴자국의 치수이고 윤(倫)은 도덕의 체제이다. 세 가지가 모두 같은 것은 천하가 하나로 통일됨을 말한다.〔軌, 轍迹之度, 倫, 次序之體. 三者皆同, 言天下一統也.〕(≪中庸章句 28장 集註≫)

眼不見 心不煩 (上平13元) 안불견 심불번

眼不見 눈으로 안 보면
心不煩 마음이 안 괴롭다.

보면 괴롭고 안 보면 안 괴롭다.

원문 我眼不見, 心不煩, 也就罷了.
번역 나는 눈으로 안 보면 마음이 안 괴로우니 또한 중지해야겠다.
출전 ≪紅樓夢 제29회≫

言顧行 行顧言 (上平13元) 언고행 행고언

言顧行 말은 행실을 돌아보고
行顧言 행실은 말을 돌아본다.

말과 행실이 일치해야 함을 말한다.

원문 庸德之行, 庸言之謹, 有所不足, 不敢不勉, 有餘, 不敢盡, 言顧行, 行顧言, 君子胡不慥慥爾.
번역 일상의 덕을 행하며 일상의 말을 신중히 하여, 부족한 것이 있으면 감히 힘쓰지 않음이 없으며, 남음이 있으면 감히 다하지 못하여, 말은 행실을 돌아보며 행실은 말을 돌아보아야 하니, 군자가 어찌 독실하지 않겠는가.

출전 ≪中庸章句 13장≫

주 ♦ 慥慥: 독실(篤實)한 모양이다. '군자의 언행이 이와 같으면, 어찌 독실하지 않겠는가.'라고 말했으니, 찬미한 것이다.〔篤實貌, 言 君子之言行如此, 豈不慥慥乎, 贊美之也.〕(≪中庸章句 13장 集註≫)

鄙夫寬 薄夫敦 (上平13元) 비부관 박부돈

鄙夫寬　　비루한 자가 너그러워지고
薄夫敦　　야박한 자가 후하게 된다.

성현의 교화로 관후하고 돈후해짐을 말한다.

원문 柳下惠, 不羞汚君, 不辭小官, 進不隱賢, 必以其道, 遺佚而不怨, 阨窮而不憫, 與鄕人處, 由由然不忍去也. 爾爲爾, 我爲我, 雖袒裼裸裎於我側, 爾焉能浼我哉! 故聞柳下惠之風者, 鄙夫寬, 薄夫敦.

번역 유하혜(柳下惠)는 더러운 군주를 부끄러워하지 않고 하급 관직을 사양하지 않으며, 등용되어서는 어짊을 숨기지 않아서 반드시 그 도로써 하여, 잃더라도 원망하지 않고 재앙이 있거나 곤궁해져도 고민하지 않으며, 시골 사람과 거처하되 태연하여 차마 떠나지 아니하였다. '너는 너이고 나는 나이니 비록 나의 옆에서 소매를 걷고 옷을 벗는다 한들 네가 어찌 나를 더럽히겠는가?'라고 생각하였다. 그러므로 유하혜의 풍도를 들은 자는 비루한 자가 너그러워지고 야박한 자가 후하게 된다.

출전 ≪孟子 萬章下≫

> 東大門 興仁門 (上平13元)　동대문 홍인문
> 南大門 崇禮門 (上平13元)　남대문 숭례문

東大門　동쪽의 큰 문은
興仁門　인을 일으키는 문,
南大門　남쪽의 큰 문은
崇禮門　예를 숭상하는 문.

서울의 사대문 중에 동쪽과 남쪽 문의 이름이다.

[원문] 築城役訖, 放丁夫. 其春節所築, 有因水湧頹圮者, 以石城築之, 間以土城, 雲梯爲雨水所衝, 以致圮毁處, 復築之, 又置雲梯一所, 以分水勢, 石城有低下者, 加築之. 又作各門月團樓閣. 正北曰肅淸門, 東北曰弘化門, 俗稱東小門. 正東曰興仁門, 俗稱東大門. 東南曰光熙門, 俗稱水口門. 正南曰崇禮門, 俗稱南大門. 小北曰昭德門, 俗稱西小門. 正西曰敦義門, 西北曰彰義門.

[번역] 성 쌓는 역사를 마치고 정부(丁夫 : 부역꾼)들을 돌려보냈다. 봄철에 쌓은 곳에 물이 솟아나서 무너진 곳이 있으므로, 석성(石城)으로 쌓고 간간이 토성(土城)을 쌓았다. 운제(雲梯 : 높은 사다리)도 비를 맞아 무너진 곳이 있으므로 다시 쌓고, 또 운제 1소(所)를 두어서 수세(水勢)를 나누게 하고, 석성으로 낮은 곳은 더 쌓았다. 또 각문(各門)의 월단누합(月團樓閣 : 달 모양의 둥근 누각)을 지었다. 정북(正北)은 숙청문(肅淸門), 동북(東北)은 홍화문(弘化門)이니 속칭 동소문(東小門)이라 하고, 정동(正東)은 흥인문(興仁門)이니 속칭 동대문(東大門)이라 하였다. 동남(東南)은 광희문(光熙門)이니 속칭 수구문(水口門)이라 하고, 정남(正南)은 숭례문(崇禮門)이니 속칭 남대문이라 하였다. 소북(小北)은 소덕문(昭德門)이니, 속칭 서소문(西小門)이라 하고, 정서(正西)는 돈의문(敦義門)이며, 서북(西北)은 창의문(彰義門)이라 하였다.

출전 ≪太祖實錄 5년 9월 24일≫

주 ◆ 興仁門 : 조선 시대에 건립된 사대문(四大門)의 하나. 도성의 동쪽에 있는 정문으로, 1397년 태조가 건립하였다. 서울 종로구 종로 6가에 있다. 보물 제1호이다. 문루(門樓)에 쓰인 표기는 '흥인지문(興仁之門)'이다. 오행에서 동쪽을 가리키는 인(仁)을 따서 흥인문이라 이름을 정했다. ◆ 崇禮門 : 국보 제1호. 1396년(태조 5) 창건되어 1448년(세종 30) 개축했다. 조선왕조가 도읍을 한양으로 정한 뒤, 정궁인 경복궁의 방향에 의해 남문인 숭례문이 정문이 되었다. 조선 시대 한양의 성문으로 남대문이라고도 하였다. 국보 제1호 풍수지리에 의해 편액도 다른 문들과는 달리 세로로 쓰였다. 이는 서울 남쪽에 있는 조산(祖山)인 관악산이 북쪽의 조산인 북한산보다 높고 산의 모양도 불꽃이 일렁이는 듯하여 관악산의 화기를 맞불로서 꺾기 위한 것이다. 오행에서 남쪽을 가리키는 예(禮)를 숭상한다는 의미를 담아 숭례문이라 이름을 정했다. 이 건물은 600여 년 동안 잘 보존되어 오다가 2008년 2월 10일에 방화범에 의해 불타 소실되었고, 현재는 그 자리에 복원된 건물이 들어서 있다.

建春門 迎秋門 (上平13元) 건춘문 영추문

建春門 봄을 확립하는 문
迎秋門 가을을 맞이하는 문.

서울 경복궁에 있는 동문과 서문이다.

원문 後築宮城, 東門曰建春, 西曰迎秋, 南曰光化門. 樓三間有上下層, 樓上懸鍾鼓, 以限晨夕警中嚴. 門南左右, 分列議政府三軍府六曹司憲府等各司公廨.

번역 뒤에 궁성을 쌓고 동문은 건춘문(建春門)이라 하고, 서문은 영추문(迎秋門)이라 하며, 남문은 광화문(光化門)이라 했다. 누각 3간이 상층·하층으로 있고, 누각 위에 종과 북을 달아서, 새벽과 저녁을 알리게 하고 중엄(中嚴)을 경계했으며, 문 남쪽 좌우에는 의정부(議政府)·삼군부(三軍府)·육조(六曹)·사헌부(司憲府) 등 각사(各司)의 공청이 벌여 있다.

출전 ≪太祖實錄 4년 9월 29일≫

주 ◆ 建春門 迎秋門 : 동쪽은 봄에 해당하므로 동문을 '建春門'이라하고, 서쪽은 가을에 해당하므로 서문을 '迎秋門'이라 한 것이다. ◆ 中嚴 : 엄(嚴)은 의식을 행하기 위해 참여한 관원들에게 준비하도록 알리는 신호이다. 북을 세 번 쳐서 알리는데, 첫 번째 치는 것을 초엄(初嚴) 또는 일엄(一嚴)이라고 하고, 두 번째를 중엄 또는 이엄(二嚴)이라고 하며, 세 번째를 삼엄(三嚴)이라고 한다.

光化門 敦化門 (上平13元) 광화문 돈화문

光化門 교화를 빛내는 문
敦化門 교화를 돈독히 하는 문.

서울에 있는 경복궁의 정문과 창덕궁의 정문 이름이다.

원문 後築宮城, 東門曰建春, 西曰迎秋, 南曰光化門. 樓三間有上下層, 樓上懸鍾鼓, 以限晨夕警中嚴. 門南左右, 分列議政府三軍府六曹司憲府等各司公廨.

번역 '建春門 迎秋門'을 참고하라.

출전 ≪太祖實錄 4년 9월 29일≫

원문 都城左右行廊成. 自闕門至貞善坊洞口, 行廊四百七十二間, 進善門

之南, 建樓門五間, 名曰敦化. 議政府請昌德宮門外行廊, 分給各司, 爲朝房.

[번역] 도성(都城) 좌우의 행랑(行廊)이 완성되었다. 궐문(闕門)에서 정선방(貞善坊) 동구(洞口)까지 행랑이 4백 72간이고, 진선문(進善門) 남쪽에 누문(樓門) 5간을 세워서 '돈화문(敦化門)'이라고 이름을 지었다. 의정부에서 창덕궁(昌德宮) 문 밖의 행랑을 각사(各司)에 나누어 주어 조방(朝房)으로 삼을 것을 청하였다.

[출전] ≪太宗實錄 12년 5월 22일≫

[주] ♦ 敦化 : 창덕궁(昌德宮)의 정문. 창덕궁은 1405년(태종 5) 별궁(別宮)으로 지어졌다. 1411년(태종 11)에 조성한 진선문(進善門)과 금천교, 1412년에 건립한 궁궐의 정문인 돈화문에 이어 여러 전각들이 차례로 들어서면서 궁궐의 모습을 갖추어나갔다. ♦ 朝房 : 조신(朝臣)들이 조회(朝會) 때를 기다리기 위하여 아침에 각사(各司)별로 모이던 방. 대궐(大闕) 문밖에 있었음. 직방(直房).

食不語 寢不言 (上平13元) 식불어 침불언

食不語 음식을 먹을 때 말을 하지 않았으며
寢不言 잠자리에 들 때 말을 하지 않았다.

말을 하지 않아야 할 때가 있다.

[원문] 食不語, 寢不言. 雖疏食菜羹, 瓜祭, 必齊如也.

[번역] 〈공자(孔子)는〉 음식을 먹을 때 말을 하지 않았으며, 잠자리에 들 때 말을 하지 않았다. 비록 거친 밥과 나물국이라도 반드시 제를 올리시되 반드시 공경히 하였다.

[출전] ≪論語 鄕黨≫

惡旨酒 好善言 (上平13元)　오지주 호선언

惡旨酒　맛난 술을 싫어하고
好善言　착한 말을 좋아하다.

하(夏)나라 우(禹)임금의 치세(治世)를 말한다.

[원문] 孟子曰, "禹惡旨酒而好善言, 湯執中, 立賢無方, 文王視民如傷, 望道而未之見, 武王不泄邇, 不忘遠."

[번역] 맹자가 말하였다. "우(禹) 임금은 맛난 술을 싫어하고, 착한 말을 좋아하셨다. 탕(湯) 임금은 중용(中庸)을 잡으시며, 어진 이를 세울 때에 특정 부류를 가리지 않으셨다. 문왕(文王)은 백성 보기를 다친 이를 돌보듯 하였고, 도를 바라보시고도 보지 못한 듯이 여겼다. 무왕(武王)은 가까운 자를 친압하지 않으시고, 멀리 있는 자를 잊지 않으셨다."

[출전] ≪孟子 離婁下≫

敏於事 愼於言 (上平13元)　민어사 신어언

敏於事　일에 민첩하게 하고
愼於言　말에 신중하게 한다.

군자는 일 잘하고 말조심한다.

[원문] 君子食無求飽, 居無求安, 敏於事而愼於言, 就有道而正焉.

[번역] 군자는 음식에 배부름을 구하지 않고, 거처에 편안함을 구하지 않으며, 일에 민첩하게 하고 말에 신중하게 하며, 도가 있는 이를

찾아가서 질정한다.

출전 ≪論語 學而≫

詩言志 歌永言 (上平13元)　시언지 가영언

詩言志　시는 뜻을 읊는 것이고
歌永言　노래는 말을 길게 늘인 것이다.

시와 노래의 성격을 말한 것이다.

원문 詩言志, 歌永言. 聲依永, 律和聲.
번역 시는 뜻을 읊은 것이고 노래는 말을 길게 늘이는 것이다. 소리는 가락을 따르고 음률은 소리가 조화되어야 한다.
출전 ≪書經 虞書 舜典≫

難爲水 難爲言 (上平13元)　난위수 난위언

難爲水　물 되기가 어렵고
難爲言　말 되기가 어렵다.

성인(聖人)의 말에는 다른 말이 상대되지 않는다.

원문 孔子登東山而小魯, 登泰山而小天下, 故觀於海者難爲水, 遊於聖人之門者難爲言.
번역 공자가 동산에 올라가서 노나라를 작게 여기고, 태산에 올라가서 천하를 작게 여겼다. 그러므로 바다를 본 자에게는 (다른 물은)

물 되기가 어렵고, 성인의 문하에서 공부를 한 자에게는 (다른 말은) 말 되기가 어렵다.

출전 ≪孟子 盡心上≫

주 ◆ 孔子登東山而小魯… : 이는 성인(聖人)의 도(道)가 큼을 말한 것이다. 동산(東山)은 노(魯)나라 도성(都城) 동쪽에 있는 높은 산이요, 태산(太山)은 이보다도 더 높다. 이는 처한 곳이 더욱 높으면 그 아래 보이는 것은 더욱 작아지고, 본 것이 이미 크면 작은 것은 이미 볼 만한 것이 되지 못함을 말한 것이다. '難爲水 難爲言'은 인자(仁者)에게는 많은 무리도 적수가 될 수 없다는 뜻과 같다.〔此言所處益高, 則其視下益小, 所見旣大, 則其小者不足觀也. 難爲水, 難爲言, 猶仁不可爲衆之意.〕 (≪孟子 盡心上 集註≫)

登大寶 履至尊 (上平13元) 등대보 이지존

登大寶 황제의 지위에 오르고
履至尊 지극한 존자(尊者)가 되다.

천자가 되어 높은 자리에 있음을 말한다.

원문 陛下已登大寶, 社稷有主.
번역 폐하께서 이미 황제 지위에 오르시어 사직에 주인이 있게 되었습니다.
출전 ≪宋史 岳飛傳≫

원문 今天順人應, 誕登大寶, 天下生民莫不歡忻踴躍, 引領盛治.
번역 지금 하늘을 따라서 사람이 호응하여 황제 지위에 크게 오르니, 천하의 백성 가운데 기뻐 뛰면서 목을 빼고 잘 다스려지기를 바라지 않은 이가 없습니다.

|출전| ≪元史 寶默傳≫

|주| ◆ 大寶 : ≪易 繫辭下≫에, "성인(聖人)의 대보(大寶)를 위(位)라고 한다."라고 하였고, 후에 이것으로 인하여 '대보'로 황제의 지위를 가리키게 되었다.〔≪易 繫辭下≫, "聖人之大寶曰位." 後因以'大寶'指帝位.〕(≪漢語大詞典 '大寶'≫)

|원문| 履至尊而制六合, 執敲扑以鞭笞天下, 威振四海.
|번역| 지존(至尊)이 되어 천지사방을 다스렸다. 고복(敲扑)을 잡고 천하를 채찍질하고 매질하니 위세가 사해에 떨쳤다.
|출전| 漢 賈誼 ≪過秦論≫
|주| ◆ 敲扑 : 또한 '敲撲'이라 한다. 채찍질하는 형구(刑具)인데 짧은 것을 고(敲)라고 하고, 긴 것을 복(扑)이라고 한다. 또한 채찍으로 치는 것을 가리킨다.〔亦作'敲撲'. 鞭打的刑具, 短曰敲, 長曰扑. 亦指敲打鞭笞.〕(≪漢語大詞典 '敲扑'≫)

無慾易 無名難 (上平14寒) 무욕이 무명난

無慾易   욕심을 없애기는 쉬우나
無名難   명예를 없애기는 어렵다.

명예에 대한 욕심은 없애기 어렵다.

|원문| 景行錄曰, "保生者寡慾, 保身者避名, 無慾易無名難."
|번역| ≪경행록≫에 말하였다. "삶을 보전하려는 사람은 욕심을 적게 하고, 몸을 보전하려는 사람은 명예를 피한다. 욕심을 없애기는 쉬우나, 명예를 없애기는 어렵다."
|출전| ≪明心寶鑑 正己篇≫

주 ◆ 避名 : 성씨를 숨기고 이름을 묻어버린다는 말과 같다.〔猶言隱姓埋名.〕(≪漢語大詞典 '避名'≫)

爲惡易 爲善難 (上平14寒)　위악이 위선난

爲惡易　악을 행하기는 쉽고
爲善難　선을 행하기는 어렵다.

좋은 일 하기는 어렵고 나쁜 일 하기는 쉽다.

원문 幼子之性, 本無不誠, 然習於僞, 則爲惡易, 而爲善難. 常示毋誑, 然後詐僞不滋, 而眞純可全矣.

번역 어린이의 성품은 본래 성실하지 않음이 없다. 그러나 거짓에 익숙해지면 악을 행하기는 쉬운데 선을 행하기는 어렵다. 항상 속이지 않음을 보여준 뒤에야 속임수가 늘어나지 않고 진실함을 보전 할 수 있다.

출전 ≪欽定禮記義疏 2권 曲禮上≫

원문 人不忠信, 則事皆無實. 爲惡則易, 爲善則難, 故學者必以是爲主焉.

번역 사람이 성실과 신의가 없으면 일에 모두 실체가 없게 된다. 악을 행하는 것은 쉽고, 선을 행하는 것은 어려우므로, 배우는 사람은 반드시 이러한 충신(忠信 : 성실과 신의)을 위주로 해야 한다.

출전 ≪論語 學而 '主忠信' 集註≫

仁民易 愛物難 (上平14寒)　인민이 애물난

仁民易　백성을 사랑하기는 쉽고
愛物難　사물을 사랑하기는 어렵다.

정치가가 백성을 사랑하기는 쉬운 것인데 안할 뿐이다.

[원문] 惻隱之發, 則於民切而於物緩, 推廣仁術, 則仁民易而愛物難. 今王此心, 能及物矣, 則其保民而王, 非不能也, 但自不肯爲耳.

[번역] 측은함이 발현되면 백성에게 절실하고 사물에게는 소원해지고 인의 방법을 미루어 넓혀 가면 백성을 사랑하기는 쉽고 사물을 사랑하기는 어려워진다. 지금 왕의 이 마음이 능히 사물에 미쳐 갈 수 있으니, 백성을 보호하여 왕 노릇하는 것은 할 수 없는 것이 아니고, 다만 스스로 하려 하지 않는 것일 뿐이다.

[출전] ≪孟子 梁惠王上 '百姓之不見保' 集註≫

創業難 守成難 (上平14寒)　창업난 수성난

創業難　나라를 세우는 것은 어렵고
守成難　나라를 지키는 것도 어렵다.

왕업을 창시하거나 유지하는 것은 모두 어렵다.

[원문] 上問侍臣:"創業與守成孰難?" 房玄齡曰,"草昧之初, 與群雄並起, 角力而後臣之, 創業難矣!" 魏徵曰,"自古帝王, 莫不得之於艱難, 失之於安逸, 守成難矣!" 上曰,"玄齡與吾共取天下, 出百死, 得一生, 故知創業之難. 徵與吾共安天下, 常恐驕奢生於富貴, 禍亂生於所忽, 故知守成之難. 然創業之難, 旣已往矣, 守成之難, 方當與諸公愼之." 玄齡等拜曰,"陛下及此言, 四海之福也."

[번역] 당 태종(太宗)이 시신(侍臣)에게 물었다. "창업(創業)과 수성(守

成)중에 어느 것이 어려운가?" 방현령이 말하였다. "창업 초기에는 여러 영웅들과 아울러 일어나서 무력을 다툰 뒤에 신하로 삼아야 하니 창업이 어렵습니다!" 위징이 말하였다. "예로부터 제왕은 어려움 속에서 천하를 얻고 안일함 속에서 천하를 잃지 않은 자가 없었으니, 수성하는 것이 어렵습니다!" 태종이 말하였다. "방현령은 나와 천하를 함께 차지하면서 온갖 죽음에서 벗어나 한 번 살기를 얻었으므로 창업의 어려움을 알고, 위징은 나와 천하를 함께 안정시키면서 교만과 사치가 부귀에서 생겨나고 재앙과 난리가 소홀함에서 생김을 늘 우려하므로 수성하는 어려움을 아는 것이오. 그러나 창업하는 어려움은 이미 과거 일이고, 수성하는 어려움은 장차 여러 공들과 신중히 해 나가야 할 것이오." 방현령 등이 절하고 말하였다. "폐하께서 이러한 말씀을 하시니, 천하의 복입니다."

출전 ≪資治通鑑 195권 唐紀11 太宗文武大聖大廣孝皇帝中之上 貞觀 12년≫

주 ◆ 房玄齡 : 579∼648. 중국 당나라의 재상. 수(隋)나라에서 진사가 되었으나 당나라에 귀의하여 태종(太宗) 원년(626)에 중서령이 되고 개국공(開國公)에 봉해졌으며, 후에 위국공(魏國公)과 양국공(梁國公)에 봉해졌다. 15년 동안 재상의 자리에 있으면서 두여회(杜如晦)와 함께 현상(賢相)이라는 칭송을 받았으니, '방현령이 모의하고 두여회가 결단한다.〔房謀杜斷.〕'는 말이 있을 정도로 정관지치(貞觀之治)는 이들에게 힘입은 것이 크다. 태종의 신임이 지극하여 고구려 공격 때는 장안(長安)에 남아 성을 지키기도 하였다. 시호는 문소(文昭)이다. 황명을 받아 ≪진서(晉書)≫를 중찬하였으며, 태종의 소릉(昭陵)에 배장(陪葬)되었다. ◆ 草昧 : 창시, 초창과 같다.〔猶創始, 草創.〕(≪漢語大詞典 '草昧'≫) ◆ 角力 : 무력을 써서 승부를 겨루다.〔以武力決勝負.〕(≪漢語大詞典 '角力'≫) ◆ 魏徵 : 580∼643. 당(唐)나라의 위군(魏郡) 내황(內黃) 사람으로, 자는 현성(玄成)이며, 시호는 문정(文貞)이다. 고조(高祖)의 장자(長子)이며 태자(太子)인 이건성(李建成)을 섬겨 세마(洗馬)가 되었으나, 뒤에는 형제간의 불화로 말미암아 이건성이 후에 태종(太宗)이 되는 이세민(李世民)에게 살해되자 다시 태종을 섬겼다. 특히 간의대부(諫議

大夫) 등의 요직을 역임하며 강직한 성품으로 태종의 잘못을 간쟁하여 정관지치(貞觀之治)의 태평 시대를 여는데 크게 공헌하였다. 태종의 절대적인 신임을 받아 벼슬은 태자태사(太子太師)에까지 올랐으며, 그가 죽자 태종은 거울 하나를 잃었다고 탄식하였다. ≪군서치요(群書治要)≫를 주편(主編)하였고, 예서(禮書)에도 밝아서 ≪소대례(小戴禮)≫에 근거하여 ≪유례(類禮)≫ 20권을 지었는데 지금 전해지지 않는다.

戰勝易 守勝難 (上平14寒) 전승이 수승난

戰勝易 싸워서 승리하기는 쉬우나
守勝難 지켜서 승리하기는 어렵다.

공격의 승리보다 수비의 승리가 더 어려움을 말한다.

[원문] 戰勝易, 守勝難. 故曰, "天下戰國, 五勝者禍, 四勝者弊, 三勝者霸, 二勝者王, 一勝者帝. 是以數勝得天下者稀, 以亡者衆."

[번역] 싸워서 승리하기는 쉬우나 지켜서 승리하기는 어렵다. 그러므로 말하기를, "천하에 전쟁하는 국가가 다섯 번 승리하는 자는 화를 받고, 네 번 승리하는 자는 피폐해지고, 세 번 승리하는 자는 패자(霸者)가 되고, 두 번 승리하는 자는 왕이 되고, 한 번 승리하는 자는 제(帝)가 된다. 그러므로 자주 승리하여 천하를 얻는 자는 적고 그것으로 망하는 자가 많다."라고 하는 것이다.

[출전] ≪吳子 圖國≫

[주] ◆ 吳子 : 무경칠서(武經七書)의 하나. 무경칠서는 일곱 가지 병서(兵書)로, 손무(孫武)의 ≪손자(孫子)≫, 오기(吳起)의 ≪오자(吳子)≫, 사마양저(司馬穰苴)의 ≪사마법(司馬法)≫, 울료(尉繚)의 ≪울료자(尉繚子)≫, 이정(李靖)의 ≪황석공삼략(黃石公三略)≫, 황석공(黃石公)의 ≪육도(六韜)≫, 여망(呂望)의 ≪이위공문대(李衛公問對)≫를 가리킨다.

[원문] 魏徵對曰, "臣聞之, '戰勝易, 守勝難.' 陛下深思遠慮, 安不忘危, 功業旣彰, 德敎復洽, 恒以此爲政, 宗社無由傾敗矣."

[번역] 위징이 대답하였다. "신이 들으니 '싸워서 승리하기는 쉬우나 지켜서 승리하기는 어렵다.'라고 합니다. 폐하께서는 깊이 생각하시고 멀리 생각하셔서 편안할 때에도 위태함을 잊지 않으시고 공업이 이미 밝게 드러남에 덕교가 다시 흡족해집니다. 항상 이것으로 정사를 하시면 종사가 기울어 패망함이 없을 것입니다."

[출전] ≪貞觀政要 愼終≫

放言易 力行難 (上平14寒) 방언이 역행난

放言易 함부로 말하기는 쉽고
力行難 힘써 행하기는 어렵다.

말은 신중히 하고 행함은 민첩하게 해야 함을 말한 것이다.

[원문] 放言易, 故欲訥, 力行難, 故欲敏.

[번역] 함부로 말 하기는 쉬우므로 어려워하고자 하고, 힘써 행하기는 어려우므로 민첩하고자 한다.

[출전] ≪論語 里仁 '君子欲訥於言' 集註≫

乘船危 就橋安 (上平14寒) 승선위 취교안

乘船危 배를 타는 것은 위험하고
就橋安 다리로 가는 것은 안전하다.

위태로운 길로 가지 말고 안전한 길로 가야 한다.

[원문] 上酎祭宗廟, 出便門, 欲御樓船, 廣德當乘輿車, 免冠頓首曰, "宜從橋." 詔曰, "大夫冠." 廣德曰, "陛下不聽臣, 臣自刎, 以血汚車輪, 陛下不得入廟矣!" 上不說. 先驅光祿大夫張猛進曰, "臣聞主聖臣直. 乘船危, 就橋安. 聖主不乘危. 御史大夫言可聽." 上曰, "曉人不當如是邪!" 乃從橋.

[번역] 임금〔원제(元帝)〕이 종묘(宗廟)에 순주(醇酎 : 세 번 내린 술)로 제사를 지내려고 편문(便門)을 나와서 누선(樓船 : 망루가 있는 전투선)을 타려고 하였다. 설광덕(薛廣德 : 어사대부(御史大夫))이 승여거(乘輿車 : 황제 수레)를 막아서며 관을 벗고 머리를 조아리고서 말하기를, "마땅히 다리로 가셔야합니다."라고 하니, 조서에 말하기를, "대부는 관을 쓰시오."라고 하였다. 설광덕이 말하기를, "폐하께서 신의 말을 들어주지 않으면 신은 스스로 목을 찔러 죽어 피로 수레바퀴를 더럽히리니 폐하께서 종묘에 들어갈 수 없을 것입니다"라고 하니, 원제는 기뻐하지 않았다. 선구(先驅 : 승여 인도인)였던 장맹(張猛)이 나서서 말하기를, "신이 듣건대 군주가 성스러우면 신하는 곧다고 하였습니다. 배를 타는 것은 위험하고 다리로 가는 것은 안전합니다. 성스러운 군주는 위험한 것을 타지 않으니, 어사대부의 말을 들어야 합니다."라고 하니, 원제가 말하기를, "남을 깨우치려면 마땅히 이 장맹처럼 해야 하지 않겠는가?"라고 하고, 마침내 다리로 갔다.

[출전] ≪漢書 71권 薛廣德傳≫

[주] ◆ 편문(便門) : 장안성(長安城) 남쪽의 서쪽 머리 첫째 문.

去平安 來平安 (上平14寒) 거평안 내평안

去平安 갈 때도 평안하고
來平安 올 때도 평안하소서.

평안하게 사신 다녀오기를 기원하는 말이다.

[원문] 司僕正李君則, 冬至使書狀官, 燕京路三千里, 去平安來平安.
[번역] 사복시 정 이군칙은 동지사 서장관이니, 연경 길 삼천리에 갈 때도 평안하고 올 때도 평안하소서.
[출전] 李裕元 ≪林下筆記 29권 春明逸史 靈城名句≫
[주] ◆ 官…安 : 이 두 글자는 모두 상평성(上平聲) 한운(寒韻)이다. 이에 의해 위의 원문은 육언시(六言詩)가 되는 것이다.

一日暴 十日寒 (上平14寒) 일일폭 십일한

一日暴 하루 동안 햇볕을 쪼이고
十日寒 열흘 동안 춥게 하다.

한결같은 마음이 없음을 말한다.

[원문] 草木爲物, 雖極易生, 而一日曝十日寒, 則不能生矣.
[번역] 풀과 나무는 매우 쉽게 자라는 생물인데도 하루만 햇볕을 쪼여주고 열흘을 춥게 하면 생장할 수가 없습니다.
[출전] ≪承政院日記 仁祖 3년(1625) 9월 15일≫
[주] ◆ 一日曝 十日寒 : '一日暴之 十日寒之'의 생략임. '一暴十寒'으로 줄여 쓰기도 하는데 '하루 동안 햇볕을 쪼여주고 열흘 동안 춥게 한다. 일을

하면서 한결같은 마음이 없는 것을 비유한다.〔曬一天, 冷十天. 比喻做事沒有恒心.〕'(≪漢語大詞典 '一暴十寒'≫)

원문　孟子曰 : "無或乎王之不智也. 雖有天下易生之物也, 一日暴之, 十日寒之, 未有能生者也."

번역　맹자가 말하였다. "왕이 지혜롭지 못한 것이 의심스럽지 않습니다. 비록 천하에서 쉽게 자라는 생물이 있더라도 하루 동안 햇볕을 쪼이고 열흘 동안 춥게 하면 자랄 수 있는 것이 없을 것입니다."

출전　≪孟子 告子上≫

言之易 行之艱 (上平15刪)　언지이 행지간

言之易　말하기는 쉬우나
行之艱　행하기는 어렵다.

정치는 말보다 행함이 어렵다.

원문　上曰, "實心實政, 言之易而行之難, 予實有愧焉."

번역　임금이 말하였다. "진실한 마음과 성실한 정치는 말하기는 쉬우나 행하기는 어려우니 내가 실로 부끄러움이 있다."

출전　≪英祖實錄 37년 9월 2일≫

三角山 五臺山 (上平15刪)　삼각산 오대산

三角山　뿔이 셋 있는 산,

1. 평성 | 99

五臺山　대가 다섯 있는 산.

뿔과 대(臺)의 모양을 이룬 특이한 산 이름이다.

[원문] 三角山一名負兒岳, 又名華山. 溫祚登負兒岳, 相可居之地, 卽此山. 有白雲國望仁壽三峯, 故名三角.

[번역] 삼각산은 일명 부아악(負兒岳)이라 하며 또 화산(華山)이라고도 한다. 백제의 온조왕(溫祚王)이 부어악에 올라서 살 만한 곳을 찾아보았는데, 바로 이곳이다. 백운대(白雲臺), 국망봉(國望峯), 인수봉(仁壽峯)의 세 봉우리가 있기 때문에 삼각산이라고 한다.

[출전] ≪增補文獻備考 21권 輿地考9 漢城府三角山≫

[주] ◆ 負兒岳 : 삼각산이 아이를 업고 있는 것 같다고 하여 일컬은 명칭이다. 이 이외에도 정(鼎)에 발이 셋이 달려 있는 것처럼 생겼다고 하여 정악(鼎嶽)이라고도 하며, 서울의 옛 이름인 한산(漢山) 북쪽에 있는 산이라 하여 북한산이라고도 한다.

[원문] 龍巖寺, 是寺最北漢之東隩也. 北有五峯, 大者三, 曰白雲萬景露積, 故三角名焉. 仁壽龍巖小者.

[번역] 용암사(龍巖寺), 이 절은 북한산의 동쪽으로 가장 깊숙한 곳에 위치하고 있다. 북쪽에는 다섯 봉우리가 있는데 큰 것이 셋이니, 백운봉(白雲峯)・만경봉(萬景峯)・노적봉(露積峯)이다. 그러므로 삼각산(三角山)이라 부른다. 인수봉(仁壽峯)과 용암봉(龍巖峯)은 작은 것이다.

[출전] ≪靑莊館全書) 3권 記遊北漢 龍巖寺≫

[원문] 五臺山在府西一百四十里. 東滿月, 南麒麟, 西長嶺, 北象王, 中智爐, 五峯環列, 大小均敵, 故名之.

[번역] 오대산은 강릉부 서쪽 1백 40리에 있다. 동쪽이 만월(滿月), 남쪽이 기린(麒麟), 서쪽이 장령(長嶺), 북쪽이 상왕(象王), 복판이

지로(智爐)인데, 다섯 봉우리가 고리처럼 벌려 섰고, 크기가 고른 까닭에 오대라고 이름을 붙였다.

출전 ≪新增東國輿地勝覽 제44권 江原道 江陵大都護府 山川≫

重開日 更少年 (下平1先) 중개일 갱소년

重開日　거듭 피는 날
更少年　다시 젊은 시절.

청춘은 다시 오지 않는다.

원문 花有重開日, 人無更少年.
번역 꽃은 피는 날이 다시 오지만, 사람은 젊은 시절이 다시 오지 않는다.
출전 ≪推句≫

夏曰歲 商曰祀 周曰年 (下平1先) 하왈세 상왈사 주왈년

夏曰歲　하나라는 세(歲)라 하였고
商曰祀　상나라는 사(祀)라 하였고
周曰年　주나라는 연(年)이라 하였다.

왕조별로 연도를 나타내는 명칭을 말한 것이다.

원문 載, 歲也. 夏曰歲, 商曰祀, 周曰年, 唐虞曰載.
번역 재는 세(歲)이다. 하나라는 세(歲)라 하고, 상나라는 사(祀)라 하고, 주나라는 년(年)이라 하고, 요순시대는 재(載)라 했다.

출전 ≪爾雅 釋天≫

원문 夏曰歲, 商曰祀, 周曰年, 一也. … 三代, 雖正朔不同, 然皆以寅月起數, 蓋朝覲會同頒曆授時, 則以正朔行事, 至於紀月之數, 則皆以寅爲首也.

번역 하나라는 세(歲)라 하고, 상나라는 사(祀)라 하고, 주나라는 연(年)이라 하였으니 한 가지이다. … 삼대가 비록 정월 초하루가 같지 않으나, 모두 인월(寅月 : 동지 다음다음 달)로써 세기 시작하였으니, 대개 조근하고 회동하며 책력을 반포하여 시기를 알려주는 것은 정월 초하루에 일을 행하고, 달수를 기록하는 데에 이르러서는 모두 인월로 세수(歲首)를 삼았다.

출전 ≪書經 商書 伊訓 '惟元祀十有二月乙丑' 集傳≫

주 • 歲首 : 연도의 시작. 하나라 때는 북두성 자루가 날이 처음 어두워 질 무렵에 인방(寅方 : 2시 방향)을 가리키고 있는 달로 정월을 삼았다. 하늘은 자(子)에서 열리고, 땅은 축(丑)에서 열리고, 인물은 인(寅)에서 생겨났다. 그러므로 북두성 자루가 이 세 방위를 가리키는 달을 세수로 삼아 삼대(三代)에 교대로 쓸 수 있었던 것이다. 하나라에서는 인월을 사용하였으니 인정(人正)이 되고, 은나라에서는 축월(丑月 : 동지 다음 달 섣달)을 사용하였으니 지정(地正)이 되고, 주나라는 자월(子月 : 동짓달)을 사용하였으니 천정(天正)이 된다.〔夏時, 謂以斗柄, 初昏建寅之月爲歲首也. 天開於子, 地闢於丑, 人生於寅, 故斗柄建此三辰之月, 皆可以爲歲首, 而三代迭用之. 夏以寅爲人正, 商以丑爲地正, 周以子爲天正也.〕(≪論語 衛靈公 '行夏之時' 集註≫) • 寅月 : 농사력의 정월이다. 고인(古人)이 12지와 12개월로 서로 짝 맞추었는데, 통상 동지가 있는 농사력의 11월로 자(子)와 짝을 맞추고, 건자지월(建子之月)이라고 하였다. 이를 순차적으로 미루어 12월을 건축지월(建丑之月), 정월을 건인지월(建寅之月)이라고 하였는데 인월(寅月)이라고 이른다.〔寅月, 卽農曆正月. 古人把十二支和十二個月相配, 以通常冬至所在的農曆十一月配子, 稱爲建子之月. 由此順推, 十二月爲建丑之月, 正月爲建寅之月, 簡稱寅月.〕(≪漢語大詞典 '寅月'≫)

衆好之 必察焉 (下平1先)　중호지 필찰언
衆惡之 必察焉　　　　　중오지 필찰언

衆好之　여러 사람이 좋아하더라도
必察焉　반드시 살피고,
衆惡之　여러 사람이 싫어하더라도
必察焉　반드시 살핀다.

사람을 평가함에 겪어보지 않고 속단하지 말라.

원문 子曰, "衆好之, 必察焉, 衆惡之, 必察焉."
번역 공자가 말하였다. "여러 사람이 그를 좋아하더라도 반드시 살피고, 여러 사람이 그를 싫어하더라도 반드시 살핀다."
출전 ≪論語 衛靈公≫

鳥逾白 花欲燃 (下平1先)　조유백 화욕연

鳥逾白　새는 더욱 희고
花欲燃　꽃은 불타는 듯 붉다.

봄날의 새와 꽃을 묘사한 것이다.

원문 江碧鳥逾白, 山青花欲燃. 今春看又過, 何日是歸年.
번역 강물이 파라니 새는 더욱 희고, 산이 푸르니 꽃은 불타는 듯 더 붉구나. 올 봄도 이렇게 지나가니, 어느 날 돌아갈까!
출전 杜甫 ≪絶句二首(其二)≫

虎在山 龍在淵 (下平1先)　호재산 용재연

虎在山　범이 산에 있고
龍在淵　용이 못에 있다.

인재가 기세를 펼 만한 곳이 있다.

[원문] 虎在於山, 其威自重, 龍在於淵, 其神不測. 虎出於野, 童竪逐之, 龍出於陸, 獺獱笑之. 天兵之在湖路, 虎在山龍在淵之勢也.

[번역] 범이 산에 있으면 그 위엄이 자연적으로 중후하게 하고, 용이 못에 있으면 그 신묘함을 예측할 수 없다. 범이 들판에 나오면 아이들에게도 쫓기며, 용이 육지에 나오면 수달에게도 웃음거리가 된다. 관군이 호로(湖路)에 있으니, 호랑이가 산에 있고 용이 못에 있는 기세이다.

[출전] 朝鮮 裵大維 ≪忘憂堂集 忘憂先生傳≫

崇文學 重桑田 (下平1先)　숭문학 중상전

崇文學　문학(文學)을 숭상하고
重桑田　농사를 중시하였다.

청나라 강희제 때의 업적을 말한다.

[원문] 至康熙, 亶聰明, 修字典, 纂聖經, 崇文學, 重桑田.

[번역] 청나라 강희제에 이르러선 진실로 총명하여 자전(字典)을 편수하고, 성경(聖經 : 성인의 경전)을 찬집하고, 문학(文學)을 숭상하고, 농사를 중시하였다.

출전 ≪三字鑑 2권≫

寧玉碎 毋瓦全 (下平1先)　영옥쇄 무와전

寧玉碎　차라리 옥으로 부서질지언정
毋瓦全　기와로 온전하지는 않겠다.

구차하게 목숨을 구할 바에는 정의롭게 죽겠다.

원문 楚世傳三閭大夫忠義, 寧玉碎, 毋瓦全, 寧烈死, 毋佞生, 其俗然矣.

번역 초나라에 전하기를 삼려대부는 충의가 있어 차라리 옥으로 부서질지언정 기와로 온전하지는 않겠고, 차라리 충렬로 죽을지언정 아첨으로 살지는 않을 것이라고 하였으니, 그 풍속이 그러했던 것이다.

출전 ≪湖廣通志 92권 楚二社稷臣疏≫

주　◆ 三閭大夫 : 전국 시대 초(楚)나라의 관명(官名)으로, 이 벼슬을 지낸 굴원(屈原)을 가리킨다. 왕족인 소씨(昭氏)・굴씨(屈氏)・경씨(景氏) 세 집안의 계보(系譜)와 인재 등용을 관장하였다.

원문 我李自成寧爲玉碎, 不爲瓦全.

번역 나 이자성(李自成)은 차라리 옥이 되어 부서질지언정 기와가 되어 온전하지는 않겠다.

출전 姚雪垠 ≪李自成 제1권 제12장≫

주　◆ 寧爲玉碎 不爲瓦全 : '영가옥쇄 불능와전(寧可玉碎 不能瓦全)'으로도 쓴다. ◆ 李自成 : 중국 명나라 말기 농민 반란의 지도자(1606~1645). 1631년 연수(延綏)의 기근을 기화로 봉기하여 반란군의 수령이 되었으며 장안(長安)을 점령하여 신순왕(新順王)이라 칭하고 대순국(大順國)을 세웠다. 이어 명나라의 수도 북경(北京)을 점령한 뒤 오삼계(吳三桂)

1. 평성 | 105

에게 대패했다. 4월 29일 북경에서 칭제(稱帝)했지만, 다음 날 성을 버리고 서쪽으로 달아났다. 영창(永昌) 2년(1645) 호북(湖北) 구궁산(九宮山)에서 살해당했다.

[원문] 豈得棄本宗, 逐他姓! 大丈夫寧可玉碎, 不能瓦全.

[번역] 어찌 본종(本宗 : 자기 종족)을 버리고 다른 성(姓)을 따르는가! 대장부는 차라리 부서진 옥이 될 수는 있을지언정 온전한 기와가 될 수는 없다.

[출전] ≪北齊書 元景安傳≫

學聖道 得正傳 (下平1先) 학성도 득정전

學聖道 성인의 도를 배워
得正傳 바른 전통을 얻다.

유학(儒學)의 정통(正統)을 전한 송나라 장식(張栻)의 업적을 말한다.

[원문] 有張栻, 號南軒, 學聖道, 得正傳. 有朱熹, 綱目成, 注四書, 並五經.

[번역] 장식(張栻)은 호가 남헌(南軒)이며 성현의 도(道)를 배우고 바른 전통을 얻었다. 주희(朱熹)는 ≪자치통감강목(資治通鑑綱目)≫을 완성했으며 사서(四書)를 주석하고 오경(五經)을 아울러 정리했다.

[출전] ≪三字鑑 3권≫

[주] ◆ 有張栻… : 여조겸(呂祖謙), 주희(朱熹), 장식(張栻)을 동남 3현(東南三賢)이라 하였다. ≪송사(宋史)≫에 장식의 열전이 있다.

井底蛙 管中天 (上平1先) 정저와 관중천

井底蛙 우물 안의 개구리이고
管中天 대롱 속의 하늘이다.

견문이 좁음을 말한다.

원문 子陽井底蛙耳. 而妄自尊大, 不如專意東方.

번역 자양(子陽 : 공손술(公孫述))은 우물 안 개구리일 뿐이다. 망령되게 자신을 높이고 잘난 체하니, 오직 동방(東方 : 후한 광무제(光武帝))에 뜻을 두는 것만 못하다.

출전 ≪後漢書 24권 馬援傳≫

출전 ◆ 子陽 : 공손술의 자. 전한(前漢)말기 왕망(王莽) 때 자립(自立)하여 촉왕(蜀王)이 되고, 후한 광무제(後漢光武帝) 초기에 자립하여 천자(天子)가 되고 국호를 성가(成家)라 불렀다. 뒤에 후한 광무제의 장군 오한(吳漢) 등의 공격을 받아 죽음을 당하였다. ≪後漢書 13권 公孫述列傳≫

원문 傾蓋十載前, 通家纔一年. 誼深交更淺, 僅窺管中天.

번역 처음 우의를 맺은 것은 10년 전인데, 집안끼리 왕래하기는 겨우 1년이로다. 정의는 깊으나 교류는 오래 되지 않았으니, 겨우 대롱 속의 하늘을 보는 것 같도다.

출전 柳健休 ≪大埜文集 1권 輓南子容≫

生紫煙 掛長川 (下平1先) 생자연 괘장천

生紫煙 자색 안개가 일어나고
掛長川 긴 강이 매달려 있다.

중국 강서성(江西省) 여산(廬山)의 폭포의 경치를 말한다.

원문 日照香爐生紫烟, 遙看瀑布掛長川. 飛流直下三千尺, 疑是銀河落九天.
번역 해가 향로봉을 비추어 자색 안개 일어나고, 멀리 폭포는 긴 강이 매달린 듯하네. 날듯이 흘러 삼천 척을 떨어지니 하늘에서 은하수 쏟아지는가 의심이 드네.
출전 李白 〈望廬山瀑布〉

風似箭 月如弦 (下平1先) 풍사전 월여현

風似箭   바람은 화살 같고
月如弦   달은 활시위와 같다.

배를 타고 가면서 강가의 풍경을 말한 것이다.

원문 風似箭, 月如弦, 少年吳兒曉進船.
번역 바람은 화살 같고, 달은 활시위와 같은데 나이가 젊은 오아(吳兒 : 오 땅의 소년)는 새벽에 배를 타고 나간다.
출전 唐 李叔卿 ≪江南曲≫

賢希聖 士希賢 (下平1先) 현희성 사희현

賢希聖   현인은 성인처럼 되기를 희망하고
士希賢   선비는 현인처럼 되기를 희망한다.
수준에 따른 희망 목표를 말한다.

원문 聖希天, 賢希聖, 士希賢.

[번역] 성인은 하늘처럼 되기를 희망하고, 현인은 성인처럼 되기를 희망하고, 선비는 현인처럼 되기를 희망한다.

[출전] 周敦頤 ≪通書 志學篇≫

[주] ◆ 希賢 : 어진 사람을 우러러 사모하여 그와 같아지기를 원하는 것을 말한다.〔謂仰慕賢者, 願與之齊等.〕(≪漢語大詞典 '希賢'≫)

赤兎馬 靑龍刀 (下平4豪) 적토마 청룡도

赤兎馬 붉은 토끼털 빛의 말
靑龍刀 푸른 용을 조각한 칼.

훌륭한 말과 칼을 말한다.

[원문] 聽的道關將軍臨陣也 …… 再遇着靑龍刀赤兎馬黃金甲絳紅袍.

[번역] 말을 듣자니 관우(關羽) 장군이 전쟁터에 나아가서 …… 거듭 청룡도(靑龍刀)・적토마(赤兎馬)・황금갑(黃金甲)・강홍포(絳紅袍)로 무장하였다.

[출전] 明 朱有燉 ≪義勇辭金 제3접≫

[주] ◆ 赤兎 : 준마(駿馬) 이름. 적토(赤菟)로도 쓴다.(≪漢語大詞典 '赤兎'≫) 애초 후한 말기에 여포(呂布)의 말이었는데 뒤에 관우(關羽)의 말이 되었다고 한다.

[원문] 布常御良馬, 號曰赤菟, 能馳城飛塹.

[번역] 여포는 늘 타고 다니던 준마는 이름이 적토(赤菟)라고 하였는데, 성곽에서 달리고 참호를 날아 넘었다.

[출전] ≪後漢書 75권 呂布傳≫

원문 雲長造靑龍偃月刀, 又名冷艷鋸, 重八十二斤.

번역 운장(관우의 자)은 청룡언월도(靑龍偃月刀)를 만들었는데, 또 냉염거(冷艷鋸)라고도 하였으니, 무게는 82근이었다.

출전 ≪三國演義 제1회≫

주 ◆ 靑龍偃月刀 : 칼 종류 병기 이름. 모양이 누운 반달과 같고 아울러 푸른 용이 조각되어 있기 때문에 이렇게 일컫는다. 또 생략하여 '청룡도(靑龍刀)'로도 쓴다.〔刀類兵器名. 因形如偃月, 並雕有靑龍, 故稱. 亦省作'靑龍刀'.〕(≪漢語大詞典 '靑龍偃月刀'≫)

卯金刀 人月刀 (下平4豪)　묘금도 인월도

卯金刀　묘금도는 유(劉) 자이고
人月刀　인월도는 유(兪) 자이다.

유(劉) 자와 유(兪) 자를 파자(破字)하여, 묘금도유(卯金刀劉)와 인월도유(人月刀兪)로 구별한 것이다.

원문 今百姓咸言皇天革漢而立新, 廢劉而興王. 夫劉之爲字卯金刀也. 正月剛卯, 金刀之利, 皆不得行.

번역 지금 백성들이 모두 '하늘이 한(漢)나라를 바꾸어 신(新)나라를 세우고 유(劉)씨를 버려 왕(王 : 王莽)씨를 일으키려고 한다'라고 말한다. 유(劉) 글자는 묘금도(卯金刀)로 만들어졌으므로, 정월에 강묘(剛卯)를 만들어 차거나, 금도(金刀 : 화폐)의 이익을 모두 행해서는 안 된다.

출전 ≪漢書 99권中 王莽傳≫

주 ◆ 王莽 : 전한(前漢) 말기 외척으로 신(新)나라의 임금. 한나라 평제(平帝)를 독살하고 제위(帝位)를 찬탈하여 국호를 신이라고 하였다가 후한

(後漢)의 광무제(光武帝)에게 멸망당하였다. ≪漢書 99권 王莽傳≫
♦ 剛卯 : 한대(漢代) 사람들이 벽사(辟邪 : 사악을 물리침)를 위해 만들어 패용한 기물. 정월(正月)의 묘일(卯日)에 만드는데, 쇠나 옥 혹은 복숭아나무를 재료로 만들고 벽사 내용의 글귀를 새긴다. ♦ 金刀 : 금(金)과 도(刀)라는 화폐. ≪한서(漢書) 식화지상(食貨志上)≫의 안사고(顏師古) 주(注)에는, "금(金)은 오색금(五色金)을 말한다. …… 도(刀)는 전폐(錢幣)를 말한다.〔金謂五色之金也 …… 刀謂錢幣也.〕"라고 하였다.

[원문] 禮樂歸金刀, 平陸渾成江. 斗粟聊爾耳, 高節不可降.

[번역] 예악이 금도에게로 돌아가니, 육지가 온통 강이 되었어라. 몇 말의 곡식은 잠시 받은 것, 높은 절개는 굽힐 수가 없었지.

[출전] ≪石洲集 제1권 五言古詩 余居閑無事 … 遂題三詩以志之≫

[주] ♦ 禮樂歸金刀 : 도잠(陶潛)의 고국인 동진(東晉)이 망하고 유유(劉裕)가 세운 남조(南朝) 송(宋)이 들어섰음을 뜻한다. 금도(金刀)는 묘금도(卯金刀)의 준말로 '유(劉)'를 파자(破字)한 것이다. ♦ 斗粟 : 몇 말의 곡식은 오두미(五斗米 : 5말 쌀)로, 하급 관료의 낮은 봉급을 뜻한다. 도잠이 팽택현(彭澤縣)의 현령(縣令)으로 있을 때 군(郡)에서 독우(督郵 : 감찰관)를 보냈는데, 현리(縣吏 : 팽택현 관리)가 의관을 갖추고 만나 뵈라고 하자, "오두미를 위하여 구차히 향리의 소아(小兒)에게 허리를 굽힐 수 없다."라고 하고는, 즉시 인끈을 풀고 〈귀거래사(歸去來辭)〉를 읊고 고향으로 돌아갔다.

[원문] 人月刀兪.

[번역] 인(人)과 월(月)과 도(刀)가 유(兪)자이다.

[출전] https://search.naver.com

[주] ♦ 劉·兪 : 이들 이외에 같은 음의 성씨로 유(柳) 씨가 있는데 세속에서 '버들 류'라고 일컫는다. 그러나 '劉'는 '죽일 류'이고, '兪'는 '배 유, 병 나을 유'이어서 자훈(字訓)으로 통용하기가 어려우므로, 묘금도유(卯金刀劉)와 인월도유(人月刀兪)로 파자하여 사용하는데, '人月刀兪'는 편의에

의한 속칭(俗稱)이다. 이들 글자의 자형해설(字形解說)을 제시한다.

류(劉)는 '죽일 류'이다. 刀(칼 도)와 金(쇠 금)을 따르고 卯(술 유)가 소리이다. 죽음은 날카로운 기구에 힘입으므로, 刀와 金을 따랐다. 또 卯(酉의 애초 글자)인데, ≪설문해자(說文解字)≫에서는 풀이하기를 卯(酉의 고문)는 '가을 문이 된다'고 하여, 삼엄히 죽이는 모양을 포함하므로, '劉'는 '卯'의 소리를 따랐다. 형성겸회의이다. ○ 세속에서는 말하기를 '劉'는 '卯・金・刀'가 된다고 한다. … '卯・金・刀'에 이르러는 비록 참위(讖緯 : 예언)의 말이지만, 그 글자가 '卯'를 따르고서 '酉'를 따르지 않음은 여기에서 볼 수 있다.〔劉, 殺. 從刀金, 卯聲. 殺賴利器, 故從刀金. 又以卯有, 爲酉初文, 說文釋卯(酉之古文)爲秋門, 含肅殺之象, 故劉從卯聲. 形聲兼會意 ○ 惟俗謂劉爲卯金刀. … 至卯金刀, 雖讖緯之言, 其字之從卯不從酉, 則於此可見.〕(≪形音義綜合大字典≫)

유(兪)는 '자연히 파여 이루어진 통나무 배 유'이다. 스(모을 집)을 따르고 舟(배 주)를 따르고 巜(물 흐를 괴)를 따랐다. 스은 集(모을 집)으로 모음〔會合〕이라고 풀이하고, 巜는 '물'이라고 풀이한다. 애초 백성이 배를 만드는 법을 알지 못하고, 속이 빈 나무가 물 위에 떠서 감을 보고, 드디어 깨달아 그 위에 타고 떠서 가고, 더 나아가 나무를 쪼개고 그 속을 비우게 하여 배를 만들었다. 쓸 만한 나무를 골라 모아 그 속을 파내서 배를 만든 것을 일컫는다. 회의이다.〔兪, 空中木爲舟. 從스, 從舟, 從巜. 스爲集作'會合'解, 巜作'水'解. 初民不知造舟之法, 見木中空者能浮行水上, 遂悟而乘於其上泛行, 更進而刳木, 使其中空以爲舟. 乃選集可用之木, 刳空其中以爲舟之稱. 會意.〕(≪形音義綜合大字典≫)

無伐善 無施勞 (下平4豪) 무벌선 무시로

無伐善　잘하는 것을 자랑하지 않고
無施勞　공로를 과시하지 않는다.

능력과 공적을 과시하지 않음을 말한 것이다.

원문 顔淵曰, "願無伐善, 無施勞." 子路曰, "願聞子之志." 子曰 "老者安之, 朋友信之, 少者懷之."

번역 안연이 말하였다. "자신이 잘하는 것을 자랑함이 없으며, 공로를 과시함이 없고자 합니다." 자로가, "선생님의 뜻을 듣고자 하옵니다."라고 하자, 공자가 말하였다. "늙은이를 편안하게 해주고, 붕우(朋友)에게는 미덥게 해주고, 젊은이를 감싸주고자 한다."

출전 ≪論語 公冶長≫

주 • 伐善施勞 : 벌(伐)은 자랑함이요, 선(善)은 유능함을 이른다. 시(施)는 또한 과장해서 크게 한다는 뜻이다. 노는 공이 있음을 말한다.〔伐, 誇也. 善, 謂有能. 施, 亦張大之意. 勞, 謂有功.〕(≪論語 公冶長 集註≫)

邀處無 往處多 (下平5歌) 요처무 왕처다

邀處無   오라는 데는 없어도
往處多   갈 데는 많다.

부질없이 바쁨을 말한다.

원문 邀處無, 往處多.

출전 ≪東言解≫

車轂擊 人肩摩 (下平5歌) 거곡격 인견마

車轂擊   수레바퀴통이 부딪치고
人肩摩   사람의 어깨가 닿는다.

번화한 거리에 수레와 사람이 많음 말한다.

[원문] 臨淄之途, 車轂擊, 人肩摩, 連衽成帷, 擧袂成幕, 揮汗成雨.

[번역] 임치(臨淄)의 거리는 수레바퀴통이 부딪치고 사람의 어깨가 닿는다. 옷깃을 이으면 휘장이 되고 소매를 들면 장막이 되며 땀을 뿌리면 비가 된다.

[출전] ≪戰國策 齊策1≫

[주] ◆ 臨淄 : 춘추전국 시대 제(齊)나라의 수도. 매우 번성했다.

吸血鬼 殺人魔 (下平5歌) 흡혈귀 살인마

吸血鬼　피를 빨아먹는 귀신.
殺人魔　사람을 죽이는 마귀.

착취자와 악한을 말한다.

[원문] 吸血鬼 사람의 피를 빨아먹는다고 일컫는 전설적(傳說的)인 귀신(鬼神).

[출전] ≪표준국어대사전≫

[주] ◆ 吸血鬼 : 의미가 확장되어 착취자로 쓰인다.

[원문] 殺人魔 함부로 사람을 죽이는 악한 사람을 귀신에 비유하여 이르는 말.

[출전] ≪표준국어대사전≫

築長城 鑿運河 (下平5歌) 축장성 착운하

築長城   장성을 쌓았고
鑿運河   운하를 뚫었다.

장성과 운하를 만든 것을 말한다.

[원문] 築長城, 因地形, 用制險塞, 起臨洮, 至遼東, 延袤萬餘里.

[번역] 장성을 쌓는데 지형에 따라 험난한 곳을 이용해 성채를 쌓았으며 임조(臨洮 : 감숙성)에서 시작해 요동(遼東)까지 만여 리에 뻗어있다.

[출전] ≪史記 8권 蒙恬列傳≫

[원문] 徐州以北無水田, 遼東以東, 天又晚燠早寒, 五穀不盛, 唯黍生之. 在昔江浙福建以南漕運, 皆會于大江, 浮于海達于潞河, 以至于北京. 迨胡元順帝時, 始鑿運河, 築堤置閘, 以通漕轉, 至我永樂間.

[번역] 서주(徐州)의 북쪽에는 수전(水田 : 논)이 없고 요동(遼東)의 동쪽으로는 날씨가 또 늦게 따뜻해지고 추위가 빨리 와서 오곡(五穀)이 잘되지 않고 오직 기장이 난다. 옛날에는 강절(江浙 : 浙江)에서 복건(福建) 남쪽까지 배로 운반하여 모두 대강(大江 : 長江)에 모이게 하였다. 바다에서 배를 타고 노하(潞河)에 도달하여 북경(北京)에 이르게 된다. 원나라 순제(順帝) 때에 이르러서 처음으로 운하(運河)를 뚫고 제방을 쌓고 갑문(閘門)을 설치하여 배로 화물을 실어 나르는 것을 통하게 하여 우리 영락(永樂) 연간에 이르게 되었다.

[출전] 崔溥 ≪錦南先生集 5권 漂海錄〔三〕戊甲年 成宗十九≫

[주] ◆ 胡元 : 원나라에 대해서 폄하하여 부른 것이다.〔對元朝的貶稱.〕(≪漢語大詞典 '胡元'≫) ◆ 閘 : 갑문(閘門). 열고 닫게 한 수문이다.〔可以啓閉的水門.〕(≪漢語大詞典 '閘'≫) ◆ 永樂 : 명(明) 성조(成祖)의 연호

(1403~1424)이다.

君臣正 父子親 長幼和 (下平5歌) 군신정 부자친 장유화

君臣正　임금과 신하가 바르고
父子親　부모와 자식이 친하고
長幼和　어른과 아이가 화목하다.

예의는 임금과 신하, 부모와 자식, 어른과 아이의 사이가 올바른 데서 확립된다.

[원문] 凡人之所以爲人者, 禮義也. … 以正君臣, 親父子, 和長幼. 君臣正, 父子親, 長幼和, 而後禮義立.

[번역] 무릇 사람이 사람다울 수 있는 까닭은 예의가 있기 때문이다. … 이로써 임금과 신하가 바르게 되고, 부모와 자식이 친해지고, 어른과 아이가 화목해진다. 임금과 신하가 바르고, 부모와 자식이 친하고, 어른과 아이가 화목한 이후에 예의가 확립된다.

[출전] ≪禮記 冠義≫, ≪小學 3권 敬身 明威儀之則≫

小役大 弱役强 (下平7陽)　소역대 약역강

小役大　작은 것이 큰 것에 부려지며
弱役强　약한 것이 강한 것에 부려진다.

도가 없을 때 대소 강약의 약육강식 관계를 말한 것이다.

[원문] 天下有道, 小德役大德, 小臣役大賢, 天下無道, 小役大, 弱役强. 斯二者, 天也, 順天者存, 逆天者亡.

[번역] 천하에 도가 있으면 작은 덕이 큰 덕에 부려지며 작은 신하가 큰 현인에게 부려지고, 천하에 도가 없으면 작은 것이 큰 것에 부려지며 약한 것이 강한 것에 부려진다. 이 두 가지는 하늘의 도이니 하늘을 따르는 자는 살고 하늘을 거스르는 자는 죽는다.

[출전] ≪孟子 離婁上≫

擊空明 泝流光 (下平7陽)　격공명 소유광

擊空明　노를 저어 맑은 물결을 치며
泝流光　달빛 흐르는 강물을 거슬러 오르네.

강에서 노를 저어 올라가는 모습이다.

[원문] 於是飮酒樂甚, 扣舷而歌之. 歌曰, "桂棹兮蘭槳, 擊空明兮泝流光. 渺渺兮予懷, 望美人兮天一方."

[번역] 이에 술을 마시고 즐거움이 고조에 달하여 뱃전을 두드리며 노래하였다. 노래하기를, "계수나무 노와 목란 상앗대로, 맑은 물결을 치며 달빛 흐르는 강물을 거슬러 오르네. 아득한 나의 회포여, 하늘 저 끝에 있는 미인을 그리네."라고 했다.

[출전] ≪東坡全集 33권 赤壁賦≫

擊石火 閃電光 (下平7陽)　격석화 섬전광

擊石火　돌이 부딪쳐 내는 불꽃
閃電光　번갯불의 번쩍임

극히 짧은 시간이나 매우 빠른 동작을 비유하여 말한 것이다.

원문 此事如擊石火, 似閃電光. 搆得搆不得, 未免喪身失命.
번역 이 일은 돌이 부딪쳐서 나는 불꽃과 같고 번갯불의 번쩍이는 것과 같아서, 잡든 잡지 못하든 목숨을 잃지 않을 수 없다.
출전 ≪五燈會元 7권 雪峰存禪師法嗣≫

多諫諍 盡賢良 (下平7陽)　다간쟁 진현량

多諫諍　간쟁을 많이 하며
盡賢良　현량을 다하다.

임금에게 직언(直言)을 하고 훌륭한 능력을 발휘함을 말한다.

원문 凌煙閣, 畫功臣, 二十四, 俱有名, 有房杜, 並魏王, 多諫諍, 盡賢良.
번역 능연각(凌煙閣)에 공신(功臣)의 화상을 그렸으니 24명이 모두 이름났다. 방현령(房玄齡)과 두여회(杜如晦)가 있었고 위징(魏徵)과 왕규(王珪)를 아울렀고 간쟁을 많이 하였으며 현량(賢良 : 덕행과 재능)을 다하였다.
출전 ≪三字鑑 3권≫
주　◆ 凌煙閣 : 당 태종(唐 太宗)이 정관(貞觀) 17년(643)에 공신 24인의 초상화를 그려 걸어 표창했던 공신각의 이름. 24인은 장손무기(長孫無

忌)・이효공(李孝恭)・두여회・위징・방현령・고사렴(高士廉)・위지경덕(尉遲敬德)・이정(李靖)・소우(蕭瑀)・단지현(段志玄)・유홍기(劉弘基)・굴돌통(屈突通)・은교(殷嶠)・시소(柴紹)・장손순덕(長孫順德)・장량(張亮)・후군집(侯君集)・장공근(張公謹)・정지절(程知節)・우세남(虞世南)・유정회(劉政會)・당검(唐儉)・이적(李勣)・진경(秦瓊) 등이다. ≪新唐書 2권 太宗皇帝本紀≫ ◆ 賢良 : 덕행과 재능.〔有德行才能.〕(≪漢語大詞典 '賢良'≫)

冰清姿 壁潤望 (下平7陽 去23漾)　빙청자 벽윤망

冰清姿　얼음처럼 맑은 자태
壁潤望　옥처럼 빛나는 명망.

장인과 사위가 훌륭함을 말한다.

[원문] 世咸謂諸王三子, 不如衛家一兒, 娶樂廣女. 裴叔道曰, "妻父有冰清之資, 婿有壁潤之望, 所謂秦晉之匹也."

[번역] 세상에서 모두 말하기를 왕씨 집안의 세 아들이 위씨 집안의 한 아들만 못하다고 하는데, 위개(衛玠)는 악광(樂廣)의 딸과 혼인하였다. 배숙도(裴叔道)가 말하기를, "장인은 얼음처럼 맑은 자태가 있고, 사위는 옥처럼 빛나는 명망이 있으니 이른바 진진(秦晉)의 짝이다."라고 하였다.

[출전] ≪世說新語 言語≫ '衛洗馬初欲渡江' 南朝梁劉孝標注引 ≪衛玠別傳≫

[주] ◆ 望 : 평성 양(陽)운과 거성 양(漾)운으로 둘 다 쓰는 평측양운(平仄兩韻) 의동(義同)이다. ◆ 秦晉 : 춘추 시대 때 진(秦)나라와 진(晉)나라 두 나라가 대대로 혼인한 것으로, 후대에는 두 집안이 연혼(聯婚)한다는 뜻으로 쓰였다.(≪春秋左傳 僖公 23年≫)

[원문] (王)澄及王玄王濟竝有盛名, 皆出玠下, 世云"王家三子, 不如衛家一兒." 玠妻父樂廣, 有海內重名, 議者以爲"婦公冰淸, 女壻玉潤."

[번역] 왕징(王澄)과 왕현(王玄)·왕제(王濟)는 아울러 큰 명성이 있었으나 모두 위개의 휘하에서 나왔으므로 세상에서, "왕씨 집안의 세 아들이 위씨 집안의 한 아들만 못하다."라고 하였다. 위개의 장인 악광은 천하에 중망이 있었는데, 논하는 자가 말하기를, "장인은 얼음처럼 깨끗하고, 사위는 옥처럼 윤택하다."라고 하였다.

[출전] ≪晉書 36권 衛玠列傳≫

[주] ♦ 婦公冰淸, 女壻玉潤 : 이를 '빙청옥윤(冰淸玉潤)' 또 '빙옥(冰玉)'으로 줄여 표현하기도 한다.

操則存 舍則亡 (下平7陽) 조즉존 사즉망

操則存 잡으면 보존되고
舍則亡 놓으면 없어진다.

본심을 보존함을 말한다.

[원문] 孟子曰, "牛山之木, 嘗美矣, 以其郊於大國也. 斧斤伐之, 可以爲美乎? 是其日夜之所息, 雨露之所潤, 非無萌蘖之生焉, 牛羊又從而牧之. 是以若彼濯濯也, 人見其濯濯也, 以爲未嘗有材焉, 此豈山之性也哉. 雖存乎人者, 豈無仁義之心哉? 其所以放其良心者, 亦猶斧斤之於木也, 旦旦而伐之, 可以爲美乎? 其日夜之所息, 平旦之氣, 其好惡與人相近也者幾希, 則其旦晝之所爲, 有梏亡之矣, 梏之反覆, 則其夜氣不足以存, 夜氣不足以存, 則其違禽獸不遠矣, 人見其禽獸也, 而以爲未嘗有才焉者, 是豈人之情也哉? 故苟得其養, 無物不長, 苟失其養, 無物不消. 孔子曰, '操則存, 舍則亡, 出入無時, 莫知其鄕, 惟心之謂與.'"

[번역] 맹자가 말하였다. "우산(牛山)의 나무가 일찍이 아름다웠는데, 대국의 교외에 있었기 때문에 도끼와 자귀로 베어가니, 아름다울 수 있겠는가. 밤낮으로 자라나고 비와 이슬이 적셔주어 싹이 자라는 것이 없지 않건마는, 소와 양이 또 이어서 방목된다. 이 때문에 저와 같이 반질반질하게 되어 사람들은 그 반질반질한 것만을 보고는 일찍이 재목이 있은 적이 없다고 여기니, 이것이 어찌 산의 성품이겠는가? 비록 사람에게 보존된 것이라도 어찌 인의(仁義)의 마음이 없겠는가? 그 양심을 잃어버림이 또한 도끼와 자귀가 나무를 아침마다 베어 가는 것과 같으니, 아름다울 수 있겠는가? 밤낮으로 자라나는 바와 이른 새벽 기운에도 그 좋아하고 미워함이 남들과 서로 가까운 것이 적거늘, 낮에 하는 행동이 또 구속하여 망치니, 구속하여 망치기를 반복하면 밤기운이 인의의 싹을 보존할 수 없으며, 밤기운이 보존할 수 없으면 짐승과 거리가 멀지 않게 된다. 사람들은 그 짐승 같은 것만 보고는 일찍이 재질이 있지 않았다고 여기니, 이것이 어찌 사람의 실정이겠는가? 그러므로 진실로 올바른 양육을 얻으면 물건마다 자라지 못함이 없고, 진실로 올바른 양육을 잃으면 만물이 사라지지 않음이 없는 것이다. 공자가 말하기를 '잡으면 보존되고 놓으면 없어져서, 나가고 들어옴이 정한 때가 없으며, 그 방향을 알 수 없는 것은 오직 사람의 마음을 두고 말한 것이다.'라고 하였다."

[출전] ≪孟子 告子上≫

[주] ◆ 濯濯: 빛나고 깨끗한 모양.〔光潔之貌.〕(≪孟子 告子上 集註≫)

智欲圓 行欲方 (下平7陽) 지욕원 행욕방

智欲圓 지혜는 원만하게 하려 하고
行欲方 행동은 방정하게 하려 하다.

마음은 너그럽게 하고 행동은 바르게 해야 함을 말한 것이다.

[원문] 孫思邈曰, "膽欲大而心欲小, 智欲圓而行欲方. 詩曰, '如臨深淵, 如履薄冰', 謂小心也.'赳赳武夫, 公侯干城', 謂大膽也."

[번역] 손사막(孫思邈)이 말하였다. "담력은 크게 하려 하고, 마음은 신중하게 하려 하고, 지혜는 원만하게 하려 하고 행동은 방정하게 하려 하라. ≪시경≫에 이르기를, '깊은 연못에 임한 듯이 하고, 얇은 얼음을 밟는 듯이 하라'는 것은 조심함을 이른 것이오.'용맹한 무사여, 공과 제후의 방패로다'는 담대함을 이른 것이다."

[출전] 唐 劉肅 ≪大唐新語 隱逸≫

[주] ◆ 孫思邈 : 당(唐) 나라의 명의(名醫)이며, 세호(世號)는 손진인(孫眞人)이다. 의학의 연구에 잠심하였고 병자의 치료에 낮과 밤, 추위와 더위를 가리지 않았으며 경사(經史)와 백가(百家)에 두루 밝았다고 한다. 태백산(太白山)에 은거하였는데 수 문제(隋文帝)와 당 태종(唐太宗)이 높은 벼슬로 불러도 응하지 않다가 1백여 세의 나이로 죽었다. 저술에 ≪천금요방(千金要方)≫ 등이 있다.(≪新唐書 196권≫, ≪舊唐書 191권≫) ◆ 膽欲大而心欲小 智欲圓而行欲方 : ≪近思錄 2권≫에 실린 본문의 섭채(葉采)〈집해(集解)〉에는, "담력이 크면 일을 하는데 용감하고, 마음이 신중하면 이치를 살피는 데에 정밀하고, 지혜가 원만하면 통하여 막히지 않고, 행동이 방정하면 올바르게 되어 휩쓸리지 않는다.〔膽大則敢於有爲, 心小則密於察理, 智圓則通而不滯, 行方則正而不流.〕"라고 설명하였다. ◆ 如臨深淵 如履薄冰 : 신중히 함을 말한다.(≪詩經 周南 小旻≫) ◆ 赳赳武夫 公侯干城 : 국가를 호위할 무사를 말한다.(≪詩經 周南 兎罝≫)

旣借堂 又借房 (下平7陽)　기차당 우차방

旣借堂　마루를 빌리고 나더니
又借房　또 방까지 빌리려 든다.

자꾸 욕심을 부림을 말한다.

원문 既借堂, 又借房. 言欲易長也.

번역 마루를 빌리고 나더니 또 방까지 빌리려 든다. 욕심이 쉬이 자람을 말한다.

출전 李德懋 ≪青莊館全書 62권 洌上方言≫

三不幸 三不祥 (下平7陽) 삼불행 삼불상

三不幸 세 가지 행복하지 않은 것
三不祥 세 가지 상서롭지 않은 것.

세 가지 불행과 불상(不祥)의 조목이다.

원문 伊川先生言, "人有三不幸, 少年登高科, 一不幸. 席父兄之勢爲美官, 二不幸. 有高才能文章, 三不幸也."

번역 이천(伊川) 선생이 말하기를, "사람에게는 세 가지 불행이 있다. 소년이 높은 성적으로 과거에 합격하는 것이 첫째 불행이요, 부형의 권세를 빌려 좋은 벼슬을 하는 것이 둘째 불행이요, 높은 재주가 있어 문장을 잘하는 것이 셋째 불행이다."라고 하였다.

출전 ≪小學 嘉言≫, ≪二程外書 12권 傳聞雜記≫

원문 幼而不肯事長, 賤而不肯事貴, 不肖而不肯事賢, 是人之三不祥也.

번역 어린데도 어른을 섬기려 하지 않으며, 미천한데도 귀한 이를 섬기려 하지 않으며, 못났는데도 현명한 이를 섬기려 하지 않는 것은 사람에 있어 세 가지 상서롭지 않은 것이다.

출전 ≪荀子 非相≫

夏日校 殷曰序 周曰庠 (下平7陽) 하왈교 은왈서 주왈상

夏曰校　하나라에서는 교(校)라 하고
殷曰序　은나라에서는 서(序)라 하고
周曰庠　주나라에서는 상(庠)이라 하였다.

하·은·주에서 부르던 학교의 명칭을 말한다.

[원문] 設爲庠序學校以敎之, 庠者는 養也, 校者, 敎也, 序者, 射也. 夏曰校, 殷曰序, 周曰庠, 學則三代共之, 皆所以明人倫也. 人倫, 明於上, 小民, 親於下.

[번역] 상(庠)·서(序)·학(學)·교(校)를 설치하여 백성들을 가르쳤으니, 상(庠)은 봉양한다는 뜻이요, 교(校)는 가르친다는 뜻이요, 서(序)는 활쏘기를 익힌다는 뜻이다. 하나라에서는 교라 하고, 은나라에서는 서라 하고, 주나라에서는 상이라 하였으며, 학은 삼대가 동일하였으니, 모두 인륜을 밝히는 것이다. 인륜이 위에서 밝으면 백성들이 아래에서 친해진다.

[출전] ≪孟子 滕文公上≫

[주] 庠序學校 : 상(庠)은 노인 봉양함을 의의로 삼았고, 교(校)는 백성 가르침을 의의로 삼았고, 서(序)는 활쏘기 익힘을 의의로 삼았으니, 모두 향학(鄕學 : 지방 학교)이다. 학(學)은 국학(國學 : 서울 학교)이다. 공지(共之)는 다른 명칭이 없는 것이다.〔庠, 以養老爲義, 校, 以敎民爲義, 序, 以習射爲義, 皆鄕學也, 學, 國學也. 共之, 無異名也.〕(≪孟子 滕文公上 集註≫) 지방 학교 이름은 삼대에 상(庠)·서(序)·교(校)로 달랐으나, 서울 학교 이름은 삼대에 학(學)으로 똑같았다는 것이다. 이는 조선 시대에도 적용되어 서울은 태학(太學 : 성균관) 그리고 사학(四學)이라 하였고, 지방은 향교(鄕校)라고 하였다.

飢則附 飽則颺 (下平7陽)　기즉부 포즉양

飢則附　배고프면 따라붙고
飽則颺　배부르면 날아간다.

욕구를 충족시켜주어야 나를 따르게 된다.

[원문] 且垂猶鷹也, 飢則附人, 飽便高颺, 遇風塵之會, 必有陵霄之志.

[번역] 또 모용수(慕容垂)는 새매와 같아서 배고프면 사람에게 따라붙고 배부르면 곧 높이 날아가니 풍진의 기회를 만나면 반드시 하늘로 솟구칠 뜻이 있다.

[출전] 《晉書 慕容垂載記》

[주] ◆ 慕容垂 : 오호십육국(五胡十六國) 중의 하나인 후연(後燕)의 시조.
◆ 颺 : 하평성 양(陽) 운과 거성 양(漾) 운으로 통용하는 양운(兩韻)으로, 뜻은 같다.

[원문] 譬如養鷹, 飢卽爲用, 飽則颺去.

[번역] 비유하자면 새매를 기르는 것과 같아, 배고프면 쓰이고 배부르면 날아간다.

[출전] 《後漢書 呂布傳》

[원문] 登不爲動容, 徐喩之曰 : "登見曹公言 : '待將軍譬如養虎, 當飽其肉, 不飽則將噬人.' 公曰 : '不如卿言也. 譬如養鷹, 饑則爲用, 飽則揚去.' 其言如此." 布意乃解.

[번역] 진등(陳登)은 얼굴빛을 변동하지 않고 천천히 여포(呂布)를 타이르기를, "진등 제가 조조(曹操)를 만나서 말하기를, '장군(將軍 : 여포)을 대하는 것은 비유하자면 호랑이를 기르는 것과 같아, 고기를 배불리 먹여야 배부르지 않으면 사람을 물게 될 것입니다.'라고

하니, 조조가 말하기를, '귀하의 말과 같지 않소. 비유하자면 새매를 기르는 것과 같아, 배고프면 쓰이고 배부르면 날아가오.'라고 하였으니, 그의 말이 이와 같았습니다."라고 하니, 여포의 마음이 풀렸다.

[출전] ≪魏志 7권 張邈≫

[주] ◆ 饑則爲用 飽則揚去 : 뒤에는 마침내 기부포양(飢附飽颺 : 배고프면 따라붙고 배부르면 날아감)은, 뜻을 얻지 못한 때에는 와서 의지하지만 뜻을 얻은 때에는 멀리 가고 높이 날아감을 말한다.〔後遂以'飢附飽颺'謂不得志時卽來依附, 得志時便遠走高飛.〕(≪漢語大詞典 '飢附飽颺'≫) '饑'는 '기(飢 : 주릴 기)'로도 쓰고, '揚'은 '양(颺 : 날아오를 양)'으로도 쓴다.

有房杜 並魏王 (下平7陽)　유방두 병위왕

有房杜　방현령(房玄齡)과 두여회(杜如晦)가 있고
並魏王　위징(魏徵)과 왕규(王珪)를 아울렀다.

당 태종 때 능연각에 초상화가 걸린 공신 중에 창업(創業)과 수성(守成)에 대표가 될 인물을 든 것이다.

[원문] 淩煙閣, 畫功臣, 二十四, 俱有名, 有房杜, 並魏王, 多諫諍, 盡賢良.
[번역] '多諫諍 盡賢良'을 참조하라.
[출전] ≪三字鑒 3권≫

高鳥盡 良弓藏 (下平7陽)　고조진 양궁장
敵國破 謀臣亡 (下平7陽)　적국파 모신망

高鳥盡　높이 나는 새가 다 잡히면
良弓藏　좋은 활은 처박아둔다.
敵國破　적국이 격파되면
謀臣亡　계책 세운 신하는 죽는다.

능력 있는 사람이 쓸모가 없어지면 버려진다. 또 큰 공을 이루고 나면 공신이 해를 입는다.

[원문] 信曰, "果若人言, '狡免死, 良狗亨. 高鳥盡, 良弓藏. 敵國破, 謀臣亡.' 天下已定, 我固當亨!" 上曰, "人告公反." 遂械繫信. 至雒陽, 赦信罪.

[번역] 한신이 말하기를, "과연 사람들이 했던 말과 같다. '교활한 토끼가 죽고 나면 좋은 사냥개가 삶아 먹힌다. 높이 나는 새가 다 잡히면 좋은 활은 처박아둔다. 적국이 격파되면 계책을 이룬 신하는 죽는다.'라고 하였는데, 천하가 이미 안정되었으니 나는 진실로 삶아져 죽겠구나!"라고 하였다. 고조(高祖: 유방)가 말하기를, "사람들이 공이 반란하였다고 고발하였소."라고 하고, 마침내 한신에게 형틀을 씌우고 묶었는데 낙양에 이르러 한신의 죄를 사면하였다.

[출전] 《史記 92권 淮陰侯列傳 제13》

[주] ◆ 亨 : 烹(삶을 팽)의 고자(古字). (《漢語大詞典 '亨'》) ◆ 鳥盡弓藏 : 《사기(史記) 월왕구천세가(越王句踐世家)》에, "날아가는 새가 다 잡히면 좋은 활은 감추게 된다."라고 하였고, 또 《회음후열전(淮陰侯列傳)》에, "높이 나는 새가 다 잡히면 좋은 활은 처박아둔다."라고 하였다. 나는 새가 활에 맞아 다 없어지면 곧 활을 보관해 두고 사용하지 않는 것을 말한다. 뒤에는, "새가 다 잡히면 활을 보관한다."라고 하거나, "새가 잡히

면 활이 보관된다."라고 쓰게 되었다. 큰 공이 이루어졌음을 고하고 나면 공신이 해를 입는 것을 비유하게 되었다.〔史記越王句踐世家,"蜚鳥盡, 良弓藏." 又淮陰侯列傳,"高鳥盡, 良弓藏." 謂飛鳥射盡, 便藏起弓來無所使用. 後用"鳥盡弓藏"或"鳥得弓藏", 比喩大功告成, 功臣受害.〕(≪漢語大詞典‧鳥盡弓藏≫)

泉源壯 流派長 (下平7陽)　천원장 유파장

泉源壯　샘이 힘차고,
流派長　흐름이 길다.

기본을 육성해야 결과가 좋게 된다.

[원문] 木有所養, 則根本固, 而枝葉茂, 棟梁之材生. 水有所養, 則泉源壯, 而流派長, 灌漑之利博. 人有所養, 則志氣大, 而識見明, 忠義之士出, 可不養哉!

[번역] 나무가 잘 육성되면 뿌리가 견고해지고 가지와 잎이 무성해서 기둥이나 들보가 될 재목이 생겨난다. 물이 잘 육성되면 근원이 힘차고, 흐르는 물줄기가 길어 관개의 이로움이 넓다. 사람이 잘 육성되면, 기개가 크고 식견이 밝아서 충의의 선비가 나오니 어찌 육성하지 않을 수 있으랴!

[출전] 宋 李邦獻 ≪省心雜言≫

書卷氣 文字香 (下平7陽)　서권기 문자향

書卷氣　독서의 기풍

文字香　문자의 향취.

서예가 또는 문필가가 갖출 기본 자질을 말한다.

원문　且隸法非有胸中淸高古雅之意, 無以出手, 胸中淸高古雅之意, 又非有胸中文字香書卷氣, 不能現發於腕下指頭, 又非如尋常楷書比也. 須於胸中先具文字香書卷氣, 爲隸法張本, 爲寫隸神訣. … 雖有工於畫者, 未必皆工於蘭. 蘭於畫道, 別具一格, 胸中有書卷氣, 乃可以下筆.

번역　더구나 예법(隸法)은 가슴 속에 청고(淸高)·고아(古雅)한 뜻이 들어 있지 않으면 손에서 나올 수 없고, 가슴 속의 청고·고아한 뜻은 또 가슴 속에 문자향(文字香)과 서권기(書卷氣)가 들어 있지 않으면 팔 아래 손가락 끝에서 발휘되지 않으니, 또 일반적인 해서(楷書) 같은 것에 비할 바가 아니다. 반드시 가슴 속에 문자향과 서권기를 먼저 갖추는 것이 예법(隸法)의 근원이며, 예서(隸書)를 쓰는 신묘한 방술이 된다. … 비록 그림에 능한 자는 있으나 반드시 다 난초에 능한 것은 아니다. 난초는 화도(畫道)에 있어 특별히 한 격식이 갖추어져 있으니 가슴 속에 서권기를 지녀야만 붓을 댈 수 있는 것이다.

출전　金正喜　≪阮堂先生全集 7권 書示佑兒≫

원문　學者苟能立品以端其本, 復濟以經史, 則字裏行間, 縱橫跌宕, 盎然有書卷氣.

번역　학자가 진실로 품격을 확립하여 그 근본을 바르게 하고 또 경전(經典)과 사서(史書)로 도우면, 글자 속과 줄 사이에서 종횡으로 질탕하여 가득히 독서의 기풍이 있게 된다.

출전　淸 陳其元　≪庸閑齋筆記 蔣振生書法論≫

원문　精靈幾百載, 山鬼憑幽昏. 獨遺文字香, 隱隱草樹根.

번역　정령은 몇 백 년이나 되었나? 산 귀신은 어두운 데에 의지하네.

홀로 문자 향기 남겨, 은은히 초목 뿌리까지 스며들었네.
출전 宋 林景熙 ≪霽山文集 2권 方玄英故居≫

雀夕瞽 鴟晝盲 (下平8庚)   작석고 치주맹

雀夕瞽   참새는 저녁에 눈 어둡고
鴟晝盲   올빼미는 낮에 눈 어둡다.

여건에 따라 기량을 발휘하지 못하는 것이 있다.

원문 雀夕瞽, 鴟晝盲.
출전 ≪廣博物志 45권≫

원문 雀夕瞽, 鴞晝盲. 有時昏, 察察不可恃也.
번역 '참새는 저녁에 눈이 어둡고, 올빼미는 낮에 눈이 어둡다.'는 어느 때에 혼몽해져서 살피는 것을 믿을 수 없는 것이다.
출전 ≪與猶堂全書 제1집 雜纂集 제24권 耳談續纂 東諺≫

志氣大 識見明 (下平8庚)   지기대 식견명

志氣大   기개가 크고
識見明   식견이 밝다.

기량이 크고 똑똑하다.

|원문| 木有所養, 則根本固, 而枝葉茂, 棟梁之材生. 水有所養, 則泉源壯, 而流派長, 灌漑之利博. 人有所養, 則志氣大, 而識見明, 忠義之士出, 可不養哉!

|번역| '泉源壯 流派長'을 참고하라.

|출전| 宋 李邦獻 ≪省心雜言≫

四美具 二難幷 (下平8庚)　사미구 이난병

四美具　네 가지 아름다운 일이 갖추어지고
二難幷　두 가지 어렵게 만날 사람들이 함께 하였다.

좋은 환경과 기회에 주인과 손님이 만남을 말한다.

|원문| 四美具, 二難幷, 窮睇眄於中天, 極娛遊於暇日.

|번역| 네 가지 아름다운 일이 갖추어지고 두 가지 어렵게 만날 사람들이 함께 하니, 하늘을 바라보기를 끝까지 하고 한가로운 날에 즐거운 놀이를 지극히 하였다.

|출전| 唐 王勃 ≪王子安集 5권 滕王閣詩序≫

|주| ◆ 四美 : 좋은 때〔良辰〕, 아름다운 경치〔美景〕, 감상하는 마음〔賞心〕, 즐거운 일〔樂事〕을 말함. ◆ 二難 : 어진 주인〔賢主〕, 아름다운 손님〔嘉賓〕을 말함.

齎盜糧 借賊兵 (下平8庚)　재도량 차적병

齎盜糧　도적에게 양식을 가져다주고

借賊兵 적군에게 병기를 빌려준다.

상대에게 해악을 강화시켜주는 행위를 함을 말한다.

원문 非其人而敎之, 齎盜糧, 借賊兵也.
번역 가르칠 만한 사람이 아닌데 가르치는 것은 도적에게 양식을 가져다주고 적군에게 병기를 빌려주는 격이다.
출전 ≪荀子 大略≫

원문 故齊所以大破者, 以其伐楚而肥韓魏也. 此所謂借賊兵而齎盜糧者也.
번역 제나라가 싸움에서 크게 패한 까닭은 초나라를 쳐서 한나라와 위나라를 살찌우게 한데에 있습니다. 이것은 이른바 도적에게 무기를 빌려주고 도적에게 양식을 준다는 것입니다.
출전 ≪史記 范雎蔡澤列傳≫

烏頭白 馬角生 (下平8庚) 오두백 마각생

烏頭白 까마귀가 머리가 희어지고
馬角生 말에 뿔이 나온다.

실현될 수 없는 일을 말한다.

원문 燕太子丹質於秦, 秦王遇之無禮, 不得意, 欲求歸. 秦王不聽, 謬言令烏頭白, 馬生角, 乃可許耳. 丹仰天嘆, 烏卽白頭, 馬生角, 秦王不得已而遣之.
번역 연나라 태자 단이 진나라에 볼모로 있을 때 진왕(秦王 : 진시황)이 무례하게 대하여 뜻을 펴지 못하고 귀국을 요구하였다. 진왕은 들어주지 않고, '허망한 말로 까마귀가 머리가 희어지고 말에 뿔이 나오게 되어야 허락할 것이다.'라고 하였다. 단이 하늘을 우러러 한탄하자 까마귀가 즉시 머리가 희어지고 말에 뿔이 나오니 진왕은 할 수 없이 단을 보내주었다.

[출전] ≪春秋戰國異辭 32권≫

[원문] 子丹西質秦, 烏白馬角生.
[번역] 태자 단이 서쪽으로 가서 진나라에 볼모가 되었을 때 까마귀가 희어지고 말에 뿔이 나왔다.
[출전] 三國 魏 曹植 ≪精微篇≫

寧烈死 毋佞生 (下平8庚) 영열사 무영생

寧烈死 차라리 충렬로 죽을지언정
毋佞生 아첨으로 살지는 않겠다.

구차하게 목숨을 구할 바에는 정의롭게 죽겠다.

[원문] 楚世傳三閭大夫忠義, 寧玉碎, 毋瓦全, 寧烈死, 毋佞生, 其俗然矣.
[번역] '寧玉碎 毋瓦全'을 참고하라.
[출전] ≪湖廣通志 卷92 楚二社稷臣疏≫

> 自誠明 自明誠 (下平8庚)　　자성명 자명성
> 誠則明 明則誠　　　　　　　성즉명 명즉성

自誠明　성실함으로 말미암아 밝아지고
自明誠　밝음으로 말미암아 성실해진다.
誠則明　성실하면 명철해지고
明則誠　명철하면 성실해진다.

성실과 밝음은 상호 발전적 관계이다.

[원문] 自誠明, 謂之性, 自明誠, 謂之敎. 誠則明矣, 明則誠矣.
[번역] 성실함으로 말미암아 밝아짐을 성(性)이라 이르고 밝음으로 말미암아 성실해짐을 교(敎)라고 이르니, 성실하면 밝아지고 밝으면 성실해진다.
[출전] ≪中庸章句 21장≫

> 大學敬 中庸誠 (下平8庚)　　대학경 중용성

大學敬　대학의 요지는 경이고
中庸誠　중용의 요지는 성이다.

경(敬)과 성(誠)이 ≪대학≫과 ≪중용≫의 요지이다.

[원문] 四書大旨, 大學敬, 論語敦乎仁博乎義, 孟子遏人欲存天理, 中庸誠.
[번역] ≪사서≫의 큰 취지는, ≪대학≫은 경(敬)이고, ≪논어≫는 인에 돈독하며 의에 넓게 함이고, ≪맹자≫는 인욕을 막으며 천리를 보존함이고, ≪중용≫은 성(誠)이다.

|출전| 鮮于浹≪遯菴先生全書 卷1 心學至要 四書五經大旨體用≫

|원문| 敬者, 成始終徹上下之工夫也. 故大學要旨, 卽敬字也, 中庸要旨, 卽誠字. 誠敬亦於學問, 車兩輪鳥兩翼者也.

|번역| 경(敬)은 처음과 끝을 이루고 위와 아래를 통하는 공부이다. 그러므로 ≪대학(大學)≫의 요지는 바로 경(敬) 자이고, ≪중용(中庸)≫의 요지는 바로 성(誠) 자이니, 성(誠)과 경(敬)은 또한 학문에 있어 마치 수레의 두 바퀴와 새의 두 날개와 같다.

|출전| 英祖 ≪御製童蒙先習序≫

喪盡禮 祭盡誠 (下平8庚) 상진례 제진성

喪盡禮　초상에 예를 다하고
祭盡誠　제사에 정성을 다한다.

조상이 돌아간 뒤에도 효도를 극진하게 한다.

|원문| 喪盡禮, 祭盡誠.

|출전| 朱熹 ≪弟子規≫

|원문| 曾子曰, "愼終追遠, 民德歸厚矣.〈集註〉愼終者, 喪盡其禮, 追遠者, 祭盡其誠.

|번역| 증자가 말하였다. "어버이 상을 당했을 때 신중히 행하고 먼 조상들을 정성껏 제사 지내면 백성들의 덕성이 한결 돈후해질 것이다."〈집주〉에, "신종(愼終)은 초상에 그 예를 다함이고, 추원(追遠)은 제사에 그 정성을 다함이다."라고 하였다.

|출전| ≪論語 學而 集註≫

名不正 言不順 事不成 (下平8庚) 명부정 언불순 사불성

名不正　명분이 바르지 못하고
言不順　말이 이치에 순하지 않으면
事不成　일이 이루어지지 않는다.

명분이 바르고 말이 이치에 맞아야 일이 이루어진다.

[원문] 名不正, 則言不順, 言不順, 則事不成, 事不成, 則禮樂不興, 禮樂不興, 則刑罰不中, 刑罰不中, 則民無所措手足.

[번역] 명칭이 바르지 않으면 말이 이치에 순하지 않고, 말이 이치에 순하지 않으면 일이 이루어지지 않고, 일이 이루어지지 않으면 예악이 일어나지 않고, 예악이 일어나지 않으면 형벌이 알맞지 않고, 형벌이 알맞지 않으면 백성들이 손발을 둘 곳이 없다.

[출전] ≪論語 子路≫

影隨形 響應聲 (下平8庚) 영수형 향응성

影隨形　그림자는 모양을 따르고
響應聲　메아리는 소리에 호응한다.

관계가 긴밀하여 분리할 수 없음을 비유한다.

[원문] 吉凶之來, 如影隨形響應聲.

[번역] 길과 흉이 오는 것은 그림자가 모습을 따르고 메아리가 소리에 호응하는 것과 같다.

[출전] ≪尙書句解 2권 大禹謨 '惟影響'≫

[원문] 故天之應人, 如影之隨形, 響之效聲者也.

[번역] 그러므로 하늘이 사람에게 응하는 것은 그림자가 모습을 따르고 메아리가 소리를 본받는 것과 같다.

[출전] 漢 劉向 ≪說苑 君道≫

[주] ◆ 如影隨形 : 두 사람 혹은 두 가지 사물의 관계가 긴밀하여 분리할 수 없음을 비유한다.〔後比喩兩個人或兩件事物關係密切, 不能分離.〕(≪漢語大詞典 '如影隨形'≫)

本法意 原人情 (下平8庚)　본법의 원인정

本法意　법의 뜻을 추구하고
原人情　사람의 실정을 파악한다.

원칙을 지키되 실정을 반영해야 한다.

[원문] 又謹三尺, 考求立法之意而操縱之, 斯可爲政, 不在人後矣. 此言爲政之方. 操縱, 謂本法意原人情, 而適寬嚴之宜也.

[번역] 또 삼척(三尺)을 삼가서 법을 세운 뜻을 살펴 구해서 조종해야 정치를 함이 남에게 뒤처지지 않을 것이다. 이것은 정치의 방법을 말한 것이다. 조종(操縱)은 법의 뜻을 추구하고 사람의 실정을 파악해서 관대함과 엄함의 마땅함을 적절히 함을 말한 것이다.

[출전] ≪小學 嘉言 제5 廣立教 本文及增註≫

[주] ◆ 三尺 : 옛날에 3척의 죽간(竹簡)에 법률을 기록했기 때문에 법률을 일컬어 삼척이라고 한다.〔三尺, 古者以三尺竹簡, 書法律. 故稱法律爲三尺.〕(≪小學 嘉言 제5 廣立教 集註≫)

世皆濁 我獨淸 (下平8庚)　세개탁 아독청
人皆醉 我獨醒 (下平9靑)　인개취 아독성

世皆濁　세상이 모두 흐려져도
我獨淸　나 홀로 깨끗하고
人皆醉　여러 사람들이 모두 취하여도
我獨醒　나 홀로 깨어 있다.

모두 혼몽해도 나 홀로 말짱하다.

[원문] 屈原曰:"擧世皆濁, 我獨淸, 衆人皆醉, 我獨醒, 是以見放."

[번역] 굴원이 말했다. "온 세상이 모두 흐려져도 나 홀로 깨끗하고, 여러 사람들이 모두 취하여도 나 홀로 깨어 있소. 이 때문에 내쫓김을 당하였소."

[출전] ≪楚辭集注 5권 漁父≫

[주] ◆ 淸(下平8庚) … 醒(下平9靑) : 庚韻은 靑韻과 약통(略通)이다.

狡兔死 良狗亨 (下平8庚)　교토사 양구팽

狡兔死　교활한 토끼가 죽으면
良狗亨　좋은 사냥개가 삶아진다.

필요할 때 써 먹고 쓸모가 없어지면 버린다.

[원문] 信曰, "果若人言, '狡兔死, 良狗亨. 高鳥盡, 良弓藏. 敵國破, 謀臣亡.' 天下已定, 我固當亨!" 上曰, "人告公反." 遂械繫信. 至雒陽, 赦信罪.

[번역] '高鳥盡 良弓藏'을 참고하라.
[출전] ≪史記 95 淮陰侯列傳 제32≫

訥於言 敏於行 (下平8庚) 눌어언 민어행

訥於言 말에는 어렵게 하려 하고
敏於行 행동에는 민첩하게 하려 한다.

말은 조심해서 하고, 행동은 민첩하게 함을 말한다.

[원문] 子曰,"君子, 欲訥於言而敏於行."
[번역] 공자가 말하였다. "군자는 말에는 어렵게 하려 하고 행동에는 민첩하게 하려 해야 한다."
[출전] ≪論語 里仁≫
[주] ◆ 訥 : 눌(訥)은 말이 입에서 나오기 어려운 것이다.〔訥者, 言之難出諸口也.〕(≪論語 里仁 大全≫)

修字典 纂聖經 (下平9靑) 수자전 찬성경

修字典 자전을 편수하고
纂聖經 성경을 찬집하다.

청나라 강희제 때의 업적을 말한다.

[원문] 至康熙, 亶聰明, 修字典, 纂聖經, 崇文學, 重桑田.
[번역] '崇文學 重桑田'을 참고하라.

출전 ≪三字鑑 2권≫

注四書 並五經 (下平9靑)　주사서 병오경

注四書　사서를 주석하고
並五經　오경을 아울러 정리했다.

송나라 주희의 업적을 말한다.

원문　有張栻, 號南軒, 學聖道, 得正傳. 有朱熹, 綱目成, 注四書, 並五經.
번역　'學聖道 得正傳'을 참고하라.
출전 ≪三字鑑 3권≫

明倫堂 觀德亭 (下平9靑)　명륜당 관덕정

明倫堂　윤리를 밝히는 집인 강의실
觀德亭　덕행을 살피는 정자인 활터.

문무(文武)를 교육하는 곳을 말한다.

원문　歲甲戌, 太祖旣建都, 其宗社朝市城郭宮室之制, 咸底厥宜, 卽謀營廟學, 度地於都之東北隅, 山止土衍, 水環以流, 厥位面陽. 命驪興府院君臣閔霽治之, 鳩工飭材, 經始于丁丑之三月, 蔵事於戊寅之七月. 聖哲崇宇, 從祀旁序, 學在廟後, 中明倫堂, 左右有夾, 引脩廊于兩夾之南, 左夾之東, 有廳有廊, 師生之位, 正祿所處, 無一不完, 規模宏敞, 締築堅縝. 凡爲屋大小, 以間計者九十六.

[번역] 갑술년(1394)에 태조(太祖)께서 도읍을 세우고 나서 종사(宗社)·조시(朝市)·성곽(城郭)·궁실(宮室)의 제도가 모두 적당하게 되자, 곧 묘학(廟學 : 사당과 강당)을 건축하기를 도모하여 도성 동북 모퉁이에 땅을 정하였는데, 산이 그치고 땅이 넓고 물이 둘러 흘렀으며, 그 방위는 남쪽을 향하였다. 여흥 부원군(驪興府院君) 민제(閔霽)에게 명하여 주관하게 하였는데, 공인(工人)을 모으고 재목을 다듬어 정축년(1395) 3월에 시작하여 무인년(1396) 7월에 일을 끝냈다. 성철(聖哲)은 숭우(崇宇 : 높은 집)에 두고 종사(從祀)한 사람은 방서(旁序 : 곁의 집)에 두었으며, 학교는 사당 뒤에 있고, 가운데는 명륜당(明倫堂)이며, 좌우에는 우협실(右夾室)과 좌협실(左夾室)이 있고, 두 협실 남쪽에는 긴 행랑으로 둘렸으며, 좌협실의 동쪽에는 청(廳)과 낭(廊)이 있어, 선생과 학생의 위치와 정록청(正祿廳)의 거처가 완비되지 않음이 없고, 규모가 웅장하고 집을 지은 것이 견고하여, 무릇 집을 지은 것의 크고 작은 것을 간수(間數)로 계산하면 96간이었다.

[출전] ≪太宗實錄 10년 9월 29일 계사≫

[주] ◆ 學在廟後 : 학(學)은 강당(講堂 : 교실)으로 명륜당이고, 묘(廟)는 사당(祠堂 : 신위 모신 곳)으로 대성전(大成殿)이다. 강당과 명륜당을 배치하는 방식을 말하는데, 사당이 앞에 있는 구조를 전묘후학(前廟後學), 강당이 앞에 있는 구조를 전학후묘(前學後廟)라고 한다. '학재묘후(學在廟後)'는 '전묘후학(前廟後學)' 구조이다. ◆ 明倫堂 : 성균관(成均館)과 향교(鄕校)에 있는 강당, 즉 교실의 명칭이다. ◆ 正祿 : '정록(正錄)'의 오류로, 정록청(正錄廳)을 말한 듯하다. 정록청은 성균관의 직원인 학정(學正)과 학록(學錄)이 사무를 보는 곳이다.

[원문] 觀德亭, 實州人習射之地. … 自今州之人, 日日習射于玆.

[번역] 관덕정은 실제로 고을 사람들이 활쏘기를 익히던 곳이었다. … 지금부터는 고을 사람들이 날마다 여기에서 활쏘기를 익힐 것이다.

[출전] 徐居正 ≪四佳文集 2권 濟州觀德亭重新記≫

주 • 觀德亭 : 덕행을 살피는 정자라는 뜻으로, 활쏘는 곳을 말한다. ≪예기(禮記)≫〈사의(射義)〉에 "활쏘기는 성대한 덕행을 살펴보기 위한 것이다.〔射者所以觀盛德也〕"라는 말에서 유래한 것이다. 관덕정은 전국 곳곳에 있다.

喜有賞 怒有刑 (下平9靑) 희유상 노유형

喜有賞　기쁘면 상을 주고
怒有刑　화가 나면 벌을 주다.

신상필벌(信賞必罰)함을 말한다.

원문　從者塞塗, 供給之人, 各執其物, 夾道而疾馳, 喜有賞怒有刑. 才畯滿前, 道古今而譽盛德, 入耳而不煩.

번역　따르는 자가 길을 메우고 공급하는 사람들이 각자 맡은 물품을 들고 길 양쪽에서 빠르게 달리는데 기쁘면 상을 주고 화가 나면 벌을 주었다. 준재들이 앞에 가득 모여 고금을 말하며 성덕을 칭찬하니 귀로 들어도 싫지 않다.

출전　唐 韓愈 ≪五百家注昌黎文集 19권 送李愿歸盤谷序≫

除苛賦 止虐刑 (下平9靑) 제가부 지학형

除苛賦　가혹한 세금을 면제하고
止虐刑　잔학한 형벌을 금지하다.

세금과 형벌을 관대하게 하여 나라를 다스림을 말한다.

[원문] 除苛賦, 止虐刑, 廢强橫之藩鎭, 誅貪殘之官吏, 躬以簡儉爲天下先.

[번역] 가혹한 세금을 면제하고, 잔학한 형벌을 금지시키며, 횡포한 번진(藩鎭)을 폐지하고, 탐욕스럽고 잔혹한 관리를 주살하며, 몸소 간략하고 검소함으로써 천하의 모범이 되었다.

[출전] 宋 王安石 ≪臨川文集 41권 本朝百年無事札子≫

[주] ◆ 藩鎭 : 당나라 초에 주요한 각주에 도독부를 설치하고 예종 때 절도대사를 두고, 현종 때 다시 변경에 10개의 절도사를 두었는데 이를 통칭하여 번진이라고 하였다.〔唐代初年在重要各州設都督府, 睿宗時設節度大使, 玄宗時又在邊境設置十節度使, 通稱藩鎭.〕(≪漢語大詞典 '藩鎭'≫)

千里馬 萬里鵬 (下平10蒸) 천리마 만리붕

千里馬 천리를 달리는 준마
萬里鵬 만리를 날아오르는 붕새.

능력이 뛰어나고 원대한 포부를 지닌 인물을 말한다.

[원문] 千里馬, 行千里遇甘泉, 王者所騎. 萬里鵬, 騰萬里駕祥雲, 神者駕駛.

[번역] 천리마는 천 리를 달려서 좋은 샘을 만나니 왕이 타는 것이고, 만리붕은 만 리를 날아올라 상서로운 구름을 타니 신이 타고 다닌다.

[출전] ≪인터넷 百度 '千里馬 萬里鵬'≫

[원문] 世有伯樂, 然後有千里馬. 千里馬常有, 而伯樂不常有.

[번역] 세상에 백락이 있은 연후에 천리마가 있다. 천리마는 항상 있으나 백락은 항상 있는 것이 아니다.

[출전] 唐 韓愈 ≪五百家注昌黎文集 11권 雜說≫

[주] ◆ 伯樂 : 춘추 진목공(秦穆公) 때 사람인데 성은 손(孫)이고 이름은 양

(陽)이다. 말의 관상을 잘 보는 것으로 일컬어졌다.

[원문] 髮懸樑, 錐刺股, 如囊螢, 雪當燭, 必不叫爾自辛苦, 到後來, 才得這萬里鵬程, 靑雲獨步.

[번역] 상투를 대들보에 매달고, 송곳으로 허벅지를 찌르며, 주머니에 반딧불을 담고 흰 눈으로 촛불을 대신하는 것은 반드시 스스로 고통을 겪어야 한다고 말하려는 것은 아니요, 뒤에 도착하여 만 리 가는 붕새의 길을 얻자마자, 푸른 구름 속으로 홀로 걸어가려는 것이다.

[출전] ≪白雪遺音 八角鼓 才郞夜讀書≫

[주] ◆ 髮懸樑 錐刺股 : 한나라 손경(孫敬)과 전국(戰國) 소진(蘇秦)의 고사. '髮懸樑 錐刺股'를 참고하라. ◆ 如囊螢 雪當燭 : 형설지공(螢雪之功)의 고사를 말한다. 진(晉)나라 차윤(車胤)은 반딧불에 책을 비추어 읽었고, 진나라 손강(孫康)은 흰 눈의 빛에 의지해 책을 비추어 읽었다.

臨深淵 履薄氷 (下平10蒸) 임심연 이박빙

臨深淵 깊은 못에 임한 듯이 하며
履薄氷 엷은 얼음을 밟는 듯이 한다.

늘 조심해야 함을 말한 것이다.

[원문] 戰戰兢兢, 如臨深淵, 如履薄氷.

[번역] 조심조심하여 깊은 못에 임한 듯이 하며 엷은 얼음을 밟는 듯이 한다.

[출전] ≪詩經 小雅 小旻≫

[주] ◆ 戰戰兢兢 如臨深淵 如履薄氷 : 증자가 병이 들자 문하의 제자들을 불

러놓고 말하였다. "내 발을 열어보고 내 손을 열어보아라! ≪시경≫에 이르기를, '조심조심하여, 깊은 못에 임한 듯이, 엷은 얼음을 밟는 듯이 한다.'라고 하였으니, 지금에서야 내가 〈몸을 손상하는 데에서〉 벗어난 줄 알겠구나, 제자들아!"(曾子有疾, 召門弟子曰, "啓予足, 啓予手! 詩云, '戰戰兢兢, 如臨深淵, 如履薄氷', 而今而後吾知免夫, 小子!")(≪論語 泰伯≫)

打憎蠅 傷美蠅 (下平10蒸)   타증승 상미승

打憎蠅   미운 파리 잡으려다
傷美蠅   고운 파리 다친다.

미운 것을 없애려다가 사랑하는 것을 손상함을 말한다.

원문 打憎蠅, 傷美蠅. 言欲去所惡, 反損所愛也.
번역 미운 파리 잡으려다 고운 파리 다친다. 미운 것을 없애려다가 도리어 사랑하는 것을 상하게 함을 말한다.
출전 李德懋 ≪靑莊館全書 62권 冽上方言≫

風徐來 波不興 (下平10蒸)   풍서래 파불흥

風徐來   바람은 천천히 불어오고
波不興   물결은 일지 않았다.

가을 강의 경치를 말한 것이다.

원문 壬戌之秋, 七月旣望, 蘇子與客泛舟, 遊於赤壁之下, 淸風徐來, 水波

不興.

[번역] 임술년 가을 칠월 보름에 소자(蘇子: 소식(蘇軾) 본인)가 객과 함께 배를 띄우고 적벽 아래에서 노니는데 청풍은 천천히 불어오고 물결은 일지 않았다.

[출전] 宋 蘇軾 ≪東坡全集 33권 前赤壁賦≫

[주] ◆ 風徐來 波不興 : 송(宋)나라 소식(蘇軾)이 1082년 가을에 호북성(湖北省) 장강(長江)에 배를 띄워 적벽(赤壁)을 유람했을 때의 상황을 말한다.

乘肥馬 衣輕裘 (下平11尤) 승비마 의경구

乘肥馬 살찐 말을 타고
衣輕裘 가벼운 가죽 옷을 입었다.

부자의 말과 옷차림새를 말한 것이다.

[원문] 赤之適齊也, 乘肥馬, 衣輕裘. 吾聞之也, 君子, 周急, 不繼富.

[번역] 공서적이 제나라에 갈 때 살찐 말을 타고 가벼운 가죽 옷을 입었다. 내가 들으니, '군자는 궁핍한 사람에게는 보충해 주고 부유한 사람에게 보태주지 않는다'고 한다.

[출전] ≪論語 雍也≫

[주] ◆ 周急 不繼富 : 급(急)은 궁핍한 것이다. 주(周)는 부족한 것을 보충해 주는 것이요, 계(繼)는 여유 있는 데에 계속 대어 주는 것이다.〔急, 窮迫也. 周者, 補不足, 繼者, 續有餘.〕(≪論語 雍也 集註≫) ◆ 赤之適齊也 … : 공서적(公西赤 : 子華)이 제나라에 사신 갈 때 염유(冉有)가 공서적의 어머니를 위해 공자에게 곡식을 청했다. 염유는 공자가 주라고 한 것보다 많은 양을 주었는데, 사신 갈 때 좋은 말과 옷을 입고 간 공서적을 두고 공자가 한 말이다.(≪論語 雍也≫)

五花馬 千金裘 (下平11尤)　오화마 천금구

五花馬　갈기를 다섯 갈래로 잘라 만든 말
千金裘　천 금 가치가 있는 귀한 가죽 옷.

매우 귀중한 가치가 있는 물건을 말한다.

|원문| 五花馬千金裘, 呼兒將出換美酒, 與爾同銷萬古愁.
|번역| 오화마(五花馬)와 천금구(千金裘)를 아이 불러 가지고 가서 좋은 술과 바꾸어 오게 하여 그대와 함께 만고의 시름 잊어보세.
|출전| ≪李太白文集 2권 將進酒≫
|주| ◆ 五花馬 : 당(唐) 나라 때 말갈기를 세 갈래로 잘라 만든 것은 삼화마(三花馬), 다섯 갈래로 잘라 만든 것은 오화마(五花馬)라고 하였다. 일설에는 말의 털 색깔이 얼룩얼룩한 것을 오화마라고 한다. ◆ 千金裘 : 천 금 가치가 있는 귀한 가죽 옷.

植遺腹 朝委裘 (下平11尤)　치유복 조위구

植遺腹　유복자를 왕위에 세우고
朝委裘　갖옷을 놓아서 조회를 한다.

천하가 안정되면 천자의 사후에도 조정의 일이 잘 행해진다.

|원문| 臥赤子天下之上而安, 植遺腹, 朝委裘, 而天下不亂.
|번역| 갓난아이를 황제로 세워서 천하의 위에 눕혀 놓더라도 편안하며, 유복자(遺腹子)를 왕위에 세우고 선제(先帝)가 남긴 갖옷에 조회하게 하더라도 천하가 어지럽지 않다.

[출전] ≪漢書 48권 賈誼傳 제18≫

[주] • 植遺腹 : 유복자(遺腹子)를 세움. 유복(遺腹)은 아버지가 죽었는데 아들은 아직 어머니 뱃속에 있으면서 출산하지 않은 경우를 말한다. 치(植)는 세워서 계승자로 삼음을 말한다.〔遺腹, 謂父死而子尙在母腹中未出産者, 植, 謂立之以繼嗣.〕(≪資治通鑑 14권 太宗孝文皇帝中 前6年 今註≫) 치(植)는 음이 치(値)이다. (≪資治通鑑 14권 太宗孝文皇帝中 前6年 胡註≫) • 朝委裘 : 임금이 입던 가죽옷을 보위(寶位)에 놓고 여러 신하들의 조회를 받는 것이다. (以君所服之裘, 委之於位, 受群臣之朝也.)(≪綱鑑易知錄 1권 太宗孝文皇帝 丁卯 6년≫)

騎黃鶴 狎白鷗 (下平11尤)　기황학 압백구

騎黃鶴　황학을 타고
狎白鷗　흰 갈매기와 친한다.

신선과 자연의 청백한 세계를 가까이하려 함을 말한다.

[원문] 曾聞有客騎黃鶴, 知有何人狎白鷗?

[번역] 선객이 황학을 탔단 말은 진작 들었거니와 그 어떤 이가 흰 갈매기와 친했던 걸 아는가?

[출전] 朝鮮 徐居正 ≪四佳集 四佳詩集 제12권 春日病起 書懷寄子休≫

[주] • 騎黃鶴 : 당(唐)나라 시인 최호(崔灝)의 황학루(黃鶴樓) 시에서 온 말로, 강가의 한적한 경치를 의미한다. 시에 "옛사람이 이미 황학을 타고 떠났는지라, 이 땅에는 공연히 황학루만 남았네. 황학이 한번 가서 다시 돌아오지 않으니, 흰 구름만 천재에 부질없이 왕래하누나. 날 갠 냇물엔 한양의 숲이 역력히 비치고, 향기로운 풀은 앵무주 물가에 무성하도다. 날은 저무는데 고을 어구가 그 어디냐! 연기 자욱한 강가에서 사람을 시름하게 하네.〔昔人已乘黃鶴去, 此地空餘黃鶴樓. 黃鶴一去不復返,

白雲千載空悠悠. 晴川歷歷漢陽樹, 芳草萋萋鸚鵡洲. 日暮鄕關何處是! 煙波江上使人愁.]"라고 하였다. ◆ 狎白鷗 : ≪열자(列子)≫ 황제(黃帝)에 "어느 바닷가에 갈매기와 아주 친한 사람이 있어 날마다 바닷가로 가서 갈매기와 놀았다."라고 한 데서 온 말로, 전하여 은일(隱逸)을 뜻한다.

梁上燕 水中鷗 (下平11尤)　　양상연 수중구
畫碁局 敲釣鉤 (下平11尤)　　화기국 고조구

梁上燕　들보 위의 제비와
水中鷗　물 가운데의 갈매기라.
畫碁局　바둑판을 그리고
敲釣鉤　낚시 바늘을 두들겨 만들다.

강촌 가정의 한가로운 모습을 말한다.

|원문| 淸江一曲抱村流, 長夏江村事事幽. 自去自來梁上燕, 相親相近水中鷗. 老妻畫紙爲棋局, 稚子敲針作釣鉤. 但有故人供祿米, 微軀此外更何求.

|번역| 맑은 강물 한 굽이 마을을 보듬고 흐르는 곳, 해 긴 여름날 강촌에는 만사가 한가롭다. 혼자 왔다 갔다 하는 들보 위의 제비요, 서로 친근하게 노니는 물 가운데의 갈매기라. 늙은 아내는 종이에 바둑판을 그리고, 어린아이는 바늘을 두들겨 낚싯바늘 만드네. 친구가 녹미(祿米)를 대주니 미천한 몸이 이 밖에 무엇을 또 구하리오.

|출전| 唐 杜甫 ≪杜少陵詩集 9권 江村≫

五大洋 六大洲 (下平11尤)　오대양 육대주

五大洋　지구를 둘러싸고 있는 다섯 대양. 태평양, 대서양, 인도양, 남빙양, 북빙양을 이른다.
六大洲　지구 위의 여섯 대륙. 아시아, 아프리카, 유럽, 오세아니아, 남아메리카, 북아메리카를 이른다.

지구의 바다와 육지를 통틀어 말한 것이다.

출전 ≪표준국어대사전≫

贊周易 脩春秋 (下平11尤)　찬주역 수춘추

贊周易　주역을 찬술하고
脩春秋　춘추를 편수하다.

공자가 주역과 춘추를 저술한 표현이다.

원문 孔子刪詩書, 定禮樂, 贊周易, 脩春秋, 皆傳先王之舊, 而未嘗有所作也.
번역 공자는 ≪시경(詩經)≫과 ≪서경(書經)≫을 산정(刪定)하고, ≪예경(禮經)≫과 ≪악경(樂經)≫을 정하였으며 ≪주역(周易)≫을 찬술하고 ≪춘추(春秋)≫를 편수하여 모두 선왕의 옛것을 전술(傳述)하였고 일찍이 창작한 것은 없었다.
출전 ≪論語 述而 '述而不作' 集註≫
주　◆ 刪 : 글을 다듬어 삭제하고 정리함.(≪漢語大詞典 '刪'≫)

建萬國 親諸侯 (下平11尤) 건만국 친제후

建萬國　만국을 세우고
親諸侯　제후를 친애한다.

고대 현명한 천자의 통치술이다.

[원문] 象曰, "地上有水比, 先王以建萬國, 親諸侯."
[번역] 상전에, "땅 위에 물이 있는 것이 비괘(比卦)이니, 선왕이 이것을 보고서 만국을 세우고 제후들을 친애한다."라고 하였다.
[출전] ≪周易 比卦≫
[주] ◆ 比卦 : 수지(水地 : ䷇) 비괘[䷇]라고 하는데, 비(比)는 '길[吉]하며 돕는다[輔]'는 뜻이다.

三更雨 萬里心 (下平12侵) 삼경우 만리심

三更雨　삼경 한 밤중에 비가 오고
萬里心　만 리 고향 그리는 마음이라.

타국에서 비 내리는 한밤중에 그향의 그리움을 묘사한 것이다.

[원문] 秋風唯苦吟, 擧世少知音. 窓外三更雨, 燈前萬里心.
[번역] 가을바람에 처량하게 시 읊조리니, 온 세상에 내 마음을 알아주는 이 없네. 창 밖에는 한 밤중에 비가 오는데, 등불 앞에 아물아물 만 리 고향 그리는 마음이여.
[출전] 崔致遠 ≪孤雲集 제1권 秋夜雨中≫

> 山河在 草木深 (下平12侵)　산하재 초목심
> 花濺淚 鳥驚心 (下平12侵)　화천루 조경심

山河在　산하만 남고
草木深　초목만 무성하다.
花濺淚　꽃을 봐도 눈물 흐르고
鳥驚心　새 소리만 들어도 마음을 놀라네.

전쟁의 폐허 속에 슬픔과 놀람을 말한다.

[원문] 國破山河在, 城春草木深. 感時花濺淚, 恨別鳥驚心. 烽火連三月, 家書抵萬金. 白頭搔更短, 渾欲不勝簪.

[번역] 서울은 파괴되었으나 산하는 그대로이니, 성에는 봄이 오고 초목이 우거졌구나. 시절을 슬퍼하여 꽃을 보고도 눈물 흐르고, 이별이 한스러워 새 소리만 들어도 마음을 놀라네. 봉화가 석 달 동안 이어지니, 집에서 온 편지는 만금만큼 소중하다. 흰 머리는 쥐어뜯어 더욱 짧아져 온통 비녀를 감당하지 못할 지경이네.

[출전] 唐 杜甫 ≪杜詩詳註 4권 春望≫

> 測水深 昧人心 (下平12侵)　측수심 매인심

測水深　물의 깊이는 헤아리지만
昧人心　사람의 마음에는 어둡다.

사람의 마음은 알기 어렵다.

[원문] 測水深, 昧人心. 言不可知者人也. 水深猶可測也, 人心不可測也.

[번역] 물의 깊이는 헤아리지만 사람의 마음에는 어둡다. 알 수 없는 것이 사람임을 말한다. 물이 깊은 것은 오히려 헤아릴 수 있지만 사람 마음은 헤아릴 수가 없다.

[출전] 李德懋 ≪靑莊館全書 62권 冽上方言≫

難畵骨 不知心 (下平12侵) 난화골 부지심

難畵骨 뼈는 그리기 어렵고
不知心 마음은 알 수가 없다.

외양은 알기 쉽지만, 내면은 이해하기 어려움을 말한다.

[원문] 畵虎畵皮難畵骨, 知人知面不知心.
[번역] 호랑이를 그리는 데 가죽은 그려도 뼈는 그리기 어렵고, 사람을 아는 데 있어 얼굴은 알아도 마음은 알 수가 없다.
[출전] ≪明心寶鑑 省心篇上≫

啓乃心 沃朕心 (下平12侵) 계내심 옥짐심

啓乃心 너의 마음을 열어서
沃朕心 나의 마음에 퍼부어라

임금이 신하에게 마음을 다하여 보필하기를 청하는 말이다.

[원문] 命之曰, "朝夕納誨以輔台德. 若金, 用汝作礪, 若濟巨川, 用汝作舟楫, 若歲大旱, 用汝作霖雨, 啓乃心, 沃朕心."

[번역] 〈은(殷)나라 고종(高宗)이 부열(傅說)에게〉 명하여 말하였다. "아침저녁으로 가르침을 들려주어서 나의 덕을 도우라. 내가 쇠라면 너를 숫돌로 삼고, 큰 내를 건넌다면 너를 배와 노로 삼으며, 큰 가뭄이 든다면 너를 장맛비로 삼으리니, 너의 마음을 열어서 나의 마음에 퍼부어라."

[출전] ≪書經 尙書 說命上≫

[주] ◆ 乃 : 너. ◆ 沃 : 물을 댄다[灌漑]는 뜻이다.

無恒産 有恒心 (下平12侵)   무항산 유항심
無恒産 無恒心   무항산 무항심

無恒産   일정한 생업이 없어도
有恒心   일정한 마음이 있다.
無恒産   일정한 생업이 없으면
無恒心   일정한 마음이 없다.

일정한 생업이 없어도 도덕성을 지키는 경우와 없으면 도덕성을 지키지 못하는 경우를 말한 것이다.

[원문] 無恒産而有恒心者, 惟士爲能. 若民則無恒産, 因無恒心.

[번역] 일정한 생업이 없으면서도 일정한 마음을 가질 수 있는 자는 오직 선비라야 가능하게 되는 것이요, 백성은 일정한 생업이 없으면 이어서 일정한 마음도 없게 된다.

[출전] ≪孟子 梁惠王上≫

[주] ◆ 無恒産而有恒心者… : 항(恒)은 항상이다. 산(産)은 생업이다. 항산(恒産)은 일정한 생활을 할 수 있는 일이다. 항심은 사람이 항상 가지고 있는 착한 마음이다.〔恒, 常也. 産, 生業也. 恒産, 可常生之業也. 恒心,

人所常有之善心也.〕(≪孟子集註 梁惠王上≫)

入乎耳 著乎心 (下平12侵) 입호이 착호심

入乎耳 귀로 들으면
著乎心 마음에 새긴다.

군자는 학문을 마음으로 새긴다.

원문 君子之學也, 入乎耳, 著乎心, 布乎四體, 形乎動靜.
번역 군자의 학문은 귀로 들으면 마음에 새기니, 온 몸에 퍼지고 행동으로 나타난다.
출전 ≪荀子 勸學≫
주 ◆ 入乎耳 著乎心 : 들으면 기억하여 잊지 않음을 말한다.〔謂聞則志而不忘也.〕(≪荀子 勸學 楊倞 注≫) ◆ 著 : '직(直)'과 '략(略)'의 반절(음은 '착')이다.〔著, 直略反.〕(≪漢文大系15 荀子 勸學 增注≫)

先入金 後受任 (下平12侵) 선입금 후수임

先入金 먼저 돈을 넣고
後受任 뒤에 임무를 받는다.

의뢰자가 미리 착수금을 내야 담당자가 일을 한다.

주 先入金 後受任 : '先入金'의 주어는 사건의 의뢰인이고, '後受任'의 주어는 사건의 담당자(변호사)이다.

1. 평성 | 155

鷄登塒 鳥入簷 (下平14鹽)   계등시 조입첨

鷄登塒   닭이 홰대에 올라가고
鳥入簷   새가 처마에 들어간다.

날이 저물고 추워지면 닭과 새가 잠자리에 듦을 말한다.

[원문] 日暮鷄登塒, 天寒鳥入簷.
[번역] 날이 저물면 닭이 홰대에 올라가고, 날이 추워지면 새가 처마에 들어간다.
[출전] 《推句》

釣龍臺 落花巖 (下平15咸)   조룡대 낙화암

釣龍臺   용을 낚은 곳
落花巖   꽃이 떨어진 바위

부여(扶餘)에 있는 바위의 이름이다.

[원문] 明日, 至扶餘城落花岩下. 昔唐遣蘇將軍伐前百濟, 扶餘實其故都也. 時被圍甚急, 君臣棄宮娥而走, 義不汗于兵, 群至此岩, 墮水而死. 故以名之. … 日已午, 解纜而小西, 則有磯石窮然, 其下淵澄, 深不可測. 唐兵旣至, 隔江而陣, 欲渡則雲霧晦冥, 不知所指. 使覘之, 云有龍穴其下, 衛護本國故也. 唐人用術者計, 餌而取之, 龍初拒而不上, 竟力致之, 石爲之刻. 今有深廣尺餘, 長僅一丈, 自水際達于石頂, 若斲而爲之者, 謂之釣龍臺.
[번역] 이튿날에 부여성(扶餘城) 낙화암(落花岩) 아래에 이르렀다. 옛날

에 당(唐)나라가 소장군(蘇將軍 : 소정방(蘇定方))을 보내 백제(百濟)를 쳤는데, 부여는 바로 그때의 도읍지였다. 당시에 포위를 당하여 상황이 매우 급박해지자 군신(君臣)들이 궁녀들을 놔두고 도망쳤는데, 〈궁녀들이〉 의리상 당나라 군사들에게 몸을 더럽힐 수 없다고 하여 떼를 지어 이 바위에 이르러 강물에 몸을 던져 죽었다. 그래서 낙화암이라고 이름 지은 것이다. … 정오가 지나서 닻줄을 풀고 조금 서쪽으로 가니, 물가에 거대한 암석이 반원(半圓)의 형태로 튀어나와 있었는데, 그 밑에 맑은 물이 잠겨 깊이를 헤아릴 수가 없었다. 당나라 군사가 이곳에 와서 강을 사이에 두고 진을 쳤는데, 강을 건너려고 하면 구름과 안개가 끼어서 사방이 어두워졌으므로 방향을 알 수가 없었다. 그래서 사람을 시켜 염탐하게 하였더니 용이 그 밑의 굴속에 살면서 본국을 호위하고 있기 때문이라는 것이었다. 이에 당나라 사람이 술자(術者)의 계교를 써서 미끼를 던져 낚아 올리기로 하였는데, 용이 처음에는 저항하며 올라오지 않았으므로 있는 힘을 다하여 끌어 올리는 과정에서 바위가 갈라졌다고 한다. 그래서 지금도 물가의 암석에서부터 그 바위 꼭대기까지 한 자 남짓 되는 깊이와 너비에 길이가 거의 한 길쯤 되는 파인 흔적이 마치 사람이 일부러 깎아 내어 만든 것처럼 보이는데, 이를 일러 조룡대(釣龍臺)라고 한다.

[출전] ≪稼亭集 舟行記≫

[주] ◆ 釣龍臺 : 백마강(白馬江)은 부여 지역을 흐르는 금강의 명칭이다. 조룡대(釣龍臺)는 부소산(扶蘇山) 아래에 한 개 괴석(怪石)이 백마강 강가에 걸터앉은 듯이 있는 것인데 돌 위에는 용(龍)이 발톱으로 할퀸 흔적이 있다. 전설에 의하면 소정방(蘇定方)이 백제를 공격할 때, 강을 건너려고 하는데 홀연 비바람이 크게 일어나므로 흰 말(白馬)로 미끼를 만들어 용 한 마리를 낚으니, 잠깐 사이에 날이 개어 드디어 군사가 강을 건너 공격하였기 때문에 강을 '백마강'이라 이르고, 바위는 '조룡대(釣龍臺 : 용을 낚은 낚시터)'라고 일렀다고 한다.(≪新增東國輿地勝覽 18권 忠淸道 扶餘縣≫) ◆ 落花巖 : 부소산(扶蘇山)은 부여의 진산(鎭山)이다. 낙화암(落花巖)은 백마강변 부소산에 있는 바위이다. 전설에

의하면 백제(百濟)가 당나라 군사에게 패하게 되자 궁녀(宮女)들이 도망해 나와 이 바위 위에 올라 스스로 강물에 몸을 던졌으므로 낙화암(落花巖 : 꽃이 떨어진 바위)이라 일렀다고 한다.(≪新增東國輿地勝覽 18권 忠淸道 扶餘縣≫)

2. 상성(上聲)

龍生龍 鳳生鳳 (上1送)　용생용 봉생봉

龍生龍　용이 용을 낳고
鳳生鳳　봉이 봉을 낳는다.

부모가 훌륭해야 자식도 훌륭하다.

[원문] 龍生龍, 鳳生鳳.
[출전] ≪우리말속담큰사전≫

[원문] 師曰, "龍生龍子, 鳳生鳳兒."
[번역] 스님이 말하였다. "용이 용 새끼를 낳고 봉이 봉 새끼를 낳는다."
[출전] 宋 釋道原 ≪景德傳燈錄 14권≫

眇能視 跛能履 (上4紙)　묘능시 파능리

眇能視　애꾸도 볼 수가 있고
跛能履　절름발이도 걸을 수 있다.

밝게 보지 못하고 잘 걷지 못한다.

[원문] 六三, 眇能視, 跛能履. 履虎尾, 咥人, 凶, 武人, 爲于大君. 象曰, "眇能視, 不足以有明也, 跛能履, 不足以與行也."
[번역] 리괘(履掛 : ䷉) 육삼(六三)은 애꾸눈이 보려 하며 절름발이가 걸

2. 상성 | 159

으려 한다. 범의 꼬리를 밟아 사람을 무니 흉하고, 무인(포악자)이 대군이 된다. 상전(象傳)에 말하였다. "애꾸도 볼 수 있다고 해서 눈이 밝다고 할 수는 없다. 절름발이가 걸을 수 있다고 해서 걸음을 함께 걸어 갈 수는 없다."

[출전] ≪周易 履卦≫

[주] ◆ 眇能視 跛能履 : 운봉호씨(雲峯胡氏)는 "애꾸눈이 보려 하며 절름발이가 걸으려 하는 것과 같다.〔如眇欲視, 跛欲履.〕(≪周易 履卦 大全≫)라고 설명하였다. ◆ 武人 : 포악한 사람〔武暴之人〕.(≪周易 履卦 程傳≫)

安處善 樂循理 (上4紙) 안처선 낙순리

安處善　편안히 선에 처하고
樂循理　즐겁게 이치를 따르다.

군자의 모습을 형용한 것이다.

[원문] 孔子曰, "天地之性人爲貴." 明於天性, 知自貴於物, 知自貴於物, 然後知仁誼, 知仁誼, 然後重禮節, 重禮節, 然後安處善, 安處善, 然後樂循理, 樂循理, 然後謂之君之. 故孔子曰 "不知命, 亡以爲君子", 此之謂也.

[번역] 공자가 말하기를, "천지의 본성에서 사람이 귀하다."라고 하니, 천성에 밝으면 자신을 사물보다 귀히 여길 줄 안다. 자신을 사물보다 귀히 여길 줄 안 연후에 인과 정의를 알고, 인과 정의를 안 연후에 예절을 중요시하고, 예절을 중요시 한 연후에 편안히 선에 처하며, 편안히 선에 처한 연후에 즐겁게 이치를 따르고, 즐겁게 이치를 따른 연후에 그를 군자라고 할 수 있다. 그러므로 공자가 말하기를, "명을 알지 못하면 군자가 될 수 없다."라고 한 것이, 이를 이른 것이다.

[출전] ≪漢書 56권 董仲舒傳 제26≫
[주] ◆ 天地之性人爲貴 : ≪효경(孝經) 성치장(聖治章)≫의 글이다.

究天文 窮地理 (上4紙)　구천문 궁지리

究天文　천문을 연구했고
窮地理　지리에 통달했네.

천문과 지리에 통달한 지혜로운 경지를 말한다. 고구려 을지문덕(乙支文德)이 수나라 우중문(于仲文)에게 보낸 한시 구절이다.

[원문] 神策究天文, 妙算窮地理. 戰勝功旣高, 知足願云止.
[번역] 신비한 계책은 천문을 연구했고, 오묘한 계산은 지리에 통달했네. 싸움에 이겨 공이 이미 높으니, 족함을 알아 원컨대 그치시라.
[출전] ≪東文選 제19권 五言絶句 贈隋右翊衛大將軍于仲文〔乙支文德〕≫
[주] ◆ 知足願云止 : 노자(老子)의 ≪도덕경(道德經)≫에, "족함을 알면 욕되지 않고, 그칠 줄 알면 위태롭지 않다〔知足不辱 知止不殆〕."라는 말이 있다.

遏人欲 存天理 (上4紙)　알인욕 존천리

遏人欲　인욕을 막고
存天理　천리를 보존하다.

왕도정치의 한 방법을 말한 것이다.

|원문| 孟子因時君之問, 而剖析於幾微之際, 皆所以遏人欲而存天理. 其法似疏而實密, 其事似易而實難.

|번역| 맹자가 당시 군주의 질문에 의거하여 기미의 때를 분석하니 모두 인욕을 막고 천리를 보존하려는 까닭이다. 그 방법이 소략한 것 같으나 실제는 세밀하고 그 일이 쉬운 것 같으나 실제는 어렵다.

|출전| ≪孟子 梁惠王下 '寡人好色' 集註≫

|원문| 次讀孟子, 於明辨義利, 遏人慾存天理之說, 一一明察而擴充之.

|번역| 다음으로 ≪맹자(孟子)≫를 읽어, 의리와 이익을 분명하게 분별하고 인욕을 막고 천리를 보존하는 내용에 대해 일일이 밝게 살펴서 확충해야 할 것이다.

|출전| 李珥 ≪擊蒙要訣 讀書章≫

|원문| 四書大旨, 大學敬, 論語敦乎仁博乎義, 孟子遏人欲存天理, 中庸誠.

|번역| '大學敬 中庸誠'을 참고하라.

|출전| 鮮于浹≪遯菴先生全書 卷1 心學至要 四書五經大旨體用≫

正經界 分宅里 (上4紙) 정경계 분택리

正經界　경계를 바르게 하고
分宅里　택지를 분배하다.

정전법에서 경계를 바로하고 택지를 나누어 주는 것을 말한다.

|원문| 買田一方, 畫爲數井, 上不失公家之賦役, 退以其私, 正經界, 分宅里, 立斂法, 廣儲蓄, 興學校, 成禮俗, 救菑恤患, 厚本抑末.

번역 밭 한 곳을 사서 몇 개의 정전으로 구획하여 위로는 국가의 부역을 잃지 않고 물러나서는 사적으로 경계를 바르게 하고 택지를 분배하며, 세법을 세우고 저축을 넓히며, 학교를 일으키고 예속을 이루어서 재앙과 환난을 구제하며 농사를 후하게 하고 장사를 억제한다.

출전 (≪孟子 藤文公上 '方里而井 井九百畝' 集註≫

去言美 來言美 (上4紙)   거언미 내언미

去言美   가는 말이 고와야
來言美   오는 말이 곱다.

내가 잘 해야 상대방도 잘 한다.

원문 去言美, 來言美.
출전 ≪旬五志≫

作舟車 爲耒耜 (上4紙)   작주거 위뇌사

作舟車   배와 수레를 만들고
爲耒耜   쟁기와 보습을 만들다.

교통수단과 농기구를 만든 것을 말한다.

원문 在昔黃帝, 作舟車以濟不通, 旁行天下, 方制萬里, 畫埜分州, 得百里之國萬區.

|번역| 옛날에 황제가 배와 수레를 만들어 통하지 않는 곳을 건너 천하를 두루 다니면서 만 리의 강역을 제정하여 전야를 구획하고 주를 나누어 백 리의 국가 만 곳을 얻었다.

|출전| ≪漢書 28권上 地理志≫

|주| ◆ 黃帝 : 중국 고대 전설상의 제왕이다. 이름이 헌원(軒轅)이므로 '헌제(軒帝)'라고도 한다. 기원전 2704년경에 태어나 기원전 2697년에 제왕이 되었다고 한다. 통치기구와 동전의 사용법을 도입하고 수레·배·문자를 만드는 등 문명을 발전시켰으며, 그의 아내는 여인들에게 누에를 치고 비단실을 뽑는 방법을 가르쳐 주었다고 한다.(≪史記 五帝本紀≫)

|원문| 神農, 炎帝神農氏, 始爲耒耜敎民稼穡者也.

|번역| 신농은 염제 신농씨니, 처음으로 쟁기와 보습을 만들어 백성에게 농사를 가르친 이이다.

|출전| ≪孟子 滕文公上 '有爲神農之言者許行' 集註≫

|주| ◆ 神農 : 중국 고대(古代) 삼황(三皇)의 한 사람. 그가 백 가지 초목(草木)을 맛본 후에 비로소 의약(醫藥)이 있게 되었다고 한다. ≪周易 繫辭下≫

|원문| 孟春之月, 天子親載耒耜, 措之于參保介之御間.

|번역| 맹춘(1월) 달에는 천자가 친히 쟁기와 보습을 수레에 싣고, 쟁기를 동승하는 보개(保介)와 마부 사이에 싣고 간다.

|출전| ≪禮記 月令≫

|주| ◆ 保介…御 : 보(保)는 임금의 수레 오른쪽에 동승하는 호위 무사이고, 개(介)는 갑옷을 착용했다는 뜻이며, 어(御)는 수레를 모는 마부이다. 즉 임금이 왼쪽에 타고, 마부가 가운데에 있고, 갑옷을 착용한 호위 무사가 오른쪽에 타는데, 쟁기를 마부와 호위 무사 사이에 싣는다는 뜻이다.

鬢雖殘 心未死 (上4紙)   빈수잔 심미사

鬢雖殘　귀밑머리는 비록 빠져도
心未死　마음은 아직 죽지 않았다.

몸은 늙어도 기백은 남아 있다.

[원문] 睡覺寒燈裏, 漏聲斷月斜窓紙. 自許封侯在萬里, 有誰知, 鬢雖殘, 心未死!

[번역] 꿈에서 깨어나니 차가운 등불 속에 물시계 소리 끊어졌고 달빛은 창호지에 기운다. 스스로 제후가 되려고 만 리 밖에 와 있음을 누가 알아주랴만 귀밑머리는 비록 빠져도 마음은 아직 죽지 않았어라.

[출전] 宋 陸游 ≪放翁詞 夜遊宮≫

未知生 焉知死 (上4紙)   미지생 언지사

未知生　삶을 모르는데
焉知死　어떻게 죽음을 알겠는가?

삶의 문제를 알고 나서 죽음에 대해 알려고 해야 한다.

[원문] 季路問事鬼神, 子曰, "未能事人, 焉能事鬼?" 敢問死. 曰, "未知生, 焉知死?"

[번역] 계로(季路)가 귀신을 섬기는 것에 대해 묻자, 공자가, "사람을 잘 섬기지 못하는데 어떻게 귀신을 섬기겠는가?"라고 하였다. "감히 죽음에 대해 묻겠습니다."라고 하자, 공자가, "삶을 모르는데 어떻게 죽음을 알겠는가?"라고 하였다.

출전 ≪論語 先進≫

주 • 季路 : 계로는 곧 자로이다.〔季路卽子路.〕(≪漢語大詞典 '季路'≫)

鳥有翼 魚依水 (上4紙)　조유익 어의수

鳥有翼　새는 날개가 있고
魚依水　물고기는 물에 의지한다.

백성들을 항상 가르쳐야 함을 말한 것이다.

원문 朕今所好者, 惟在堯舜之道, 周孔之敎, 以爲如鳥有翼, 如魚依水, 失之必死, 不可暫無耳.〈集論〉夫道, 非有一物可把玩而好之也. 百姓日用而不能離, 亦猶鳥之有翼, 魚之依水, 顧不自知耳.

번역 짐이 지금 좋아하는 것은 오직 요순의 도와 주공과 공자의 가르침에 있소. 이는 새가 날개가 있는 것과 같고 물고기가 물에 의지하는 것과 같아서 그 가르침을 잃게 된다면 반드시 죽을 것이니, 잠시도 없어서는 안 되는 것이오.〈집론〉도는 하나의 물건을 손에 쥐고 완상하면서 좋아할 수 있는 것이 아니다. 백성이 날마다 사용하면서도 떨어지지 않으니 또한 새가 날개가 있고 물고기가 물에 의지하는 것과 같거늘 또한 스스로 알지 못할 뿐이다.

출전 ≪貞觀政要 愼所好 제21≫

주 • 集論 : ≪정관정요≫에 보충 설명을 부친 것인데, 원나라 과직(戈直)이 제가의 견해 및 자신의 의견을 첨부한 것이다.

馬牛羊 雞犬豕 (上4紙)　마우양 계견시

馬牛羊　말, 소, 양,
雞犬豕　닭, 개, 돼지.

여섯 가지 가축을 말한다.

[원문] 馬牛羊, 雞犬豕, 此六畜, 人所飼.
[번역] 말, 소, 양, 닭, 개, 돼지, 이것이 여섯 가지 가축은 사람이 기르는 것이다.
[출전] ≪三字經≫

怒於室 色於市 (上4紙)　노어실 색어시

怒於室　집에서 성내고
色於市　시장에서 화풀이한다.

자기의 화를 남에게 분풀이함을 말한다.

[원문] 怒於室者, 色於市.
[번역] 집에서 성낸 자가 시장에서 화풀이한다.
[출전] ≪戰國策 韓策2≫
[주] ◆ 集怒於室 色於市 : '室於怒 市於色'과 같다. '怒於室 色於市'를 참고하라.

出乎爾 反乎爾 (上4紙)　출호이 반호이

出乎爾　너에게서 나온 것은
反乎爾　너에게로 돌아간다.

선과 악은 자신이 남에게 베푼 대로 자신에게 돌아옴을 말한다.

[원문] 戒之戒之, 出乎爾者, 反乎爾者也.
[번역] 증자가 말하기를, "경계하고 경계하라. 너에게서 나온 것은 너에게로 돌아간다."라고 하였다.
[출전] ≪孟子 梁惠王下≫

天與賢 天與子 (上4紙)　천여현 천여자

天與賢　하늘이 현자에게 주고
天與子　하늘이 자식에게 준다.

천자의 지위는 하늘이 결정함을 말한 것이다.

[원문] 萬章問曰, "人有言, 至於禹而德衰, 不傳於賢而傳於子. 有諸?" 孟子曰, "否. 不然也. 天與賢則與賢, 天與子則與子."
[번역] 만장이 묻기를, "'사람들이 말하되 우에 이르러 덕이 쇠하여, 현자에게 물려주지 않고, 자식에게 물려주었다.'라고 하니, 그런 일이 있습니까?"라고 하였다. 맹자가 말하기를, "아니다. 그렇지 않다. 하늘이 현자에게 주면 현자에게 주고, 하늘이 자식에게 주면 자식에게 주는 것이다."라고 하였다
[출전] ≪孟子 萬章上≫

> 楮先生 管城子 (上4紙)　저선생 관성자
> 黑松使 陶泓子　　　　흑송사 도홍자

楮先生　종이
管城子　붓
黑松使　먹
陶泓子　벼루

문방사우(文房四友)인 지(紙)·필(筆)·묵(墨)·연(硯)의 이칭이다.

[원문] 穎與絳人陳玄弘農陶泓及會稽楮先生友善, 相推致, 其出處必偕

[번역] 모영은 강(絳) 땅 사람 진현(陳玄), 홍농(弘農)의 도홍(陶泓) 및 회계(會稽)의 저선생(楮先生)과 서로 친하게 지내면서 서로 밀어주고 끌어주며 어디건 함께 한다.

[출전] 唐 韓愈 ≪五百家注昌黎文集 36권 毛穎傳≫

[주] ◆ 영(穎)은 모영(毛穎)의 줄임으로 붓의 털을 말하고, 도홍은 도제(陶製)의 돌로 물이 모여 있으므로 벼루를 말하고, 진현은 묵힌 검은 것으로 먹을 말하고, 저선생은 닥나무를 의인화한 것으로 종이를 비유한 것이다.

[원문] 秦皇帝使恬賜之湯沐, 而封諸管城, 號管城子.

[번역] 진 시황제가 장군 몽염(蒙恬)을 시켜 붓에게 탕목읍(湯沐邑)을 내리고 관성에 봉해 주게 하여 관성자라 호칭했다.

[출전] 唐 韓愈 ≪五百家注昌黎文集 36권 毛穎傳≫

[주] ◆ 湯沐 : 주대(周代)에 천자가 제후(諸侯)에게 그 수입을 재계(齋戒)하는 목욕 비용에 쓰라는 명목으로 내리는 특정의 채지(采地)이다. ◆ 管城 : 대통의 성이라는 뜻으로, 붓을 말함.

원문 玄宗御案墨曰龍香劑. 一日見墨上有小道士, 如蠅而行, 上叱之, 卽呼萬歲, 曰, "臣卽墨之精黑松使者也."

번역 당 현종이 쓰던 먹 이름이 용향제(龍香劑)이다. 하루는 먹 위에 쇠파리처럼 작은 도사가 다니기에 현종이 꾸짖으니, 곧 '만세'를 외치고는, "저는 먹의 정령인 흑송사(黑松使 : 소나무 그을음의 검댕이 사신. 먹)입니다."라고 하였다.

출전 唐 馮贄 ≪雲仙雜記 1권 黑松使者≫

원문 老病情懷不自由, 優遊翰墨外何求! 百年托契陶泓子, 萬古知心好畤侯.

번역 늙고 병든 회포는 자유롭지 못하니, 필묵 속에 노니는 그 밖에 무엇을 구하랴! 백 년을 의기투합한 자는 곧 도홍자(벼루)요, 만고에 마음 아는 이는 바로 호치후(종이)로다.

출전 朝鮮 徐居正 ≪四佳集 제40권 述懷≫

주 ◆ 好畤侯 : 종이의 봉호이다.(≪文房四譜 4권 文嵩好畤侯楮知白傳≫)

樹欲靜 風不止 (上4紙) 수욕정 풍부지

樹欲靜 나무는 고요하고자 하지만
風不止 바람이 그치지 않는다.

효도를 다하지 못한 것을 후회하는 것이다.

원문 皐魚曰, "吾失之三矣, 少而學, 游諸侯, 以後吾親, 失之一也. 高尙吾志, 閒吾事君, 失之二也. 與友厚而少絶之, 失之三也. 樹欲靜而風不止, 子欲養而親不待也. 往而不可追者年也, 去而不可見者親也. 吾請從此辭矣." 立槁而死. 孔子曰, "弟子誡之, 足以識矣." 於是門人辭歸而養親者, 十有三人.

번역 고어(皐魚)가 말하기를, "나는 세 가지 잘못을 저질렀다. 젊어서는 열심히 배워 제후를 찾아다닌다고 어버이를 뒤로 한 것이 첫째요, 내 뜻을 높다고 여겨 임금 섬기기를 소홀하게 한 것이 둘째요, 친구와 두터이 지내다가 중간에 절교한 것이 셋째이다. 나무는 고요하고자 하나 바람이 그치지 않고, 자식은 봉양하고자 하나 어버이께서 기다려주지 않는 것이다. 가버리면 따를 수 없는 것이 세월이요, 돌아가시면 다시 볼 수 없는 것이 부모님이다. 내 이를 좇아서 세상을 사별하려 하오."라고 하고, 서서 말라 죽었다. 공자가 말하였다. "제자들아, 이 말을 경계하라, 기억해 둘만하다." 이에 문하생들이 하직하고 귀가하여 부모를 봉양한 이들이 13인이었다.

출전 ≪韓詩外傳 9권≫, ≪孔子家語 2권 致思≫

주 ◆ 皐魚 : 중국 초(楚)나라의 효자. ◆ 樹欲靜而風不止 : 이를 풍수지탄(風樹之嘆 : 효도를 다하지 못한 것을 후회하는 한탄)이라고 한다. ◆ 韓詩外傳 : 한나라 한영(韓嬰)이 지은 시경(詩經) 주석서. 내전(內傳) 4권, 외전(外傳) 6권인데 외전만 현존한다. ◆ 孔子家語 : 공자의 언행 및 문하생들과의 문답과 논의를 수록한 책. 현재 전하는 것은 위나라의 왕숙(王肅)이 공자에 관한 기록을 모아 주를 붙인 것으로 10권 44편이다.

量吾被 置吾趾 (上4紙) 양오피 치오지

量吾被 내 이불을 헤아려
置吾趾 내 발을 뻗는다.

제 능력을 헤아려 일을 해야 한다.

원문 量吾被, 置吾趾. 言事可度力而爲也. 被短而申足, 足必露矣.

번역 내 이불을 헤아려 내 발을 뻗는다. 일에는 힘을 헤아려서 해야 함을 말한다. 이불은 짧은데 발을 뻗으면 발이 나온다.

출전 李德懋 ≪靑莊館全書 62권 洌上方言≫

厭家雞 愛野雉 (上4紙) 염가계 애야치

厭家雞 집에서 기르는 닭을 싫어하고
愛野雉 들판에 있는 꿩을 좋아한다.

가까이 있는 것을 천시하고 멀리 있는 것을 중시한다.

원문 小兒輩厭家雞, 愛野雉.
번역 어린이들이 집에서 기르는 닭은 싫어하고 들판에 있는 꿩을 좋아한다.
출전 晉 何法盛 ≪晉中興書 7권≫

左牽牛 右織女 (上6語) 좌견우 우직녀

左牽牛 왼쪽으로 견우가 있고
右織女 오른쪽으로 직녀가 있다.

아름다움의 극치를 말한 것이다.

원문 左牽牛而右織女, 似雲漢之無崖, 茂樹蔭蔚, 芳草被堤, 蘭苣發色, 曄曄猗猗, 若摛錦布繡, 燭燿乎其陂.
번역 왼쪽으로 견우성이 있고 오른쪽으로 직녀성이 있는데 은하수는 끝없는 듯하다. 무성한 나무는 우거지고 아름다운 풀은 제방을 덮었는데 난초가 색깔을 내어 빛나고 무성하니, 마치 비단을 펴고 자

수가 펼쳐져 둑에 빛나는 것과 같다.

출전 ≪後漢書 70권上 班彪傳≫

주 ◆ 摛 : 편다는 뜻이다.〔摛, 舒也.〕(≪後漢書 70권상 班彪傳 李賢註≫

造基業 垂統緒 (上6語)   조기업 수통서

造基業   왕업을 이루고
垂統緒   계통을 이어 간다.

군자의 통치가 바름을 행하여 이어가게 하는 것을 말하다.

원문 言能爲善, 則如大王, 雖失其地, 而其後世, 遂有天下, 乃天理也. 然君子造基業於前, 而垂統緒於後. 但能不失其正, 令後世可繼續而行耳. 若夫成功則豈可必乎?

번역 선을 행하면 태왕처럼 비록 땅을 잃었을지라도 그 후세에 마침내 천하를 소유하는 것이, 곧 천리임을 말한 것이다. 그러나 군자는 앞에서 왕업을 이루고 뒤에서 계통을 이어 감에 다만 바름을 잃지 않고 후세에게 이어서 행하게 할 뿐이다. 성공에 대해서는 어찌 기필할 수 있겠는가?

출전 ≪孟子 梁惠王下 '君子創業垂統' 集註≫

盜跖行 孔子語 (上6語)   도척행 공자어

盜跖行   도척의 행동
孔子語   공자의 말.

겉 다르고 속 다름을 말한다.

[원문] 晏子春秋, "懸羊頭於門, 而賣馬肉於內." 世祖賜丁邯詔曰, "懸牛頭, 賣馬脯. 盜跖行, 孔子語." 今俗語小變, 以羊狗易牛馬, 意仍不異也.

[번역] ≪안자춘추≫에, "문에 양머리를 걸어놓고서 안에서 말고기를 판다."라고 하고, 세조(世祖 : 후한 광무제)가 정감(丁邯)에게 조칙을 내리기를, "소머리를 걸어놓고서 말고기포를 파는 것은, 도척의 행실을 하며 공자의 말을 하는 것이다."라고 하였다. 지금 풍속에서는 말이 조금 변해서 양(羊)자와 구(狗)자로 우(牛)자와 마(馬)자를 바꾸었으나 뜻은 그대로 써서 다르지 않다.

[출전] 淸 錢大昕 ≪恒言錄 6권≫

[주] ♦ 盜跖行 孔子語 '懸牛頭 賣馬脯', '挂羊頭 賣狗肉', '懸羊頭 賣馬肉'과 같다. ♦ 丁邯 : 후한 사람이다. 생졸 연도 미상이다. 자는 숙춘(叔春)이고, 기절(氣節)이 고상하였다. 광무제가 벼슬을 주었으나 받지 않다가 뒤에 받아들여 한중군태수(漢中郡太守)에 이르렀고 임소(任所)에서 죽었다. ♦ 盜跖 : 춘추 시대 인물이다. ≪장자(莊子) 도척(盜跖)≫에 의하면 유하혜(柳下惠)의 아우로 성은 '전(展)'이고 이름은 '척(跖)'인데, 도적 떼 구천을 거느리고 천하를 횡행한 대도(大盜)였기 때문에 사람들이 도척이라 불렀다고 한다. 탐욕스럽고 악한 사람의 대표적인 인물로 거론된다. ♦ 以羊狗易牛馬 意仍不異也 : '懸牛頭 賣馬脯'를 '懸羊頭 賣狗脯'로 바꾸어 써도 뜻이 같음을 말한다.

作結繩 爲網罟 (上7麌) 작결승 위망고

作結繩　매듭을 짓고
爲網罟　그물을 만든다.

사냥하고 고기 잡는 인류의 원시 문명을 말한다.

[원문] 作結繩而爲網罟, 以佃以漁.

[번역] 매듭을 지어 그물을 만들어서 사냥하고 고기를 잡았다.

[출전] ≪周易 繫辭下≫

[주] ◆ 結繩 : 상고시대 문자가 없을 때, 노끈을 묶어 일을 기록하였다.〔上古無文字, 結繩以記事.〕(≪漢語大詞典 '結繩'≫).

火焠掌 髮懸樑 錐刺股 (上7嚢) 화쉬장 발현량 추자고

火焠掌　불로 손바닥을 지지고
髮懸樑　머리칼을 대들보에 매달고
錐刺股　송곳으로 허벅지를 찌른다.

각고(刻苦)의 노력으로 학업을 수행한 경우이다.

[원문] 火焠掌, 錐刺股.

[번역] 불로 손바닥을 지지고, 송곳으로 허벅지를 찌른다.

[출전] ≪重訂三字經≫

[원문] 有子惡臥而焠掌, 可謂能自忍矣.

[번역] 유자(有子)는 눕는 것을 싫어하여 그 손바닥을 지졌으니, 능히 스스로 참아내었다고 말할만하다.

[출전] ≪荀子 解蔽≫

[주] ◆ 焠掌 : 괴로이 학문하는 이가 스스로 그 손바닥을 지져서 졸음 때문에 독서를 폐하는 것을 경계한 것이다.〔謂苦學者自灼其掌, 以警因睡而廢讀.〕(≪漢語大詞典 '焠掌'≫)

원문 髮懸樑, 錐刺股, 如囊螢, 雪當燭, 必不叫爾自辛苦, 到後來, 才得這萬里鵬程, 青雲獨步.

번역 '千里馬 萬里鵬'을 참고하라.

출전 ≪白雪遺音 八角鼓 才郎夜讀書≫

원문 孫敬字文寶, 好學, 晨夕不休. 及至眠睡疲寢, 以繩繫頭, 懸屋梁. 後爲當世大儒.

번역 손경은 자가 문보인데 학문을 좋아하여 아침저녁으로 쉬지 않았다. 졸리고 피곤해 잠이 들면 머리에 줄을 걸어 대들보에 매었는데 뒤에 당세의 큰 선비가 되었다.

출전 ≪太平御覽 363권≫

원문 讀書欲睡, 引錐自刺其股, 血流至足.

번역 〈소진이〉 글을 읽다가 졸리면 송곳을 잡아서 허벅지를 직접 찔렀는데 피가 흘러 발에 이르렀다.

출전 ≪戰國策 3권 秦1≫

左準繩 右規矩 (上7簀)　좌준승 우규구

左準繩　왼손에는 수평과 먹줄을 들고
右規矩　오른손에는 그림쇠와 곱자를 든다.

기준이 되는 기물을 항상 사용함을 말한다.

원문 左準繩, 右規矩, 載四時, 以開九州, 通九道, 陂九澤, 度九山.

번역 왼손에는 수평(水平)과 먹줄을, 오른손에는 그림쇠와 곱자를 들

고, 사계절을 재단하여, 구주를 개척하고, 구도를 소통시키며, 구
택에 제방을 쌓고, 구산에 길을 뚫었다.

출전 ≪史記 2권 夏本紀 2≫

주 ◆ 準 : 수평(水平). 평면을 측정하는 수준기. ◆ 繩 : 직선을 정하는 먹
줄. ◆ 規矩 : 그림쇠와 곱자. 원형과 직각을 만드는 두 가지 자.

柔不茹 剛不吐 (上7麌)   유불여 강불토

柔不茹 부드러워도 삼키지 않고
剛不吐 강해도 뱉지 않는다.

약자를 침해하지 않고 강자를 두려워하지 않아서, 약자와 강자에게
차등 없이 한결같이 대함을 말한다.

원문 山甫之翼翼小心, 柔不茹剛不吐.

번역 산보처럼 공경히 조심하여 부드러워도 삼키지 않고 강해도 뱉지
않았네.

출전 趙兢燮 ≪巖棲集 24권 雙修堂重建上樑文≫

주 ◆ 吐 : '上7麌'와 '去7遇'로 통용하는 양운(兩韻)이다. ◆ 山甫 : 중산보
(仲山甫). 주(周)나라 선왕(宣王)의 어진 신하이다.

원문 維仲山甫, 柔亦不茹, 剛亦不吐, 不侮矜寡, 不畏彊禦.

번역 중산보는 부드러워도 삼키지 아니하며, 강해도 뱉지 아니하여, 홀아
비와 과부를 업신여기지 아니하며 강포한 자를 두려워하지 않도다.

출전 ≪詩經 大雅 烝民≫

魚成魯 帝成虎 (上7疊)　어성로 제성호

魚成魯　어(魚) 자가 노(魯) 자로 되고
帝成虎　제(帝) 자가 호(虎) 자로 되다.

비슷한 글자를 잘못 쓴 것을 말한다.

[원문] 書三寫, 魚成魯, 帝成虎.

[번역] 글씨를 세 번 베껴 쓰면 어(魚) 자가 노(魯) 자로 되고, 제(帝) 자가 호(虎) 자로 된다.

[출전] ≪抱朴子 遐覽≫

[주] ◆ 帝 : 후일 통용본에는 '虛'로 많이 쓰여 있다. 글자를 잘못 쓴 비슷한 용례로 해시(亥豕)가 있다.

花信風 梅熟雨 (上7疊)　화신풍 매숙우

花信風　꽃 소식을 전하는 바람
梅熟雨　매화를 익히는 비.

시기에 따라 부는 바람과 비를 형용한 말이다.

[원문] 花信風, 應花期而吹來的風. 歷來相傳花信風共有二十四番. 詳'二十四番花信風'.

二十四番花信風, 卽花信風. 應花期而來的風. 自小寒至穀雨, 凡四月, 共八個節氣, 一百二十日, 每五日一候, 計二十四候, 每候應以一種花的信風. 每氣三番. 小寒, 梅花山茶水仙, 大寒, 瑞香蘭花山礬, 立春, 迎春櫻桃望春, 雨水, 菜花杏花李花, 驚蟄, 桃花棣棠薔薇, 春分, 海棠梨花木蘭, 淸明, 桐花麥花柳花, 穀雨, 牡丹酴醾楝花. 參閱 南朝梁宗懍≪荊楚歲時記≫, 宋程大昌≪演繁露・花信風≫, 宋王逵 ≪蠡海集 氣候類≫. 一說, 每月有兩番花的信風, 一年有二十四番花 信風. 見明楊愼≪二十四番花信風≫引南朝梁元帝≪纂要≫.

[번역] 화신풍은 꽃피는 시기에 호응하여 불어오는 바람이다. 종래부터 전해오기를 화신풍은 모두 24번이 있다고 한다. '二十四番花信風' 에 자세하다.

이십사번화신풍(二十四番花信風)은 바로 '화신풍'으로 꽃 피는 시기에 호응하여 불어오는 바람이다. 소한부터 곡우까지 모두 4개월인데 8개 절기이고, 120일이다. 5일마다 1후(一候)이어서 24후가 되는데 후마다 한 가지 꽃이 피는 바람으로 호응한다. 한 절기마다 세 번 분다. 소한엔 매화・산다・수선이고, 대한엔 서향・난화・산반이고, 입춘엔 영춘・앵도・망춘이고, 우수엔 채화・행화・이화이고, 경칩엔 도화・체당・장미이고, 춘분엔 해당・이화・목란이고, 청명엔 동화・맥화・유화이고, 곡우엔 모란・도미・연화이다. 남조 양나라 종름의 ≪형초세시기≫, 송나라 정대창의 ≪연번로 화신풍≫, 송나라 왕규의 ≪여해집 기후류≫를 참고하라. 일설에 매월 두 번 꽃 피는 소식을 주는 바람이 있어 1년에 24번의 화신풍이 있다고 한다. 명나라 양신이 ≪이십사번화신풍≫에서 인용한 남조 양나라 원제의 ≪찬요≫에 보인다.

[출전] ≪漢語大詞典≫

[원문] 薄有如無梅熟雨. 乍寒能喚麥黃風.

[번역] 내리지 않는 듯 가볍게 내리는 매숙우(梅熟雨)요, 살짝 서늘하면서도 따뜻한 맥황풍(麥黃風)이라.

[출전] 申緯 ≪警修堂全藁 10책 花徑滕墨 5 初夏遣興≫

[주] ◆ 梅熟雨 : 매우(梅雨). 황매우(黃梅雨). 초여름에 매실이 노랗게 익어갈 때 내리는 장맛비이므로 이렇게 말한다. 장마에 눅눅하여 곰팡이가 쉽게 나므로 매우(霉雨)라고도 한다.

作舟楫 作霖雨 (上7龥) 작주즙 작임우

作舟楫   배와 노로 삼으며
作霖雨   장맛비로 삼는다.

임금이 신하에게 전적으로 의지할 뜻을 표명한 것이다.

[원문] 命之曰, "朝夕納誨以輔台德. 若金, 用汝作礪, 若濟巨川, 用汝作舟楫, 若歲大旱, 用汝作霖雨, 啓乃心, 沃朕心."

[번역] '啓乃心 沃朕心'을 참고하라.

[출전] ≪書經 尙書 說命上≫

戰必勝 攻必取 (上7龥) 전필승 공필취

戰必勝   싸우면 반드시 이기고
攻必取   공격하면 반드시 차지한다.

용병을 잘 하여 언제나 승리한다. 한나라 한신(韓信)의 전공(戰功)을 말한 것이다.

[원문] 高祖曰, "公知其一, 未知其二. 夫運籌策帷帳之中, 決勝于千里之外, 吾不如子房. 鎭國家, 撫百姓, 給餽饟, 不絶糧道, 吾不如蕭何. 連百萬之軍, 戰必勝, 攻必取, 吾不如韓信. 此三者, 皆人傑也, 吾能用之, 此吾所以取天下也. 項羽有一范增而不能用, 此其所以爲我擒也."

[번역] 한고조가 말하였다. "공들은 하나만 알고 둘은 알지 못하오, 대체로 군막 안에서 계책을 세워 천리 밖에서 승부를 결정하는 것은 내가 장량만 못하오. 나라를 안정시키고 백성을 어루만지고, 군대

보급이 끊이지 않게 하여 군량을 보급하는 것은 소하만 못하오. 백만 군사를 거느리고 싸우면 반드시 이기고, 공격하면 반드시 차지하는 것은 내가 한신만 못하오. 이들 세 사람은 모두 인걸인데 나는 그들을 능히 쓸 수 있어서 천하를 얻은 것이고, 항우는 범증 한 사람이 있었으나 임용하지 못했으니, 이것이 나에게 사로잡힌 까닭이오."

[출전] ≪史記 8권 高祖本紀 8≫

[주] ◆ 取 : 상성7우(麌)와 상성25유(有)운으로 둘 다 쓰는 양운(兩韻)이고 뜻은 같다. ◆ 運籌帷幄 : 장막 안에서 산가지를 움직여 계책을 세워 운용하다. 모든 사실과 자료를 바탕으로 기획하고 지시하는 참모부라는 뜻으로, 본 고사에서 유래하였다.

懸牛頭 賣馬脯 (上7麌) 현우두 매마포

懸牛頭　소머리를 걸어놓고서
賣馬脯　말고기포를 판다.

겉 다르고 속 다름을 말한다.

[원문] 晏子春秋, "懸羊頭於門, 而賣馬肉於內." 世祖賜丁邯詔曰, "懸牛頭, 賣馬脯. 盜跖行, 孔子語." 今俗語小變, 以羊狗易牛馬, 意仍不異也.

[번역] '盜跖行 孔子語'를 참고하라.

[출전] 淸 錢大昕 ≪恒言錄 6권≫

[주] ◆ 懸牛頭 賣馬脯 : '挂羊頭 賣狗肉', '懸羊頭 賣馬肉'과 같다.

僅避狐 更逢虎 (上7齎) 근피호 갱봉호

僅避狐 겨우 여우를 피했더니
更逢虎 다시 범을 만난다.

작은 재난을 피한 뒤에 더 큰 재난이 옴을 말한다.

원문 僅避狐, 更逢虎.
출전 《우리말속담큰사전》

驅群羊 攻猛虎 (上7齎) 구군양 공맹호

驅群羊 양떼를 몰아서
攻猛虎 사나운 호랑이를 공격한다.

실현 가능성이 없는 일을 하다. 또 상대가 안 되는 경우를 말한다.

원문 且夫爲從者, 無以異於驅群羊而攻猛虎, 虎之與羊不格明矣.
번역 또 합종하는 나라들은 양떼를 몰아서 사나운 호랑이를 공격하는 것과 다름이 없으니, 호랑이와 양이 상대가 되지 않음은 명백하다.
출전 《史記 70권 張儀列傳》

> 左靑龍 右白虎 (上7矍)   좌청룡 우백호
> 前朱雀 後玄武 (上7矍)   전주작 후현무

左靑龍　왼편에 푸른 용
右白虎　오른편에 이마 흰 호랑이.
前朱雀　앞에 붉은 새
後玄武　뒤에 거북.

사방의 신인 청룡·백호·주작·현무를 말한다.

[원문] 朱雀玄武靑龍白虎爲四方之神.

[번역] 주작·현무·청룡·백호는 사방의 신이다.

[출전] 宋 趙彦衛 《雲麓漫鈔 9권》

[주] ◆ 靑龍白虎朱雀玄武 : 고대 신화에 나오는 동서남북 사방을 관장하는 신〔四靈〕을 가리킨다.〔指古代神話中掌東西南北四方之神.〕(《漢語大詞典 '四靈'》)
'靑龍'은 창룡(蒼龍)이라고도 한다. 그리고 '東蒼龍 西白虎 南朱雀 北玄武'로도 나타낸다. 玄武는 거북 뱀을 말한다. 위치가 북방에 있으므로 '현(玄)'이라 하고 몸에 비늘 껍질이 있으므로 '무(武)'라고 한다.〔謂龜蛇. 位在北方, 故曰玄, 身有鱗甲, 故曰武.〕(《楚辭 遠遊 '召玄武' 洪興祖補注》) 현무는 북방의 신이니 거북과 뱀의 결합체이다〔玄武, 北方之神, 龜蛇合體.〕(《後漢書 52권 王梁傳 '王梁主衛作玄武' 洪興祖補注》)

[원문] 所謂天數者, 左靑龍, 右白虎, 前朱雀, 後玄武.

[번역] 이른바 천수는 좌청룡(左靑龍), 우백호(右白虎), 전주작(前朱雀), 후현무(後玄武)이다.

[출전] 《淮南子 兵略訓》

[주] 靑龍白虎朱雀玄武 : 28수(宿)를 동서남북으로 말한 총칭이다.

|원문| 軍行, 前朱鳥而後玄武, 左靑龍而右白虎. 孔穎達疏, "今之軍行, 畫此四獸於旌旗, 以標前後左右之軍陳."

|번역| 군대가 행군할 때에는 앞에 주조, 뒤에 현무, 왼편에 청룡, 오른편에 백호가 위치한다. 공영달의 ≪소≫에 말하였다. "지금 군대가 행군하는 데에 이 네 가지 짐승을 기에 그려서 전후좌우의 군대 진을 표시한다."

|출전| ≪禮記 曲禮上≫

|주| ◆ 靑龍白虎朱雀玄武 : 사방을 표시하는 기. '朱鳥'는 '주작(朱雀)'과 같다.

|원문| 凡住宅, 左有流水, 謂之靑龍, 右有長途, 謂之白虎, 前有汙池, 謂之朱雀, 後有丘陵, 謂之玄武, 爲最貴地.

|번역| 무릇 주택에 있어서 왼편에 흐르는 물이 있는 것을 청룡(靑龍)이라 하고, 오른편에 긴 길이 있는 것을 백호(白虎)라 하며, 앞에 못이 있는 것을 주작(朱雀)이라 하고, 뒤에 언덕이 있는 것을 현무(玄武)라고 하는데, 이것이 가장 좋은 땅이다.

|출전| 朝鮮 洪萬選 ≪山林經濟 1 卜居≫

|주| ◆ 靑龍白虎朱雀玄武 : 풍수지리(風水地理)에서 산수(山水)의 사방 형세를 말한 것이다.

|원문| 春秋傳, 二十八宿分在四方, 方有七宿, 共成一象. 蟲獸出地, 其象在天, 東蒼龍, 西白虎, 皆南首北尾, 南朱雀, 北玄武, 皆西首東尾.

|번역| ≪춘추전≫에 28수(宿)가 나뉘어 사방에 있는데 한 방향에 7수가 있어 함께 상(象) 하나를 이룬다. 벌레와 짐승은 땅에서 나오고 그 상은 하늘에 있는데 동쪽의 창룡과 서쪽의 백호는 모두 남쪽을 머리로 북쪽을 꼬리로 하고, 남쪽의 주작과 북쪽의 현무는 모두 서쪽을 머리로 동쪽을 꼬리로 한다.

|출전| 明 周琦 ≪東溪日談錄 3권 理氣談≫

雲從龍 風從虎 (上7鷽)　운종룡 풍종호

雲從龍　구름은 용을 따르고
風從虎　바람은 호랑이를 따른다.

각각 그 종류별로 따르는 유형이 있다.

[원문] 九五曰, "飛龍在天, 利見大人, 何謂也. 子曰 '同聲相應, 同氣相求, 水流濕火就燥, 雲從龍風從虎, 聖人作而萬物覩.' 本乎天者親上, 本乎地者親下, 則各從其類也."

[번역] 건괘(乾卦) 구오(九五)에 말하였다. "'용이 날아 하늘에 있으니 대인을 보는 것이 이롭다.'라고 하였는데, 무엇을 말하는 것인가? 공자가 말하기를, '같은 소리끼리 서로 호응하고, 같은 기운끼리 서로 구하며, 물은 습한 데로 흐르고 불은 마른 곳으로 나가며, 구름은 용을 따르고 바람은 호랑이를 따르니, 성인이 나오자 만민이 우러러본다.' 하늘에 근본 한 것은 위와 친하고 땅에 근본 한 것은 아래와 친하니 각각 그 종류를 따르는 것이다."

[출전] ≪易經 乾卦 文言傳≫

[주] ◆ 同聲相應 : 악기의 소리가 서로 잘 어울림을 가리킨 것이다.〔指樂聲相和.〕(≪漢語大詞典 '同聲相應'≫) ◆ 同氣相求 : 뜻이 서로 같거나 기질이 서로 비슷한 것이 서로 끌어당겨 모임을 비유한 것이다.〔比喩志趣相同或氣質相類者互相吸引聚合.〕(≪漢語大詞典 '同氣相求'≫)

前怕狼 後怕虎 (上7鷽)　전파랑 후파호

前怕狼　앞에는 이리가 두렵고

後怕虎 뒤에는 호랑이가 두렵다.

거듭 두려운 상태를 말한다.

원문 俺如今前怕狼後怕虎.

번역 나는 지금 앞에는 이리가 두렵고 뒤에는 호랑이가 두렵다.

출전 明 馮惟敏 ≪淸江引 風情省悟≫ 曲

欲敗度 縱敗禮 (上8薺) 욕패도 종패례

欲敗度 욕심은 법도를 무너뜨리고
縱敗禮 방종(放縱)은 예(禮)를 무너뜨린다.

욕심과 방종을 경계하여야 한다.

원문 王拜手稽首曰, "予小子不明于德, 自底不類, 欲敗度, 縱敗禮, 以速戾于厥躬. 天作孼, 猶可違, 自作孼, 不可逭."

번역 왕(王: 太甲)이 손을 땅에 대어 절하고 머리를 조아리고 말하기를, "나 소자(小子)는 덕(德)에 밝지 못하여 스스로 착하지 못함에 이르러 욕심이 법도를 무너뜨리고 방종(放縱)이 예(禮)를 무너뜨려 이 몸에 죄를 불렀으니, 하늘이 지은 재앙은 오히려 피할 수 있으나 스스로 지은 재앙은 도망할 수가 없습니다."라고 하였다.

출전 ≪書經 周書 太甲中≫

주 • 王 : 태갑(太甲). 상(商)나라 제3대 임금. ≪맹자 만장 상(萬章上)≫에, "태갑이 탕왕의 법도를 전복하자, 이윤이 그를 동 땅에 3년 동안 유폐하였다. 태갑이 자신의 과오를 뉘우쳐 스스로 원망하고 스스로 다스려, 동 땅에서 인과 의를 실천하기를 3년 동안 하면서 이윤이 자신을 훈계한 말을 따랐다. 그리하여 다시 박읍으로 돌아왔다.〔太甲顚覆湯之典

刑. 伊尹放之於桐三年. 太甲悔過, 自怨自艾. 於桐處仁遷義三年, 以聽伊尹之訓己也, 復歸于亳.)"라고 하였다.

同生兄 同生弟 同腹兄 同腹弟
異腹兄 異腹弟 異父兄 異父弟 (上8薈)
동생형 동생제 동복형 동복제 이복형 이복제 이부형 이부제

同生兄　아버지와 어머니가 같은 형. 친형.
同生弟　아버지와 어머니가 같은 아우. 친아우.
同腹兄　어머니가 같은 형.
同腹弟　어머니가 같은 아우.
異腹兄　아버지는 같고 어머니는 다른 형.
異腹弟　아버지는 같고 어머니는 다른 아우.
異父兄　어머니는 같고 아버지는 다른 형.
異父弟　어머니는 같고 아버지는 다른 아우.

부모가 같은지 다른지에 따른 형제의 호칭을 말한다.

[원문] 尹弼商洪應議, "同生兄及妻娚, 實一家也. 烏得不相從?"

[번역] 윤필상(尹弼商)과 홍응(洪應)은 의논하였다. "동생형(同生兄)과 처남(妻娚)은 실로 한 집안사람입니다. 어떻게 상종(相從)하지 않을 수 있겠습니까?"

[출전] 《成宗實錄 13년 4월 30일》

[원문] 崔龜壽又以其子, 爲同生弟繼後, 而潛書神主, 使弟之妾子, 不祀其父, 其心術不正, 於此可知.

|번역| 최구수(崔龜壽)는 또 자기 아들로 동생제(同生弟)를 위해 후사(後嗣)로 삼았는데, 몰래 신주(神主)를 써서 아우의 첩자(妾子)가 자기 아비에게 제사지내지 못하게 하였으니, 그 심술(心術)이 바르지 못함을 여기서 알 수 있습니다.

|출전| ≪中宗實錄 7년 2월 14일≫

|주| • 同生弟 : 동생형과 동생제로 구분하여 말하다가 동생제는 제(弟)를 빼고 '동생(同生)'으로 쓰여 '아우'의 뜻이 된 것이다.

|원문| 監察鄭守敬曾奸同生兄守誠有子婢妾, 憲府覈之, 獄辭已成, 至是蒙宥.

|번역| 감찰(監察) 정수경(鄭守敬)은 일찍이 동생형(同生兄) 정수성(鄭守誠)의 자식이 있는 비첩(婢妾)을 강간하여 헌부(憲府)에서 이를 핵실(覈實)하여 옥사(獄辭)가 이미 이루어졌으나, 이에 이르러 죄를 용서 받았다.

|출전| ≪太宗實錄 14년 6월 9일≫

|원문| 亂臣趙藩同生弟趙䕹趙淸老同生弟廷老忠老竝免緣坐.

|번역| 난신(亂臣) 조번(趙藩)의 동생제(同生弟) 조이(趙䕹)와 조청로(趙淸老)의 동생제 조정로(趙廷老)・조충로(趙忠老)는 모두 연좌(緣坐)를 면하였다.

|출전| ≪成宗實錄 7년 1월 24일≫

|원문| 李楨雖以異母兄李萌爲其父原祐妾子, 欲奪爲嫡. 然去戊辰年定平府相訟時, 旣論李萌以原祐先妻子.

|번역| 이정이 비록 이모형(異母兄)인 이맹(李萌)을 그 아비 이원우(李原祐)의 첩(妾)의 아들로 삼아 적자(嫡子)된 신분을 빼앗으려고 하지만, 그러나 지나간 무진년에 정평부(定平府)에서 서로 소송하였을 때 이미 이맹을 이원우의 먼젓번 아내의 아들로 결론지었습니다.

|출전| ≪成宗實錄 7년 11월 18일≫

|원문| 常以早失怙爲至痛, 事繼妣至誠, 與異腹弟怡怡也.

|번역| 〈김석지(金錫之)는〉 늘 아버지를 일찍 여읜 것으로 지극히 애통해 하고 계모 섬기기를 지극한 정성으로 하였으며 이복제(異腹弟)와 함께 화목하게 지냈다.

|출전| ≪東埜集 8권 題跋 書金錫之行狀後≫

|원문| 興邦異父兄成林爲侍中, 親黨布列兩府中外要職, 無非私人, 專權自 恣, 賣官鬻爵, 奪人土田, 籠山絡野.

|번역| 염흥방(廉興邦)의 이부형(異父兄) 이성림(李成林)은 시중(侍中)이 되자, 친당(親黨)이 양부(兩府)에 늘어서서 중외의 요직이 사인 (私人) 아닌 사람이 없어 권세를 전횡하기를 마음대로 하여, 관작 (官爵)을 팔고 남의 밭을 빼앗고 산야(山野)를 점유하였다.

|출전| ≪東史綱目 제16하 戊辰 14년 前廢王 禑 14년≫

|원문| 興慶, 戱之曰, "以宰相宿倡家可乎?" 成林, 變色曰, "無之." 由是相 惡, 白王出之. 適有敗軍之釁, 瑩希興慶意, 欲殺之, 成林異父弟廉興 邦, 亦有寵於王, 力救獲免.

|번역| 홍경(興慶)이 희롱하여 말하기를, "재상으로서 창기의 집에서 자는 것이 옳으냐?"라고 하니, 이성림의 안색이 변하면서 말하기를, "그런 일이 없다."라고 하였다. 이 때문에 서로 미워하더니, 김홍 경이 왕에게 아뢰어 이성림을 내쫓게 하였다. 마침 패전한 허물이 있으므로, 최영(崔瑩)이 김홍경의 비위를 맞추어 이성림을 죽이고 자 하니, 왕의 총애가 두터운 이성림의 이부제(異父弟) 염흥방(廉 興邦)이 힘써 구원하여 죽음을 면하였다.

|출전| ≪高麗史節要 29권 恭愍王〔四〕癸丑 22년≫

難爲兄 難爲弟 (上8薺) 난위형 난위제

難爲兄 형이 되기 어렵고
難爲弟 아우가 되기 어렵다.

우열을 가리기 어렵다.

[원문] 陳元方子長文, 有英才, 與季方子孝先各論其父功德, 爭之不能決, 咨於太丘. 太丘曰, "元方難爲兄, 季方難爲弟."

[번역] 진원방(陳元方 : 진기(陳紀))의 아들 진장문(陳長文)은 탁월한 재능이 있었는데 진계방(陳季方 : 진심(陳諶), 진기의 아우)의 아들 진효선(陳孝先)과 함께 각각 자기 아버지의 공덕에 대해 논하여 다투다가 결론이 나지 않자 태구(太丘 : 진식(陳寔))에게 물었다. 태구가 말하였다. "원방이 형이 되기 어렵고 계방이 아우 되기 어렵다."

[출전] ≪世說新話 德行≫

[주] • 太丘 : 동한 시대 태구 현령(太丘縣令)을 지낸 진식(陳寔)을 말함. 진원방과 진계방의 아버지이다.

居移氣 養移體 (上8薺) 거이기 양이체

居移氣 거처가 기운을 바꿔놓으며
養移體 봉양이 몸을 바꿔놓는다.

환경이 사람의 기질을 바꿈을 말한다.

[원문] 居移氣, 養移體, 大哉居乎, 夫非盡人之子與!

[번역] 거처가 기운을 바꿔놓으며 봉양이 몸을 바꿔놓으니, 거처의 중요성이 크구나! 모두 똑같은 사람의 자식이 아니겠는가!
[출전] ≪孟子 盡心上≫

子欲養 親不待 (上10賄)   자욕양 친부대

子欲養   자식은 봉양하고자 하는데
親不待   어버이께서 기다려 주지 않는다.

부모가 돌아가셔서 효도의 시기를 놓침을 말한 것이다.

[원문] 皐魚曰, "吾失之三矣. 少而學, 游諸侯, 以後吾親, 失之一也. 高尙吾志, 閒吾事君, 失之二也. 與友厚而少絶之, 失之三也. 樹欲靜而風不止, 子欲養而親不待也. 往而不可追者年也, 去而不可見者親也. 吾請從此辭矣." 立槁而死. 孔子曰, "弟子誡之, 足以識矣." 於是門人辭歸而養親者, 十有三人.
[번역] '樹欲靜 風不止'를 참고하라.
[출전] ≪韓詩外傳 9권≫, ≪孔子家語 2권 致思≫

救無辜 伐有罪 (上10賄)   구무고 벌유죄

救無辜   죄가 없는 사람을 구제하고
伐有罪   죄가 있는 사람을 벌한다.

군사를 출동함에는 유죄자와 무죄자를 가려 처리한다.

| 원문 | 及師大合軍, 以行禁令, 以救無辜, 伐有罪.
| 번역 | 왕의 군사가 크게 군사를 결집할 때에는 금령을 시행하여, 죄가 없는 사람을 구제하고, 죄가 있는 사람을 벌한다.
| 출전 | ≪周禮 夏官 大司馬≫

甘受和 白受采 (上10賄) 감수화 백수채

甘受和 단맛이 조미를 받아들이고
白受采 흰색이 채색을 받아들인다.

먼저 바탕이 준비된 뒤에라야 꾸밀 수 있다.

| 원문 | 甘受和, 白受采, 忠信之人, 可以學禮.
| 번역 | 단맛은 조미(調味)를 받아들이고, 흰색은 채색(采色)을 받아들이며, 성실하고 신의가 있는 사람이라야 예를 배울 수 있다.
| 출전 | ≪禮記 禮器≫

| 원문 | 甘受和, 白受采, 忠信之人, 可以學禮. 苟無其質, 禮不虛行, 此繪事後素之說也. 孔子曰 '繪事後素' 而子夏曰, '禮後乎', 可謂能繼其志矣.
| 번역 | 단맛은 조미(調味)를 받아들이고, 흰색은 채색(采色)을 받아들이며, 성실하고 신의가 있는 사람이라야 예를 배울 수 있다. 진실로 그 바탕이 없다면 예(禮)가 헛되이 행해지지 않으니, 이것이 '그림을 그리는 일은 흰 바탕보다 뒤에 한다'는 말이다. 공자가 '회사후소(繪事後素)'라고 말하자 자하가 '예가 뒤일 것입니다.'라고 말하였으니 그 뜻을 잘 계승했다고 말할 만하다.
| 출전 | ≪論語 八佾 '禮後乎' 集註≫

言寡尤 行寡悔 (上10賄)　언과우 행과회

言寡尤　말에 허물이 적고
行寡悔　행실에 후회가 적다.

봉록을 얻는 방법은 언행에 허물과 후회가 적으면 된다.

[원문] 多聞闕疑, 愼言其餘則寡尤, 多見闕殆, 愼行其餘則寡悔, 言寡尤, 行寡悔, 祿在其中矣.

[번역] 많이 듣고서 의심스러운 것을 보류해두고 그 나머지만을 신중히 말하면 허물이 적어질 것이다. 많이 보고서 불확실한 것을 보류해두고 그 나머지만을 신중히 행하면 후회하는 일이 적을 것이다. 말에 허물이 적고 행실에 후회가 적으면 봉록은 바로 그 속에 있다.

[출전] ≪論語 爲政≫

先睡心 後睡眼 (上15潛)　선수심 후수안

先睡心　먼저 마음을 재우고
後睡眼　그 뒤에 눈을 재운다.

감각은 심성을 따른다.

[원문] 蔡季通, 先睡心後睡眼, 文公以爲古今未發之妙, 言之.

[번역] 서산(西山) 채계통(蔡季通)의, "먼저 마음을 재우고 그 뒤에 눈을 재운다."라고 하였는데, 주문공(朱文公 : 주희(朱熹)의 시호)은 이를 가리켜 '고금에 발명하지 못한 오묘한 것을 말했다.'고 하였다.

[출전] ≪明儒學案 37권 甘泉學案≫

주 ◆ 蔡季通 : 채원정(蔡元定)을 말함. 1135~1198. 송나라 건주(建州) 건양(建陽) 사람으로, 자는 계통(季通)이고 호는 서산(西山)이며, 시호는 문절(文節)이다. 학식이 뛰어나 주희(朱熹)가 ≪사서(四書)≫, ≪시전(詩傳)≫, ≪역전(易傳)≫, ≪자치통감강목(資治通鑑綱目)≫을 저술할 때 모두 그와 의논하였다. 저서에 ≪율려신서(律呂新書)≫, ≪서산공집(西山公集)≫ 등이 있다.

有其善 喪厥善 (上16銑) 유기선 상궐선

有其善 훌륭함이 있다고 여기면
喪厥善 훌륭함을 잃는다.

스스로를 잘났다고 여기면 잘난 것을 잃는다.

원문 有其善, 喪厥善, 矜其能, 喪厥功.
번역 위의 '矜其能 喪厥功'을 참고하라.
출전 ≪書經 商書 說命中≫

膽欲大 心欲小 (上17篠) 담욕대 심욕소

膽欲大 담력은 크게 하려 하고
心欲小 마음은 신중하게 하려 하다.

일은 용감하게 생각은 세밀하게 하다.

원문 孫思邈曰, "膽欲大而心欲小, 智欲圓而行欲方. 詩曰, '如臨深淵, 如

履薄冰', 謂小心也. '赳赳武夫, 公侯干城', 謂大膽也."

번역 '智欲圓 行欲方'을 참고하라.

출전 唐 劉肅 ≪大唐新語 隱逸≫

開誠心 布公道 (上19皓)　개성심 포공도

開誠心　진실한 마음을 열고
布公道　공정한 도리를 베푼다.

정치를 진실하고 공정하게 한다.

원문 諸葛亮之爲相國也, 撫百姓, 示儀軌, 約官職, 從權制, 開誠心, 布公道.

번역 제갈량(諸葛亮)은 상국이 되어 백성을 어루만지고, 법도와 규범을 제시하였으며, 관직을 간략히 하고, 권력의 법제를 따랐으며, 진실한 마음을 열고 공정한 도리를 펼쳤다.

출전 ≪三國志 35권 蜀書 諸葛亮傳≫

주 ◆ 儀軌 : 예법과 규율(禮法規矩). (≪漢語大辭典 '儀軌'≫)

盡君道 盡臣道 (上19皓)　진군도 진신도

盡君道　군주의 도리를 다하고
盡臣道　신하의 도리를 다한다.

직분에 따른 도리를 다한다.

원문 孟子曰, "規矩, 方員之至也, 聖人, 人倫之至也. 欲爲君盡君道, 欲

爲臣盡臣道, 二者皆法堯舜而已矣. 不以舜之所以事堯事君, 不敬其
君者也, 不以堯之所以治民治民, 賊其民者也."

[번역] 맹자가 말하였다. "그림쇠와 곡척은 방형과 원형의 표준이요. 성인은 인륜의 표준이다. 군주가 되고자 하면 군주의 도리를 다할 것이요, 신하가 되고자 하면 신하의 도리를 다할 것이다. 두 가지는 모두 요순을 본받을 뿐이다. 순이 요를 섬기는 식으로 군주를 섬기지 않는다면 그 군주를 공경하지 않는 것이요. 요가 백성을 다스리는 식으로 백성을 다스리지 않는다면 그 백성을 해치는 것이다."

[출전] ≪孟子 離婁上≫

京畿道 忠淸道 慶尙道 全羅道
黃海道 江原道 咸鏡道 平安道 (上19皓)
경기도 충청도 경상도 전라도 황해도 강원도 함경도 평안도

京畿道 忠淸道　경기도와 충청도
慶尙道 全羅道　경상도와 전라도
黃海道 江原道　황해도와 강원도
咸鏡道 平安道　함경도와 평안도

조선의 팔도이다.

[주] 조선의 팔도(八道)를 제시한 것이다. 순서는 ≪동국여지승람(東國輿地勝覽)≫, ≪대전회통(大典會通)≫에 의거하였다.
팔도의 명칭은 각도(各道) 경내(境內)의 큰 고을 두 곳의 첫 글자를 조합하여 이루어졌는데, 이를 제시하면 다음과 같다.

京畿道 : 京都畿縣(경도와 기현)

忠淸道 : 忠州淸州(충주와 청주)
慶尙道 : 慶州尙州(경주와 상주)
全羅道 : 全州羅州(전주와 나주)
黃海道 : 黃州海州(황주와 해주)
江原道 : 江陵原州(강릉과 원주)
咸鏡道 : 咸興鏡城(함흥과 경성)
平安道 : 平壤安州(평양과 안주)

경기의 경(京)은 경사(京師: 首都)이고, 기(畿)는 '京'의 주변 지역이다. 경기(京畿)는 ≪삼국지(三國志) 위지(魏志)≫ 1권 무제(武帝)에 보이고, 그 책임자인 경기관찰사(京畿觀察使)가 ≪구당서(舊唐書)≫ 11권 대종(代宗)에 보인다. 경기 구역의 설명은 "경도가 다스리는 곳은 적현이고, 곁 고을은 기현이다(京都所治爲赤縣, 旁邑爲畿縣.)(≪三峯集 6권 經濟文鑑下 縣令≫)"라고 하여 적현과 기현으로 나타났다. 경도는 경사(京師)·경성(京城)이라고도 하며, 기현은 기보(畿輔)·기전(畿甸)이라고도 한다. 기(畿)는 방기(邦畿)·왕기(王畿)에서 유래하였는데, '京'을 중심으로 사방 5백 리, 즉 서울을 가운데에 둔 사방 천 리 땅이다. 뒤에는 '京'과 '畿'가 경기로 결합되고 '수도 주변 지역'이라는 의미로 전환되었다. 고려에서는 성종 14년(995)에 개성부를 두고 6개 적현과 7개 기현을 관할하게 하였고, 현종 9년(1018)에 왕도의 외곽 지역의 12개 현을 묶어 '京畿'라 부르고, 공양왕 2년(1390)에 경기를 좌도(左道)와 우도(右道)로 나누어 다스렸다.(≪高麗史 56권 志10 地理1≫) 이것이 조선으로 이어지고 태종(太宗) 때에 경기좌·우도를 합쳐 '京畿'라고 하였다. 조선에는 '京畿'라고 표시하여 '道'를 붙이지 않고 다른 도는 충청도(忠淸道)·전라도(全羅道) 등으로 '道'를 붙였다.(≪大典會通≫) 그리하여 관찰사는 경기관찰사(京畿觀察使)가 정식호칭이고 경기도관찰사(京畿道觀察使)라고 하지 않았다.

경기 이외의 각도 명칭은 각각의 머리글자를 합쳐 만들었다. '충청'은 '충주·청주', '경상'은 '경주·상주', '전라'는 '전주·나주', '황해'는 '황주·해주', '강원'은 '강릉·원주', '함경'은 '함흥·경성', '평안'은 '평양·안주'의 머리글자를 합한 것이다.
출전 ≪東國輿地勝覽≫, ≪大典會通≫

水流濕 火就燥 (上19皓) 수류습 화취조

水流濕 물이 습한 곳으로 흐르고
火就燥 불이 마른 데로 나아간다.

각기 그 부류를 따른다.

원문 九五曰, "飛龍在天, 利見大人, 何謂也. 子曰 '同聲相應, 同氣相求, 水流濕火就燥, 雲從龍風從虎, 聖人作而萬物覩.' 本乎天者親上, 本乎地者親下, 則各從其類也."
번역 '雲從龍 風從虎'를 참고하라.
출전 ≪易經 乾卦 文言傳≫

生男惡 生女好 (上19皓) 생남악 생녀호

生男惡 아들 낳는 것은 나쁘고
生女好 딸 낳는 것이 좋다.

조세에 시달려 아들보다 딸이 좋음을 말한다.

원문 縣官急索租, 租稅從何出? 信知生男惡, 反是生女好. 生女猶得嫁比鄰, 生男埋沒隨百草.
번역 고을 관원은 조세를 징수하기에 급급하니 어디에서 세금 낼 돈이 나오겠는가? 참으로 아들 낳는 것이 나쁘고 반대로 딸 낳는 것이 좋은 줄을 알겠노라. 딸을 낳으면 그래도 이웃고을에 시집보낼 수 있으나 아들을 낳으면 매몰되어 온갖 풀을 따라 썩는다오.

출전 杜甫 ≪杜詩詳註 2권 兵車行≫

言必信 行必果 (上20章) 언필신 행필과

言必信 말은 반드시 신의가 있어야 하고
行必果 행실은 반드시 과단성이 있어야 한다.

말은 신의가 있고, 행실은 과단성이 있어야 한다.

원문 子貢問曰, "何如, 斯可謂之士矣." 子曰, "行己有恥, 使於四方, 不辱君命, 可謂士矣." 曰, "敢問其次." 曰, "宗族稱孝焉, 鄕黨稱弟焉." 曰, "敢問其次." 曰, "言必信, 行必果, 硜硜然小人哉, 抑亦可以爲次矣."

번역 자공이, "어떻게 하여야 선비라 이를 만합니까?"하고 묻자, 공자가 말하였다. "몸가짐에 부끄러워하는 의식이 있으며 사방에 사신으로 가서는 군주의 명을 욕되게 하지 않으면 선비라 이를 만하다."라고 하였다. "감히 그 다음을 묻겠습니다."라고 하자, "종족들이 효성스럽다고 칭찬하고 향당에서 공손하다고 칭찬하는 인물이다." 하였다. "감히 그 다음을 묻겠습니다."라고 하자, "말은 반드시 신의가 있어야 하고 행실은 반드시 과단성이 있어야 하는 것은 국량이 좁은 소인이나, 그래도 또한 그 다음이 될 만하다."라고 하였다.

출전 ≪論語 子路≫

주 ◆ 硜硜: 작은 돌로 단단한 것이다.〔小石之堅確者.〕(≪論語 子路 集註≫) 비루하고 고집스러움을 형용한 것이다.〔形容淺陋固執.〕(≪漢語大詞典 '硜硜'≫)

彼爲彼 我爲我 (上20장) 피위피 아위아

彼爲彼　저는 저고
我爲我　나는 나다.

상대방의 영향을 받지 않음을 말한 것이다.

[원문] 柳下惠, 不羞汚君, 不辭小官, 進不隱賢, 必以其道, 遺佚而不怨, 阨窮而不憫, 與鄕人處, 由由然不忍去也. 爾爲爾, 我爲我, 雖袒裼裸裎於我側, 爾焉能浼我哉! 故聞柳下惠之風者, 鄙夫寬, 薄夫敦.

[번역] '鄙夫寬 薄夫敦'을 참고하라.

[출전] ≪孟子 萬章上≫

書自書 我自我 (上20장) 서자서 아자아

書自書　책은 책대로
我自我　나는 나대로이다.

책의 내용만을 익히는 폐단을 말한다.

[원문] 讀大學, 豈在看他言語! 正欲驗之於心如何, 如好好色, 惡惡臭, 試驗之吾心, 果能好善惡惡如此乎? 閒居爲不善, 是果有此乎? 一有不至, 則勇猛奮躍不已, 必有長進. 今不知如此, 則書自書, 我自我, 何益之有!

[번역] ≪대학(大學)≫을 읽는 것이 어찌 그 말을 보는 데에 있으랴! 바로 마음에 어떠한가 징험하려고 해야 하니, 마치 아름다운 여색을 좋아하듯이 하고 나쁜 냄새를 싫어하듯이 함을 내 마음에 시험하여, 과연 선을 좋아하고 악을 싫어함을 이와 같이 하는가? 한가히

거처할 때에 선하지 않은 짓을 함이 과연 이러함이 나에게도 있는가 하여, 하나라도 지극하지 못함이 있으면, 용맹하게 분발하고 뛰어 일어나 그치지 않아야 반드시 큰 진전이 있는 것이다. 이제 이와 같이 할 줄을 알지 못하면 책은 책대로 나는 나대로 무관할 것이니, 무슨 유익함이 있겠는가!

출전 ≪四書大全 讀大學法≫

원문 凡讀書者, 必端拱危坐, 敬對方冊, 專心致志, 精思涵泳, 深解義趣, 而每句必求踐履之方. 若口讀而心不體, 身不行, 則書自書, 我自我, 何益之有?

번역 무릇 책을 읽는 이는 반드시 단정히 손을 모으고 바르게 앉아서 경건히 책을 마주하여 마음을 전적으로 하고 뜻을 극진히 하며 자세히 생각하고 익숙하게 읽어 의미를 깊이 이해하되 구절마다 반드시 실천할 방법을 구해야 한다. 만일 입으로만 읽어 마음에 체득하지 않고 몸으로 실행하지 않는다면 책은 책대로 나는 나대로, 무슨 이로움이 있겠는가?

출전 ≪擊蒙要訣 讀書章≫

朝氣銳 晝氣惰 (上20장) 조기예 주기타

朝氣銳　아침에는 기세가 날카롭고
晝氣惰　낮에는 기세가 나태해진다.

상대방의 상승세를 피하고 하강세를 틈타서 공격해야 한다.

원문 三軍可奪氣, 將軍可奪心, 是故, 朝氣銳, 晝氣惰, 暮氣歸, 故善兵者, 避其銳氣, 擊其惰歸, 此治氣者也.

[번역] '朝氣銳 暮氣歸'를 참고하라.
[출전] ≪孫子兵法 제7 軍爭≫

行不翔 言不惰 (上20짝) 행불상 언불타

行不翔 다닐 때 활개 쳐서 걷지 않으며
言不惰 말을 할 때 한만하게 하지 않는다.

부모에게 병환이 있을 때는 언행을 삼가야 한다.

[원문] 父母有疾, 冠者不櫛, 行不翔, 言不惰, 琴瑟不御. 食肉不至變味, 飲酒不至變貌. 笑不至矧, 怒不至詈, 疾止復故.

[번역] 부모가 병환이 있으면 갓 쓴 자는 머리 빗지 않으며, 다닐 때 활개 치지 않으며, 말을 할 때 한만한데 이르지 않으며, 거문고와 비파를 타지 않는다. 고기를 먹더라도 입맛이 변하는 데까지 이르지 않으며, 술을 마시더라도 얼굴빛이 변하는 데까지 이르지 않는다. 웃더라도 잇몸을 보이는 데까지 이르지 않으며, 성을 내더라도 꾸짖는 데까지 이르지 않아야 하니, 병이 나으시면 평상시로 돌아간다.

[출전] ≪禮記 曲禮上≫

[주] ◆ 翔 : 다닐 때에 팔을 날개처럼 벌리는 것을 상(翔)이라 한다.〔翔, 行而張拱曰翔.〕(≪小學 明倫 增解≫) ◆ 惰 : 한가하고 느긋하다는 말이다.〔惰, 是閑漫之語.〕(≪小學 明倫 增解≫)

通金石 蹈水火 (上20꽘) 통금석 도수화

通金石　쇠와 돌도 통하고
蹈水火　물과 불도 밟는다.

지극한 정성을 들이면 못할 것이 없다.

[원문] 至誠, 可以通金石, 蹈水火, 何險難之不可亨也!
[번역] 지극한 정성은 쇠와 돌도 통하고 물과 불도 밟을 수 있으니 어떤 험난인들 형통하지 않을 수 있으랴!
[출전] ≪伊川易傳 2권 坎卦≫

下公門 式路馬 (上21馬) 하공문 식노마

下公門　대궐 문 앞에서는 수레에서 내리고
式路馬　군주가 타는 말을 보면 머리를 숙여 예를 갖춘다.

항상 공경의 예를 행한다.

[원문] 國君下齊牛, 式宗廟. 大夫士下公門, 式路馬.
[번역] 임금은 제사의 희생소를 보면 수레에서 내려서 걷고, 종묘 앞을 지날 때는 머리를 숙여 예를 갖춘다. 대부와 사는 공문(公門)에서는 수레에서 내려서 걷고, 노마(路馬)에 머리를 숙여 예를 갖춘다.
[출전] ≪禮記 曲禮上≫
[주] ◆ 齊牛 : 제사에 쓰는 소이다.〔供祭祀用的牛.〕(≪漢語大詞典 '齊牛'≫) '齊牛'는 제사에 쓰는 희생이다. 세시(歲時 : 연중 절기)에 반드시 재계시켜서 조묘(祖廟)에 바쳤기 때문에 '재우(齊牛)'라고 이른다.〔齊牛, 祭牲

也. 歲時, 必齊戒以朝之, 故謂之齊牛.〕(≪禮記 曲禮上 大全≫) 재(齊)는 측(側)과 개(皆)의 반절이다.(≪禮記 曲禮上 鄭玄註≫) ◆ 路馬 : 군주가 타는 수레를 끄는 말. 군주가 타는 수레의 이름이 노거(路車)이므로 일컫는 말이다.〔路馬, 古代指爲君主駕車的馬. 因君主之車名路車, 故稱.〕(≪漢語大詞典 '路馬'≫) ◆ 式 : 식(軾)과 동자. 손으로 식(軾)을 쥐어서 옛날 사람이 공경을 표시하기 위한 일종의 예절.〔式, 通軾. 以手撫軾. 爲古人表示敬意的一種禮節.〕(≪漢語大詞典 '式'≫)

[원문] 下公門, 式路馬, 所以廣敬也. 夫忠臣與孝子不爲昭昭信節, 不爲冥冥惰行.

[번역] 대궐문에서는 수레에서 내리며, 노마(路馬 : 임금 수레를 끄는 말)에게는 타고 있던 수레에서 경례한다.'고 한 것은 공경을 넓히는 것입니다. 충신과 효자는 밝게 드러나기 때문에 절의를 펴지 않으며, 어둡게 감추어지기 때문에 게으른 행위를 하지 않습니다.

[출전] ≪禮記 曲禮上≫, ≪小學集註 4권 稽古≫

[주] ◆ 夫忠臣與孝子… : 신(信)은 신(伸)과 같다. 밝게 드러낼 때가 되면 절의를 펼쳐서 사람들이 모두 알게 하고자 함을 말한다.〔信, 與伸同. 言當顯明之時, 則伸其節義, 欲人之共知也.〕(≪小學集註 稽古 集解≫)

自暴者 自棄者 (上21馬) 자포자 자기자

自暴者　스스로 해치는 자
自棄者　스스로 버리는 자

스스로 포기한 자를 말한다.

[원문] 自暴者, 不可與有言也, 自棄者, 不可與有爲也. 言非禮義謂之自暴也, 吾身不能居仁由義 謂之自棄也.

번역 스스로 해치는 자는 함께 말할 수 없고, 스스로 버리는 자는 함께 행할 수 없다. 말함에 예의를 비방하는 것을 자포(自暴)라 하고 자신은 인에 살고 의를 행할 수 없다고 하는 것을 자기(自棄)라 한다.

출전 ≪孟子 離婁上≫

得道者 失道者 (上21馬) 득도자 실도자

得道者 도를 얻은 자
失道者 도를 잃은 자

도를 얻은 자와 잃은 자를 말한 것이다.

원문 域民不以封疆之界, 固國不以山谿之險, 威天下不以兵革之利. 得道者多助, 失道者寡助. 寡助之至, 親戚畔之, 多助之至, 天下順之.

번역 백성을 구분하는 것은 국경의 경계로 하지 못하며, 나라를 견고하게 하는 것은 산과 계곡의 험함으로 하지 못하며, 천하에 위엄을 떨침은 무기의 날카로움으로 하지 못한다. 도를 얻은 자는 돕는 자가 많고 도를 잃은 자는 돕는 자가 적다. 돕는 자가 적음에 이르게 되면 친척이 배반하고 돕는 자가 많음에 이르게 되면 천하가 따른다.

출전 ≪孟子 公孫丑下≫

捐親戚 棄土壤 (上22養) 연친척 기토양

捐親戚 친척을 버리고
棄土壤 고향을 버린다.

가족과 고향을 떠나 출세할 곳으로 간다.

[원문] 天下士大夫捐親戚, 棄土壤, 從大王於矢石之間者, 其計固望其攀龍鱗, 附鳳翼, 以成其所志耳.

[번역] 세상의 사대부가 친척을 버리고 고향을 버리며 전쟁터에서 대왕을 쫓는 것은 그 계획이 진실로 용의 비늘을 잡고, 봉황의 날개를 붙잡아 그 뜻하는 바가 이루어지길 바라는 것일 뿐이다.

[출전] ≪後漢書 1권 光武帝紀上≫

[주] ◆ 攀龍附鳳 : 제왕에게 의지하여 공을 성취하거나 위엄을 날림을 비유한다. 또 명망있는 사람에게 의지하여 명예를 세움을 비유한다.〔攀龍附鳳, 喩依附帝王以成就功業或揚威. 亦比喩依附有聲望的人以立名.〕

親其親 長其長 (上22養) 친기친 장기장

親其親 자기 어버이를 어버이로 섬기며
長其長 자기 어른을 어른으로 섬기다.

효도와 공경의 중요성을 말한 것이다.

[원문] 孟子曰, "道在爾而求諸遠, 事在易而求諸難, 人人親其親, 長其長, 而天下平."

[번역] 맹자가 말하였다. "도가 가까이에 있는데 먼 데에서 구하며, 일이

쉬운 데에 있는데 어려운 데에서 구한다. 사람마다 그 어버이를 어버이로 섬기고, 그 어른을 어른으로 섬기면 세상은 평안해진다."

출전 ≪孟子 離婁上≫

賤妨貴 少陵長 (上22養)   천방귀 소릉장

賤妨貴　천한 사람이 귀한 사람을 방해하고
少陵長　나이 어린 사람이 어른을 능멸한다.

도리에 어긋나는 행동을 말한 것이다.

원문 且夫賤妨貴, 少陵長, 遠間親, 新間舊, 小加大, 淫破義, 所謂六逆也.

번역 그리고 천한 사람이 귀한 사람을 방해하고, 나이 어린 사람이 어른을 능멸하며, 소원한 자가 친한 자를 이간질하고, 신관이 구관을 이간질하며, 작은 나라가 큰 나라를 침범하고, 음란함이 도의를 무너뜨리니 이른 바 여섯 가지 거역이다.

출전 ≪左傳 隱公 3년≫

知者動 仁者靜 (上23梗)   지자동 인자정

知者動　지혜로운 사람은 동적이고
仁者靜　어진 사람은 정적이다.

사람의 성향과 특성을 말한다.

원문 子曰, "知者樂水, 仁者樂山, 知者動, 仁者靜, 知者樂, 仁者壽."

[번역] 공자가 말하였다. "지혜로운 사람은 물을 좋아하고, 어진 사람은 산을 좋아하니, 지혜로운 사람은 동적이고 어진 사람은 정적이며, 지혜로운 사람은 즐겁게 살고, 어진 사람은 장수한다."

[출전] ≪論語 雍也≫

[주] ◆ 知 : 거성(去聲)으로 지혜롭다의 뜻이다.〔知, 去聲.〕(≪論語 雍也 集註≫) 지(智)와 통한다. ◆ 樂 : 위의 두 개 '樂'자는 모두 음이 '요'이며 '좋아하다'의 뜻이고, 아래 한 개 '樂'자는 음이 '락'으로 '즐겁다'의 뜻이다.〔樂, 上二字並五敎反, 下一字音洛.〕(≪論語 雍也 集註≫) ◆ 知者…仁者 : 지혜로운 자는 사리에 통달하여 두루 융통성이 있고 막힘이 없어서 물과 비슷한 점이 있으므로 물을 좋아한다. 어진 자는 의리에 편안하여 중후하고 옮기지 않아서 산과 비슷한 점이 있으므로 산을 좋아한다. 동(動)과 정(靜)은 체(體)로 말한 것이요, 낙(樂)과 수(壽)는 효과(效果)로 말한 것이다. 동하여 막히지 않으므로 즐거워하는 것이요, 정하여 일정함이 있으므로 장수하는 것이다.〔知者達於事理而周流無滯, 有似於水, 故樂水, 仁者安於義理而厚重不遷, 有似於山, 故樂山. 動靜以體言, 樂壽以效言也. 動而不括故樂, 靜而有常故壽.〕(≪論語 雍也 集註≫)

入乎耳 出於口 (上25有)　입호이 출어구

入乎耳　귀로 들어가면
出於口　입으로 나온다.

소인은 학문을 마음으로 새기지 않는다.

[원문] 小人之學也, 入乎耳, 出乎口. 口耳之間則四寸, 曷足以美七尺之軀哉!

[번역] 소인의 학문은 귀로 들어가 입으로 나온다. 귀와 입의 사이가 4촌에 불과하니, 어찌 7척의 몸 전체를 아름답게 할 수 있겠는가?

[출전] ≪荀子 勸學篇≫

口不言 心自咎 (上25有)　구불언 심자구

口不言　입으로 말하지 않고
心自咎　마음으로 자책하다.

말없이 마음속으로 잘못을 반성하다.

원문　內自訟者, 口不言而心自咎也. 人有過而能自知者鮮矣, 知過而能內自訟者, 爲尤鮮. 能內自訟, 則其悔悟深切而能改必矣. 夫子自恐終不得見而歎之, 其警學者深矣.

번역　내자송(內自訟)은 입으로 말하지 않고 내심(內心)으로 자책(自責)하는 것이다. 사람이 허물이 있을 때에 스스로 아는 자가 드물며, 허물을 알고서 내심으로 자책하는 자는 더더욱 드물다. 내심으로 자책할 수 있다면 그 뉘우침과 깨달음이 깊고 간절하여 허물을 고칠 것이 틀림없다. 공자가 스스로 끝내 만나보지 못할까 두려워하여 탄식하였으니, 배우는 자들을 깨우침이 깊다.

출전　≪論語 公冶長 '內自訟者也' 集註≫

주　◆ 內訟 : 마음 안에서 스스로 꾸짖음이다.〔內心自責.〕(≪漢語大詞典 '內訟'≫)　◆ 自咎 : 스스로 꾸짖고, 자기에게 죄를 돌리는 것이다.〔自責, 歸罪於己.〕(≪漢語大詞典 '自咎'≫)

樂則安 安則久 (上25有)　낙즉안 안즉구

樂則安　즐거우면 편안하고
安則久　편안하면 오래간다.

음악으로 마음을 다스리는 것이다.

[원문] 禮樂不可斯須去身, 致樂以治, 則易直子諒之心油然生矣. 易直子諒之心生則樂, 樂則安, 安則久, 久則天, 天則神, 天則不言而信, 神則不怒而威, 致樂以治心者也.

[번역] '久則天 天則神'을 참고하라.

[출전] ≪禮記 樂記≫

穿牛鼻 絡馬首 (上25有)   천우비 낙마수

穿牛鼻   소의 코를 뚫고
絡馬首   말의 머리에 굴레를 씌우다

인위로 자연스러움을 상하게 하거나, 속박함을 말한다.

[원문] 河伯曰, "何謂天, 何謂人?" 北海若曰, "牛馬四足, 是謂天, 絡馬首, 穿牛鼻, 是謂人. 故曰, 无以人滅天, 无以故滅命, 无以得殉名. 謹守而勿失, 是謂反其眞."

[번역] 황하의 신이 물었다. "무엇을 자연이라 하고, 무엇을 인위라 하는 것입니까?" 북해의 신이 말하였다. "소나 말에 네 발이 있는 것을 자연이라 말하고, 말의 머리에 굴레를 씌우거나 소의 코를 뚫는 것을 인위라 말한다. 그러므로 말하기를 인위로 자연스러움을 상하게 함이 없어야 하며, 의지적 행위가 천명을 상하게 함이 없어야 하며, 실리가 명성을 희생시켜서는 안 된다. 삼가 지켜서 잃지 않는 것을 그 진실로 되돌아가는 것이라 말한다."

[출전] ≪莊子 秋水≫

[주] ◆ 海若 : 전설 속의 해신(海神). 약(若)은 물의 신(神)이다.

啓予足 啓予手 (上25有)　계여족 계여수

啓予足　내 발을 열어 보고
啓予手　내 손을 열어 보아라.

신체에 손상이 없이 임종함을 말한다.

[원문] 曾子有疾, 召門弟子曰, "啓予足, 啓予手! 詩云:'戰戰兢兢, 如臨深淵, 如履薄氷', 而今而後吾知免夫, 小子!"

[번역] 증자가 병이 심해지자 문하의 제자들을 불러놓고 말하였다. "내 발을 열어보고 내 손을 열어 보아라! ≪시경≫에 이르기를, '조심조심하여, 깊은 물가에 임한 듯, 엷은 얼음을 밟는 듯이 한다.'라고 하였으니, 지금에서야 내가 〈몸을 손상하는 데에서〉 벗어난 줄 알겠구나, 제자들아!"

[출전] ≪論語 泰伯≫

[주] ◆ 啓手啓足 : 증자는 평소에 '신체는 부모에게 받았으니, 감히 훼상할 수 없다.'하였다. 그러므로 이때에 제자들로 하여금 이불을 걷고 자신의 손과 발을 보게 한 것이다. 이후로 '계수계족(啓手啓足)'은 선종(善終 : 잘 운명함)을 대신하는 말이 되었다.〔曾子平日, 以爲身體受於父母, 不敢毁傷, 故於此使弟子開其衾而視之. 後因以'啓手啓足'爲善終的代稱.〕(≪漢語大詞典 '啓手啓足'≫)

湯放桀 武伐紂 (上25有)　탕방걸 무벌주

湯放桀　탕왕이 걸왕을 내쫓고
武伐紂　무왕이 주왕을 정벌하다.

성인이 포악한 군주를 응징함을 말한 것이다.

원문 齊宣王問曰, "湯放桀, 武王伐紂, 有諸?" 孟子對曰, "於傳有之." 曰, "臣弑其君可乎?" 曰, "賊仁者謂之賊, 賊義者謂之殘, 殘賊之人謂之一夫. 聞誅一夫紂矣, 未聞弑君也."

번역 제나라 선왕(宣王)이 물었다. "탕왕은 걸왕을 내쫓았고, 무왕은 주왕을 정벌했다고 하는데, 그런 사실이 있었습니까?" 맹자가 말하였다. "옛 책에 있습니다." 왕이 다시 물었다. "신하가 임금을 시해하는 것이 옳습니까?" 맹자가 대답하였다. "인(仁)을 해치는 자를 적(賊)이라 하고, 의(義)를 해치는 자를 잔(殘)이라 합니다. 남을 해치고 잔인하게 구는 자는 무도한 한 사내일 뿐입니다. 저는 무도한 사내인 걸과 주를 처형했다는 말은 들었어도 임금을 시해했다는 말은 듣지 못했습니다."

출전 ≪孟子 梁惠王下≫

주 ◆ 傳 : 고서를 말한다. 〔傳, 謂古書.〕(≪孟子 梁惠王下 集註≫)

원문 成湯放桀于南巢, 惟有慙德曰, "予恐來世, 以台爲口實."

번역 성탕(成湯)이 걸왕(桀王)을 남소(南巢)에 유폐시키고는 마음속으로 부끄럽게 느껴 말하기를, "나는 후세에 나를 구실로 삼아서 신하가 제멋대로 임금을 정벌할까 두렵다."라고 하였다.

출전 ≪書經 尙書 仲虺之誥≫

주 ◆ 成湯 : '성(成)'은 성공(成功), '탕(湯)'은 이름. 탕왕이 걸왕을 토벌하여 무력의 공을 이루었으므로 '성탕(成湯)'으로 호칭하였다. 일설에 '성(成)'은 시호라고 한다. 〔湯伐桀, 武功成, 故號成湯. 一云, 成, 諡也.〕(≪書經 尙書 仲虺之誥 陸德明釋文≫) ◆ 台 : '나'이다.

원문 成湯討桀, 而夏民喜悅, 周武伐紂, 而殷人不非.

번역 성탕이 걸왕을 토벌하자 하나라 백성들이 기뻐하였고, 주나라 무왕이 주왕을 정벌하자 은나라 사람들이 비난하지 않았다.

출전 周 吳起 ≪吳子 圖國≫

月如眉 霞似錦 (上26寢)　　월여미 하사금

月如眉　달은 눈썹과 같고
霞似錦　노을은 비단과 같다.

달과 강의 아름다운 광경을 말한다.

원문 獨坐傷孤枕, 春來悲更甚. 娥眉山上月如眉, 濯錦江中霞似錦.

번역 홀로 앉아 외로운 잠자는 자리 서글픈데, 봄이 오자 슬픔이 더욱 심하다. 아미산 위에 달은 눈썹과 같고 탁금강 속에 노을은 비단 같구나.

출전 唐 駱賓王撰 ≪駱丞集 2권 七言古風 艷情代郭氏答盧照鄰≫

주　◆ 濯錦江 : 강 이름. 금강(錦江). 민강(岷江)이 흘러 성도(成都) 부근을 지나는 일단을 말한다. 일설에 성도 시내(市內)의 완화계(浣花溪)라고도 한다. 탁금(濯錦)은 비단 채색의 윤택함이 보통보다 뛰어나므로 이렇게 이름지었다.(≪漢語大詞典 '濯錦江'≫)

易爲食 易爲飮 (上26寢)　　이위식 이위음

易爲食　음식 되기가 쉽고
易爲飮　음료 되기가 쉽다.

피곤한 자에게 정치의 효과가 쉽게 나타남을 말한 것이다.

[원문] 且王者之不作, 未有疏於此時者也, 民之憔悴於虐政, 未有甚於此時者也. 飢者易爲食, 渴者易爲飮.

[번역] 또 왕자가 일어나지 않음이 지금보다 드문 적이 없으며, 백성들이 포학한 정치에 지친 것이 지금보다 심한 적이 없으니, 배고픈 자에게 음식 되기 쉽고, 목마른 자에게 음료 되기가 쉽다.

[출전] 《孟子 公孫丑上》

[주] ◆ 飢者易爲食 渴者易爲飮 : '배고픈 자는 먹기 쉽고, 목마른 자는 마시기 쉽다.'로도 풀이한다.

一簞食 一瓢飮 (上26寢) 일단사 일표음

一簞食 한 대그릇의 밥
一瓢飮 한 표주박의 물.

청빈하고 소박한 삶을 말한다.

[원문] 子曰, "賢哉回也! 一簞食, 一瓢飮, 在陋巷, 人不堪其憂, 回也不改其樂, 賢哉回也!"

[번역] 공자가 말하였다. "어질도다. 안회여! 한 대그릇의 밥과 한 표주박의 물로 누추한 거리에 처하는 것을 사람들은 그 근심을 견디지 못하거늘, 안회는 그 즐거움을 고치지 않으니, 어질도다! 안회여."

[출전] 《論語 雍也》

[주] ◆ 食 : 밥 사. ◆ 回 : 공자의 제자. 성은 안(顔)이고 자는 자연(子淵)이다.〔回, 孔子弟子, 姓顔, 字子淵.〕(《論語 雍也 集註》) ◆ 不改其樂 : 안자의 즐거움은 한 대그릇의 밥과 한 표주박의 음료와 누추한 시골을 즐거워 한 것이 아니라, 가난으로 그 마음을 얽매어 그 즐거움을 변치 않은 것이다.〔顔子之樂, 非樂簞瓢陋巷也, 不以貧窶累其心而改其所樂也.〕

(≪論語 雍也 集註≫)

春省耕 秋省斂 (上28琰)   춘성경 추성렴

春省耕　봄에는 경작을 살피고
秋省斂　가을에는 수확을 살핀다.

임금이 농사일을 살펴봄을 말한다.

[원문] 天子適諸侯曰巡狩, 巡狩者, 巡所守也, 諸侯朝於天子曰述職, 述職者, 述所職也. 無非事者, 春省耕而補不足, 秋省斂而助不給.

[번역] 천자가 제후국에 가는 것을 순수라 하니, 순수는 지키는 지역을 순행하는 것이요, 제후가 천자국에 조회 가는 것을 술직이라 하니, 술직은 맡은 바를 보고하는 것이다. 일이 아닌 것이 없으니, 봄에는 경작을 살펴서 부족한 것을 보충해 주고, 가을에는 수확을 살펴서 부족한 것을 도와준다.

[출전] ≪孟子 梁惠王下≫

董强項 朱折檻 (上29豏)   동강항 주절함

董强項　동선(董宣)은 목이 뻣뻣하고
朱折檻　주운(朱雲)은 난간을 부러뜨렸다.

임금에게 매우 강직하게 항거한 일을 말한다.

[원문] 非緣謀士憤成憂, 鬖角疽生擁右喉. 項直眞如董强項, 頭頑還似魯魚

頭.

|번역| 계획하는 선비의 분한 마음 때문에 생긴 걱정은 아닌데, 귀뿌리에는 종기가 나고 오른쪽 목구멍은 막혔으며, 뻣뻣한 목은 참으로 동강항(董強項)의 목과 같고, 머리가 완강하기는 노어두(魯魚頭)의 머리와 같도다.

|출전| ≪桐溪先生文集 1권 七言律詩 錄病 寄聖求≫

|주| ◆ 동강항(董強項) : 동선(董宣)을 말한다. 후한 광무제(後漢光武帝) 때의 강직하기로 유명하였다. 그가 낙양령(洛陽令)이 되었을 때, 대낮에 살인을 한 공주 유모의 노예를 공주가 외출할 때를 기다렸다가 공주가 타고 가는 수레에서 끌어내려 처형하였다. 공주로부터 이 소식을 전해들은 광무제가 진노하여 그를 잡아오게 하여 신문하자, 그는 법을 집행했을 뿐이라고 말하였다. 그 뒤에 광무제가 공주에게 사과하도록 하였으나, 끝까지 고개를 숙여 잘못을 시인하지 않아 광무제가 '강항령(強項令)'이라는 별명을 붙여주었다.(≪後漢書 117권 董宣列傳≫) ◆ 노어두(魯魚頭) : 송(宋)나라 노종도(魯宗道)를 말한다. 그의 성품이 강직하여 바른 말을 잘하자, 귀척대신들이 그를 꺼려하여 '어두참정(魚頭參政)'이라고 지목하였는데, 이 말은 그의 성(姓)인 '노(魯)'자의 머리에 '어(魚)'자가 있기 때문에 만들어 낸 말이다.(≪宋史 286권 魯宗道列傳≫)

|원문| 董宣字少平, 陳留圉人, 爲洛陽令. 時湖陽公主蒼頭白日殺人, 因匿主家, 吏不能得. 及主出行, 而以奴驂乘, 宣候之, 駐車叩馬, 以刀畫地, 大言數主之失, 叱奴下車, 因格殺之. 主卽還宮訴帝, 帝大怒, 召宣, 欲箠殺之. 宣叩頭曰, "陛下聖德中興, 而從奴殺人, 將何以治天下乎? 臣不須箠, 請自殺." 卽以頭擊楹, 流血被面. 帝令小黃門持之, 使宣叩頭謝主, 宣不從, 强使頓之, 宣兩手據地, 終不肯俯. 主曰, "文叔爲白衣時臧亡匿死, 吏不敢至門. 今爲天子, 威不能行一令乎?" 帝笑曰, "天子不與白衣同." 因敕彊項令出, 賜錢三十萬. 由是豪强震栗, 京師號爲臥虎, 歌之曰, "枹鼓不鳴董少平."

|번역| 동선(董宣)은 자가 소평(少平)이고 진류(陳留)의 어(圉) 출신인데

낙양령(雒陽令)이 되었다. 이 때 호양공주(湖陽公主)의 하인이 대낮에 사람을 죽이고 이어서 호양공주의 집에 숨으니, 관리가 잡을 수 없었다. 호양공주가 외출하게 되자, 하인을 마차에 함께 타게 하였다. 동선이 하문정(夏門亭 : 하문의 만수정(萬壽亭))에서 기다렸다가 수레를 멈추게 하고 말고삐를 잡고 칼로 땅을 그으면서 큰 소리로 호양공주의 잘못을 조목조목 세어 꾸짖고, 하인을 질책하여 수레에서 내리게 하여 맨손으로 쳐 죽였다. 호양공주가 즉시 궁으로 돌아가 광무제에게 호소하니, 광무제가 크게 노하고 동선을 불러 채찍으로 쳐 죽이려 하였다. 동선이 엎드려 머리로 땅을 두드리며 말하기를, "폐하께서 성스러운 공덕으로 중흥을 하였는데, 하인을 풀어 사람을 죽이시니 장차 어떻게 천하를 다스리시겠습니까? 저는 채찍에 맞아 죽기를 기다리지 않겠으니, 자살할 수 있게 해 주십시오!"라고 하고는 즉시 머리를 기둥에 부딪쳐서 피가 흘러 얼굴을 뒤덮었다. 광무제는 소황문(小黃門 : 환관)을 시켜 그를 붙잡게 하고, 동선에게 머리로 땅을 두드려 호양공주에게 사과하게 하였는데 동선이 따르지 않자, 억지로 그에게 머리를 조아리게 하려 했으나 동선은 두 손으로 땅을 짚고 버티며 끝내 순순히 머리를 구부리려고 하지 않았다. 호양공주가 말하기를, "문숙(文叔 : 광무제의 자(字))이 평민이었을 때에 도망자를 감추어 주고 죽을 사람을 숨겨 주었으나, 관리들이 감히 문에 이르지 못했소. 지금의 천자는 위엄이 한 명의 현령에게도 시행되지 못한단 말이오?"라고 하였다. 광무제가 웃으며 말하기를, "천자는 평민과 같지 않습니다."라고 하고, 이어서 광무제가 명령하여 목이 뻣뻣한 낙양령은 나가라고 하고, 삼십만 전을 내려주었다. 이로부터 세력가들이 떨게 되니, 서울에서 부르기를 '누운 범〔臥虎〕'이라고 하였고, 노래하기를, "북채로 북을 쳐도 동소평에게는 울리지 못한다."라고 하였다.

출전 ≪後漢書 117권 董宣傳≫

원문 虞朝登進盡龐降, 高臥何人賦北窓. 世泰自無朱折檻, 愆深誰惜楚吟江.

번역 순(舜)임금 조정에 벼슬하여 방강(龐降)처럼 충성을 다하니, 어떤 사람이 북창 아래에 고상하게 누워서 시를 지었나! 세상이 사치하여 주운이 난간을 부러뜨린 고사는 저절로 없어졌고, 허물이 심해져도 누가 초나라 굴원이 강가에서 시를 읊조리는 것을 애석해 하는가!

출전 金安老 ≪希樂堂文稿 3권 詩 次韻復奉靑鶴丞相≫

주 • 龐降 : 고양씨(高陽氏)의 8재자(才子) 중의 한 사람. 8재자를 팔개(八愷) 또는 팔개(八凱)라고 부른다.(≪左傳 文公 18년≫) • 北窓 : 진(晉)나라 도잠(陶潛)의 고사. 도잠은 여름이면 늘 북창 아래에서 서늘한 바람을 맞으며 희황상인(羲皇上人)이라고 자칭하였다.(≪晉書 94권 隱逸列傳 陶潛≫) • 朱折檻 : 한(漢)나라 주운(朱雲)이 성제(成帝) 앞에서 간신(姦臣) 장우(張禹)의 목을 베어 죽여야 한다고 과감히 간하다가, 성제의 격노를 사서 성제가 주운을 끌어내려 목을 베라고 하자, 궁전 난간을 부여잡고 끝까지 버티어 난간을 부러뜨린 고사.(≪漢書 67권 朱雲傳≫) • 楚吟江 : 전국(戰國) 초(楚)나라 굴원(屈原)의 고사. 굴원은 삼려대부(三閭大夫)가 되었으나, 초 회왕(楚懷王)이 참소하는 말을 듣고 그를 멀리하였으므로 그는 ≪이소(離騷)≫라는 장편 서정시를 지었고, 양왕(襄王) 때에 다시 참소를 당하여 그를 강남(江南)으로 추방하므로, 굴원은 근심하던 나머지 마침내 멱라수(汨羅水)에 빠져 죽었다. 그 뒤 장사왕(長沙王)의 태부(太傅)였던 가의(賈誼)가 모함을 받고 쫓겨난 뒤, 상수(湘水)를 건너면서 멱라수에 빠져 죽은 굴원을 애도하여 〈조굴원부(弔屈原賦) : 굴원을 조문하는 부〉를 지었다.(≪史記 84권 屈原賈生列傳≫)

원문 雲曰, "臣願賜尙方斬馬劍, 斷佞臣一人以厲其餘." 上問, "誰也?" 對曰, "安昌侯張禹." 上大怒, 曰, "小臣居下訕上, 廷辱師傅, 罪死不赦." 御史將雲下, 雲攀殿檻, 檻折. 雲呼曰, "臣得下從龍逢比干遊於地下, 足矣! 未知聖朝何如耳?" 御史遂將雲去. 於是左將軍辛慶忌免冠解印綬, 叩頭殿下曰, "此臣素著狂直於世, 使其言是, 不可誅, 其

言非, 固當容之. 臣敢以死爭." 慶忌叩頭流血. 上意解, 然後得已,
及後當治檻, 上曰, "勿易! 因輯之, 以旌直臣."

[번역] 주운이 말하기를, "신에게 상방(尙方)의 참마검(斬馬劒)을 내려주시면 아첨하는 신하 한 사람의 목을 잘라 그 나머지 사람들에게 경고하겠습니다!"라고 하니, 성제(成帝)가 묻기를, "누구냐?"라고 하였다. 대답하기를, "안창후(安昌侯) 장우(張禹)입니다!"라고 하였다. 성제가 크게 노하기를, "낮은 신하가 아래에 있으면서 윗사람을 비방하고 조정에서 황제의 스승을 욕보이니, 죽을죄라, 용서받지 못할 것이다!"라고 하였다. 어사가 주운을 잡아끌고 전각 아래로 내려가려고 하자 주운이 〈끌려가지 않으려고〉 전각 난간을 잡아서 난간이 부러졌다. 주운이 소리치기를, "신은 용방(龍逄)과 비간(比干)을 따라 지하에서 노는 것에 만족합니다! 알지 못하겠으나 성조(聖朝)에 어떠하겠습니까!"라고 하였으나, 어사가 마침내 주운을 끌고 갔다. 이에 좌장군(左將軍) 신경기(辛慶忌)가 관을 벗고 직인(職印)과 인끈을 풀어 놓고 전각 아래에서 머리를 조아리고 말하기를, "이 신하는 평소에 솔직하고 강직함으로 유명하였습니다. 만일 주운의 말이 옳다면 목 벨 수 없고, 주운의 말이 잘못되었더라도 진실로 용서해야 합니다. 저는 감히 죽음으로 간쟁합니다."라고 하였다. 신경기가 바닥에 머리를 두드려 피가 흐르자, 성제의 노여운 마음이 풀렸다. 뒤에 난간을 수리하려고 하자 성제가 말하기를, "난간을 바꾸지는 말고 그대로 보수하여 바른 신하를 표창하라!"라고 하였다.

[출전] ≪漢書 67권 朱雲傳≫

[주] ◆ 尙方斬馬劍 : 상방은 황실의 물건을 제공하는 관청이고 참마검은 한나라 보검의 이름으로, 말을 벨 수 있을 만큼 날카로운 칼이다. 참마검을 상방에 보관하므로 속칭 '상방보검(尙方寶劍)'이라고 일컫는다. ◆ 龍逄比干 : 용방은 걸(桀)의 신하이고 비간은 주(紂)의 신하로 모두 간언하다가 죽었다.

3. 거성(去聲)

> 玉不琢 不成器 (去4眞)　옥불탁 불성기
> 人不學 不知義 (去4眞)　인불학 부지의

玉不琢　옥은 다듬지 않으면
不成器　그릇이 되지 못하고
人不學　사람이 배우지 않으면
不知義　의리를 알지 못한다.

학문 연마를 통해 도의를 알게 됨을 말한다.

[원문] 玉不琢, 不成器, 人不學, 不知義. 噫! 人而不學, 馬牛襟裾.

[번역] 옥은 다듬지 않으면 그릇이 되지 못하고, 사람은 배우지 않으면 의를 알지 못한다. 아! 사람이 배우지 않으면 마소에 옷을 입혀놓은 것이다.

[출전] 朝鮮 閔昱 《石溪集 2권 勸學文》

[주] ◆ 玉不琢 不成器 人不學 不知義 : 《三字經》에도 수록되었다. 이는 《예기(禮記) 학기(學記)》의, "玉不琢, 不成器, 人不學, 不知道."에서 '도(道)'를 압운(押韻) 때문에 '의(義)'로 바꾼 것이다.

> 有一弊 有一利 (去4眞)　유일폐 유일리

有一弊　하나의 폐해가 있으면
有一利　하나의 이익이 있다.

모든 일에는 유리함과 불리함이 함께 있음을 말한 것이다.

원문 此眞所謂'有一利必有一弊', 而又'有一弊必有一利'也.

번역 이는 진실로 이른바 '하나의 이익이 있으면 반드시 하나의 폐해가 있다.'이고, 또 '하나의 폐해가 있으면 반드시 하나의 이익이 있다.'는 것이다.

출전 魯迅 ≪書信集 致黎烈文≫

주 ♦ 有一弊 有一利 : 하나의 이익이 있으면 반드시 하나의 폐해가 있다는 것은 사물에는 유리한 면이 있으면 반드시 불리한 면이 있음을 말한다. 〔有一利, 必有一弊, 謂事物有其有利的一面, 必然有其不利的一面.〕≪漢語大詞典 '有一利 必有一弊'≫ '有一利 有一弊'와 함께 보라.

竭耳力 竭心思 (去4眞) 갈이력 갈심사

竭耳力　청력을 다하고
竭心思　사고력을 다하다.

심신(心神)의 능력을 모두 발휘한다.

원문 聖人旣竭目力焉, 繼之以規矩準繩, 以爲方員平直, 不可勝用也, 旣竭耳力焉, 繼之以六律正五音, 不可勝用也, 旣竭心思焉, 繼之以不忍人之政, 而仁覆天下矣.

번역 성인이 시력(視力)을 다하고 이어서 그림쇠·곡척·수평(水平)·먹줄로 하니 네모·원·편편함·직선을 만드는 데에 이루 다 쓸 수 없는 것이요, 청력(聽力)을 다하고 이어서 육률(六律)로 오음(五音)을 바르게 하는 데에 이루 다 쓸 수 없는 것이요, 사고력을 다하고 이어서 사람에게 차마하지 못하는 정치로 하니, 인이 천하를 감쌌다.

출전 ≪孟子 離婁上≫

兵凶器 戰危事 (去4實) 병흉기 전위사

兵凶器 무기는 흉한 도구이고
戰危事 전쟁은 위험한 일이다.

위협적인 무기와 전쟁을 경계한 말이다.

원문 兵凶器, 戰危事, 不得已而用之爾.
번역 무기는 흉한 도구이고, 전쟁은 위험한 일이니, 부득이하여 사용할 뿐이다.
출전 ≪春秋公羊傳 僖公 26년 '師出不正反 戰不正勝也' 何休 註≫

廢私恩 害公義 (去4實) 폐사은 해공의

廢私恩 사사로운 은혜를 폐하고
害公義 공정한 의리를 해친다.

모든 일을 공정하게 해야 함을 말 한 것이다.

원문 聖人不以公義廢私恩, 亦不以私恩害公義. 舜之於象, 仁之至, 義之盡也.
번역 성인은 공정한 의리로 사사로운 은혜를 폐하지 아니하고 또한 사사로운 은혜로 공정한 의리를 해치지 않으니 순임금이 상을 대함은 인을 지극히 한 것이고 의리를 다한 것이다.
출전 ≪孟子 萬章上≫

주 ◆ 象 : 순임금의 이복동생. 여러 차례 순임금을 해치려고 하였으나 순임금은 상을 후하게 대하였다.

進以禮 退以義 (去4眞) 진이례 퇴이의

進以禮　예로 나아가고
退以義　의로 물러난다.

진퇴를 예의로 함을 말한 것이다.

원문 彌子謂子路曰, "孔子主我, 衛卿可得也." 子路以告, 孔子曰, "有命." 孔子進以禮, 退以義, 得之不得, 曰有命, 而主癰疽與侍人瘠環, 是無義無命也.

번역 미자가 자로에게 말하기를, "공자가 나를 주인 삼아 묵으신다면 위나라 경 벼슬을 얻을 수 있다."라고 하자, 자로가 이것을 고하니, 공자가 말하기를, "운명이 있다."라고 하였다. 공자는 예로 나아가고 의로 물러나며 얻고 얻지 못함에는 운명이 있다고 하셨는데, 옹저(癰疽)와 내시〔侍人〕척환(瘠環)을 주인 삼아 묵으셨다면 이는 의도 없고 명도 없는 것이다.

출전 ≪孟子 萬章上≫

주 ◆ 禮·義…有命 : 예는 사양에 중심이 있으므로 예로 나아가고 의는 결단에 중심이 있으므로 의로 물러나니 나아가기는 어렵고 물러나기는 쉬운 것이다. 나에게 있는 것은 예와 의일 뿐이고, 얻고 얻지 못함은 운명에 있다.〔禮, 主於辭遜. 故進以禮, 義, 主於斷制. 故退以義, 難進而易退者也. 在我者, 有禮義而已, 得之不得, 則有命存焉.〕(≪孟子 萬章上 集註≫)

小加大 淫破義 (去4寘) 소가대 음파의

小加大 작은 나라가 큰 나라를 침범하고
淫破義 음란함이 도의를 무너뜨린다.

도리에 어긋나는 행동이다.

[원문] 且夫賤妨貴, 少陵長, 遠間親, 新間舊, 小加大, 淫破義, 所謂六逆也.
[번역] '賤妨貴 少陵長'을 참고하라.
[출전] ≪左傳 隱公 3년≫

無怨難 無驕易 (去4寘) 무원난 무교이
處貧難 處富易 처빈난 처부이

無怨難 원망이 없기는 어렵고
無驕易 교만이 없기는 쉽다.
處貧難 가난에 처하기는 어렵고
處富易 부유에 처하기는 쉽다.

가난하면서 원망이 없기는 어렵고, 부유하면서 교만이 없기는 쉽다.

[원문] 子曰, "貧而無怨難, 富而無驕易." (處貧難, 處富易, 人之常情. 然人當勉其難, 而不可忽其易也.)
[번역] 공자가 말하였다. "가난하면서 원망이 없기는 어렵고, 부유하면서 교만이 없기는 쉽다."(가난에 처하기는 어렵고 부유에 처하기는 쉬우니, 이는 사람들의 보통 심정이다. 그러나 사람들은 마땅히 그 어려운 것을 힘써야 하며, 그 쉬운 것도 소홀히 해서는 안 되

는 것이다.)

출전 ≪論語 憲問 및 集註≫

史記一 漢書二 (去4實)　사기일 한서이
後漢三 國志四 (去4實)　후한삼 국지사

史記一　사기가 첫째
漢書二　한서가 둘째
後漢三　후한서가 셋째
國志四　삼국지가 넷째.

역사서를 읽는 순서를 말한다.

원문 **史雖繁, 讀有次, 史記一, 漢書二. 後漢三, 國志四.**

번역 역사서가 비록 많으나 읽는 데에 차례가 있는데, 사기가 첫째, 한서가 둘째, 후한서가 셋째, 삼국지가 넷째이다.

출전 ≪三字經≫

주 ◆ 史記一 漢書二 後漢三 國志四 : 이 네 가지 역사서를 사사(四史)라고 한다.

眼中疔 肉中刺 (去4實)　안중정 육중자

眼中疔　눈에 박힌 못
肉中刺　살에 박힌 가시.

가장 해로운 사람을 말한다.

원문 我見那窮漢似眼中疔肉中刺.

번역 내가 보기에 저 궁박한 놈은 눈에 박힌 못, 살에 박힌 가시와 같다.

출전 元 無名氏 ≪陳州糶米 제1접≫

주 ◆ 眼中疔 : '眼中釘' '眼中丁'으로도 쓴다.

원문 寇丁立朝本末, 世有一定論. 初, 丁逐, 京師爲之語曰, "欲得天下寧, 當拔眼中釘. 欲得天下好, 莫如招寇老."

번역 구준(寇準)과 정위(丁謂)가 조정에서 일한 본말은 세상에 일정한 논의가 있다. 과거에 정위가 쫓겨 가자 서울에서 말하기를, "천하가 편안해지려면 눈에 박힌 못을 뽑아야 하고 천하가 아름답게 되려면 원로 구준을 불러오는 것만 못하다."라고 하였다.

출전 宋 周煇 ≪淸波別志 中卷≫

주 ◆ 구준(寇準)과 정위(丁謂) : 송(宋) 나라 진종(眞宗)·인종(仁宗) 때의 관원. 구준은 명신으로 이름이 났으나, 정위는 임금을 속인 간신으로 유배되었다.

원문 乾興元年, 內侍雷允恭伏誅, 丁謂罷. 謂庇雷允恭擅移陵寢, 王曾以計絶同列, 請獨對, 直言丁謂包藏禍心. 太后大驚, 謂尋貶崖州. 京師爲之語曰, "欲得天下寧, 當拔眼中丁. 欲得天下好, 莫如召寇老."

번역 건흥 원년(1022)에 내시 뇌윤공(雷允恭)이 주살되고, 정위가 파면되었다. 정위는 뇌윤공이 능침을 제멋대로 옮기는 일을 비호하였는데 왕증(王曾)이 계책을 써서 동료들을 떼어 놓고 독대를 요청하여 정위가 재앙을 끼칠 마음을 품고 있다고 직언하였다. 태후는 매우 놀라 정위를 곧 이어 애주로 강등시켜 보냈다. 서울에서 말하기를, "천하가 편안해지려면 눈에 정위를 뽑아야 하고 천하가 아름답게 되려면 구준 원로를 불러오는 것만 못하다."라고 하였다.

출전 ≪宋大事記講義 8권 宰相執政≫

[주] ◆ 眼中丁 : '丁'은 정위(丁謂)를 말하는데, 이것에서 '疔'·'釘'으로도 쓰이게 된 것이다.

經一事 長一智 (去4寘) 경일사 장일지

經一事 한 가지 일을 겪으면
長一智 한 가지 지혜가 자라난다.

그 일을 경험해야 그 일을 알게 됨을 말한다.

[원문] 詎非所謂遭一蹶, 得一便, 經一事, 長一知乎!
[번역] 어찌 이른바 한 번 넘어지면 한 번 편리함을 얻고, 한 가지 일을 겪으면 한 가지 지혜가 자라나는 것이 아니겠는가!
[출전] 元 吳澄 ≪吳文正集 29권 送卞子玉如京師序≫
[주] ◆ 知 : 지(智)와 통한다.

[원문] 所謂'不經一事, 不長一智', 一個人多一次經驗, 才會多明白一個環境的意義.
[번역] 이른바 '한 가지 일을 겪지 않으면 한 가지 지혜가 자라나지 않는다.'라는 것은 한 개인이 한 차례의 경험이 늘어야 비로소 한 가지 환경을 더 잘 알 수 있게 된다는 뜻이다.
[출전] 洪深 ≪電影戲劇的編劇方法 제4장 5≫

山如沐 草似醉 (去4眞) 산여목 초사취

山如沐 산이 목욕한 듯하고
草似醉 풀이 취한 듯하다.

비 내리고 바람 부는 때의 풍경을 말한다.

[원문] 雨後山如沐, 風前草似醉.
[번역] 비 내린 후에 산이 목욕한 듯하고, 바람이 불면 앞에 있는 풀은 취한 듯하다.
[출전] ≪推句≫

寢不側 坐不邊 立不躍 (去4眞) 침불측 좌불변 입불피

寢不側 잠잘 때는 옆으로 눕지 않으며
坐不邊 앉을 때는 가장자리에 앉지 않고
立不躍 설 때는 한 쪽 발로 서지 않는다.

임신부의 태교 때 자세를 말한 것이다.

[원문] 婦人姙子, 寢不側, 坐不邊, 立不躍, 不食邪味, 割不正不食, 席不正不坐, 目不視邪色, 耳不聽淫聲, 夜則令瞽誦詩, 道正事. 如此則生子, 形容端正, 才過人矣.
[번역] 부인이 임신을 하면, 잠잘 때는 옆으로 기울게 하지 않으며, 앉을 때는 가장자리에 앉지 않으며, 설 때는 한 쪽 발로 서지 않았다. 부정한 맛을 먹지 않으며, 고기를 썬 것이 바르지 않으면 먹지 않으며, 자리가 바르지 않거든 앉지 눈으로는 사특한 것을 보지 않

으며, 귀로는 음란한 소리를 듣지 않으며, 밤에 악사를 시켜서 시를 외우게 하며, 바른 일을 말하게 한다. 이렇게 하여 자식을 낳으면, 용모가 단정하고 재능이 남보다 뛰어나다.

[출전] ≪烈女傳 立敎 제1≫, ≪小學 立敎≫

[주] ◆ 婦人姙子 … : 이것은 임신했을 때 마땅히 느끼는 것을 삼가야 함을 말한 것이니, 선한 것을 느끼면 선하게 되고, 악한 것을 느끼면 악하게 된다.〔此言姙娠之時, 當愼所感, 感於善則善, 感於惡則惡也.〕(≪小學集解≫)
◆ 蹕 : 외발로 서다. 필(蹕)은 피(跛)로 써야 하니, 한 발로 치우쳐 서는 것을 이른다.〔蹕, 當作跛, 謂偏任一足也.〕(≪小學 集解≫) ◆ 瞽 : 소경으로, 악사이다.〔瞽, 無目, 樂師也.〕(≪小學 集解≫) ◆ 過 : 초월하다.

有死心 無生氣 (去5未) 유사심 무생기

有死心 결사적인 마음이 있고
無生氣 살려는 기색이 없다.

죽기를 각오하고 전쟁에 임하는 뜻이다.

[원문] 於戱! 有死心無生氣, 共奏敵愾之功, 奉聖上還舊都, 早慰來蘇之望.

[번역] 아! 결사적인 마음이 있게 하고 살려는 기색은 없게 하여, 함께 적에게 저항하는 공을 아뢰고, 성상을 받들어 옛 도읍으로 돌아와서 조속히 임금의 은혜로 살아나리라는 희망을 위로하게 하라.

[출전] 趙慶男 ≪亂中雜錄 2 壬辰下 萬曆 20년 我宣廟壬辰 25년≫

[주] ◆ 有死心 無生氣 : ≪전국책(戰國策) 13권 제(齊)6≫의 '將軍有死之心 士卒無生之氣'에서 유래한 것이다. ◆ 來蘇 : 임금이 백성에게 은혜를 베푸는 일. ≪서경(書經) 태갑중(太甲中)≫의, "우리 임금을 기다렸더니 임금이 오시면 살아나겠지.〔徯我后, 后來, 其蘇〕."에서 유래하였다. ◆ 敵愾 : 원한을 품은 적에게 저항함.〔抵抗所憤恨的敵人.〕(≪漢語大詞典 '敵

慄≫).

원문 "當此之時, 將軍有死之心, 士卒無生之氣, 所以破燕也. 今將軍東有夜邑之奉, 西有淄上之娛, 黃金橫帶而騁乎淄澠之間, 有生之樂, 無死之心, 所以不勝也." 田單曰, "單之有心, 先生志之矣." 明日, 乃厲氣循城, 立於矢石之所, 援枹鼓之, 狄人乃下.

번역 "이러한 때를 당하여 장군은 죽음을 각오한 마음이 있었고 군졸은 살려는 기색이 없었기 때문에 연나라를 격파하였소. 지금 장군은 동쪽으로 액읍(夜邑)의 봉양을 받고 서쪽으로 치수(淄水) 가에서 노니는 즐거움이 있소. 허리에 황금을 빗겨 차고서 치수와 승수(澠水) 사이를 달리면서 살아가는 즐거움은 있고 죽으려는 마음이 없으니 이 때문에 이기지 못하는 것이오."라고 하니, 전단(田單)이 말하기를, "제 마음을 선생께서 아셨습니다."라고 하고, 다음날 기세를 가다듬어 성을 순찰하며 화살과 돌이 떨어지는 최전선에 서서 북채를 잡고 북을 두드리자, 적(狄)의 군인들이 마침내 항복하였다.

출전 ≪通鑑節要 1권 壬午(前279) 赧王 36년≫, ≪戰國策 13권 齊6≫

屠龍技 食牛氣 (去5末) 도룡기 식우기

屠龍技 용을 잡는 재주
食牛氣 소를 삼킬 기개.

훌륭한 재주와 큰 기개를 말한다.

원문 平生未盡屠龍技, 浩蕩終期狎白鷗.
번역 평생에 용 잡는 기술을 못다 이루었으니, 호탕하게 넓은 물결에

백구와 친하기를 꾀하련다.
[출전] ≪四佳集 제52권 詩類 演雅≫

[원문] 堂堂食牛氣, 莫遣路人窺.
[번역] 소를 잡아먹는 당당한 그 기상을 길 가는 사람들이 눈치 채지 않게 하라.
[출전] ≪澤堂先生續集 제5권 詩 贈紳兒峽行≫

[원문] 朱彭漫學屠龍於支離益, 單千金之家, 三年成技, 而無所用其巧.
[번역] 주팽만(朱彭漫)은 지리익(支離益)에게서 용을 잡는 기술을 배우는데 천금이나 되는 가산을 탕진하여, 삼년 만에 재주를 익혔지만 그 재주를 써먹을 곳이 없었다.
[출전] ≪莊子 列禦寇≫
[주] ◆ 單 : 탄(殫)과 통하여, '다 한다[盡]'는 뜻이다.

[원문] 世有學屠龍之技搏虎之能者, 縱不得龍與虎焉, 猶當得長鯨肥鮫以爲膾, 怒彪文豹以爲腊, 而區區小雀之獲, 非其志也.
[번역] 세상에 용을 잡는 재주와 범을 잡는 능력을 배운 자는 비록 용과 범을 잡지 못하더라도 그래도 큰 고래와 살찐 상어를 잡아 회를 치고 얼룩무늬 표범을 꾸짖어 포를 뜰 수 있으니, 잔달게 작은 참새를 잡는 것은 그의 뜻이 아니다.
[출전] 明 葉山 ≪葉八白易傳 10권 解卦≫

[원문] 虎豹之駒, 未成文, 而有食牛之氣.
[번역] 호랑이나 표범의 새끼는 아직 털에 무늬가 생기지 않아도 소를 잡아먹을 만한 기상이 있다.
[출전] ≪尸子 下권≫

空手來 空手去 (去6御)　공수래 공수거

空手來　빈손으로 왔다가
空手去　빈손으로 간다.

올 때의 모습대로 늘린 것이 없이 돌아간다.

[원문] 空手來, 空手去. 世上事, 如浮雲. 成墳土, 客散後. 山寂寂, 月黃昏.
[번역] 빈손으로 왔다가 빈손으로 가니, 세상 일이 마치 뜬구름과 같구나. 봉분을 이루고서 장례 손님 떠난 후에 산은 적막한데 달만 황혼에 비치네.
[출전] http://blog.naver.com/satsix

棄妻子 失匕箸 (去6御)　기처자 실비저

棄妻子　처자를 버리고
失匕箸　수저를 떨어뜨리다.

위급하거나 경황이 없을 때의 모습이다.

[원문] 先主聞曹公卒至, 棄妻子走, 使飛將二十騎拒後.
[번역] 선주(先主 : 劉備)가 조공(曹公 : 曹操)이 갑자기 공격해 온다는 말을 듣고 처자를 버리고 달아나며 장비에게 20기병(騎兵)을 거느리고 후방을 방어하게 했다.
[출전] ≪三國志 蜀志 張飛傳≫

[원문] 是時曹公從容謂先主曰, "今天下英雄, 惟使君與操耳. 本初之徒, 不

足數也" 先主方食, 失匕箸.

번역 이 때 조조가 조용히 선주에게 이르기를, "지금 천하의 영웅은 오직 당신과 나뿐입니다. 본초(本初 : 袁紹)의 무리들은 따질 것도 못됩니다."라고 하니, 유비가 한참 밥을 먹다가 수저를 떨어뜨렸다.

출전 ≪三國志 蜀志 先主傳≫

원문 卓施帳幔飮設, 誘降北地反者數百人, 於坐中殺之. 先斷其舌, 次斬手足, 次鑿其眼目, 以鑊煮之. 未及得死, 偃轉杯案間. 會者戰慄, 亡失匕箸, 而卓飮食自若.

번역 동탁은 휘장을 치고 음식을 벌여놓고는 북지(北地)에서 배반한 자 수백 명을 유인하여 주연 자리에서 죽였는데 먼저 혀를 자르고 다음은 손을 자르고 다음은 눈을 파내어 솥에다 삶았다. 아직 죽지 않은 자들은 술상 사이에 쓰러져 굴렀고 모인 자들이 떨면서 수저를 떨어뜨렸으나, 동탁은 먹고 마시기를 태연자약하게 하였다.

출전 ≪後漢書 102권 董卓傳≫

日月門 鴻雁路 (去7遇) 일월문 홍안로

日月門 해와 달의 문
鴻雁路 기러기가 다니는 길.

해와 달은 동서로 드나들고, 기러기는 남북으로 이동함을 말한다.

원문 東西日月門, 南北鴻雁路.
번역 동과 서는 해와 달의 문이고, 남과 북은 기러기 떼의 길이다.
출전 ≪推句≫

西氷庫 東氷庫 (去7遇)　서빙고 동빙고

西氷庫　서쪽의 빙고
東氷庫　동쪽의 빙고

한강 가에 얼음을 보관하던 창고이다.

[원문] 本朝, 因麗制置二氷庫於江上. 在豆毛浦者爲東氷庫, 在漢江者爲西氷庫. 東庫供祭祀, 西庫供御廚頒百官. 每歲臘月藏氷, 越明年春分, 開氷, 藏氷開氷, 皆享于玄冥.

[번역] 본조(本朝)에서 고려의 제도를 인습하여 두 빙고(氷庫)를 강가에 설치하니, 두모포(豆毛浦)에 있는 것이 동빙고(東氷庫)이며, 한강(漢江)에 있는 것이 서빙고(西氷庫)이다. 동고(東庫)는 제사에 공납하고 서고(西庫)는 어주(御廚 : 임금 주방)에 공납하고 백관에게 나누어준다. 매년 12월에 장빙(藏氷)하고 이듬해 춘분에 개빙(開氷)하는데, 장빙・개빙에 다 현명(玄冥 : 수신(水神))에게 제사를 지낸다.

[출전] ≪萬機要覽 財用 5편 藏氷 總例≫

[원문] 氷庫官員來啓曰, "近者日暖氷不堅, 請姑停藏氷役." 命遣注書趙益貞于西氷庫, 兵曹正郞朴叔蓁于東氷庫審視, 若不堅則罷役. 益貞等復命曰, "臣等當夜觀氷, 氷堅, 第恐當午日暖則融解. 故令曰, '午前藏之, 午後停役.'" 上又令禮曹, 當午更視之.

[번역] 빙고 관원(氷庫官員)이 와서 아뢰기를, "근자에 날씨가 따뜻하여 얼음이 단단하게 얼지 않으니, 장빙(藏氷)의 역사(役事)를 정지하소서."라고 하니, 임금이 명하여 주서(注書) 조익정(趙益貞)을 서빙고(西氷庫)에 보내고, 병조 정랑(兵曹正郞) 박숙진(朴叔蓁)을 동빙고(東氷庫)에 보내어 살펴보게 하여, 만약 얼음이 단단하게 얼지 않았으면 역사를 그만두게 하였다. 조익정 등이 복명(復命)

하기를, "신 등이 밤에 얼음을 보니, 얼음이 단단하였으나, 다만 대낮이 되어서 따뜻해지면 얼음이 녹을까 두렵습니다. 그러므로 '오전에 장빙(藏氷)하고 오후에는 역사를 정지하라.'라고 시켰습니다."라고 하였다. 또 임금이 예조(禮曹)를 시켜서 대낮이 되거든 다시 이를 살펴보게 하였다.

출전 ≪世祖實錄 13년 11월 28일≫

聲爲律 身爲度 (去7遇) 성위율 신위도

聲爲律　소리는 음률이 되고
身爲度　몸은 법도가 된다.

표준이 되는 인물을 말한다.

원문 禹爲人敏給克勤, 其德不違, 其仁可親, 其言可信, 聲爲律, 身爲度.

번역 우임금은 사람됨이 민첩하고 부지런하며, 덕은 정상을 벗어나지 않고 인은 친할 만하고 말은 믿음직하며, 소리는 음률이 되고 몸은 법도가 되었다.

출전 ≪史記 2권 夏本紀≫

三綱淪 九法斁 (去7遇) 삼강륜 구법두

三綱淪　삼강이 문란하고
九法斁　구법이 무너지다.

질서가 무너짐을 말한다.

원문 楊墨交亂, 而聖賢之道不明, 則三綱淪而九法斁, 禮樂崩而夷狄橫, 幾何其不爲禽獸也!

번역 양주(楊朱)와 묵적(墨翟)이 서로 어지럽혀서 성현의 도가 밝지 않으니, 삼강이 문란하고 구법이 무너지며 예악이 붕괴되고 이적이 횡행하니 어찌 금수가 되지 않겠는가?

출전 唐 韓愈 ≪與孟尙書書≫

주 ◆ 楊墨 : 전국시대의 양주(楊朱)와 묵적(墨翟). 양주는 위아(爲我)를, 묵적은 겸애(兼愛)를 주장했다. 맹자(孟子)는 이들에 대해, "양주는 다만 자신을 사랑할 줄만 알고 다시 몸을 바치는 의가 있음을 알지 못하니 군주가 없는 것이요, 묵자는 사랑에 차등이 없어서 그 어버이가 뭇사람과 다름이 없다고 보니 아버지가 없는 것이다.〔楊朱但知愛身, 而不復知有致身之義, 故無君. 墨子愛無差等, 而視其至親無異衆人, 故無父.〕"(≪孟子 滕文公下 '楊墨之道不息' 集註≫)라고 비판하였다. ◆ 三綱 : 〈백호통(白虎通)〉에, "군신(君臣)·부자(父子)·부부(夫婦)가 삼강(三綱)이 된다."라고 했다. ◆ 九法 : ≪서경 홍범(洪範)≫의 '구주(九疇)'로, 천하를 다스리는 아홉 가지 대법(大法)인 오행(五行)·오사(五事)·팔정(八政)·오기(五紀)·황극(皇極)·삼덕(三德)·계의(稽疑)·서징(庶徵)·오복(五福)이다.

三握髮 三吐哺 (去7遇)　삼악발 삼토포

三握髮　머리 감다가 세 번 움켜쥐고
三吐哺　밥 먹다가 세 번 뱉고 손님을 맞는다.

인재를 얻기 위해 정성을 다하는 자세를 말한다.

원문 (周公)相成王, 而使其子伯禽代就封於魯, 周公戒伯禽曰, "我文王之

子, 武王之弟, 成王之叔父, 我於天下亦不賤矣, 然我一沐三握髮, 一飯三吐哺, 起以待士, 猶恐失天下之賢人, 子之魯, 愼無以國驕人."

번역 〈주공(周公)이〉 성왕(成王)을 보좌하고 그 아들 백금(伯禽)을 대신 보내어 노나라에 봉해 주고 주공이 백금에게 경계하여 말하였다. "나는 문왕의 아들이요, 무왕의 아우요, 성왕의 숙부니, 나도 천하에서 또한 천하지 않다. 그러나 나는 한 번 머리 감다가 세 번 움켜쥐고, 한 번 밥 먹다가 세 번 뱉고 일어나서 선비를 대접하면서도 오히려 세상의 현인을 잃을까 두려워했다. 너는 노나라로 가서 신중하여 나라를 소유한 것으로 해서 백성들에게 교만하게 하지 마라."

출전 ≪史記 33권 魯周公世家≫

力拔山 氣蓋世 (去8霽)   역발산 기개세

力拔山   힘은 산을 뽑을 만하고
氣蓋世   기운은 세상을 덮는다.

기세가 최고임을 말한다.

원문 項王則夜起, 飮帳中. 有美人名虞, 常幸從, 駿馬名騅, 常騎之. 於是項王乃悲歌慷慨, 自爲詩曰, "力拔山兮氣蓋世, 時不利兮騅不逝. 騅不逝兮可奈何! 虞兮虞兮奈若何!" 歌數闋, 美人和之. 項王泣數行下, 左右皆泣, 莫能仰視.

번역 항왕(項王 : 項羽)은 밤에 일어나 장막 안에서 술을 마셨다. 우(虞)라는 이름의 미인(美人)이 있어 늘 사랑받아 따라다녔고, 추(騅)라는 이름의 준마(駿馬)가 있었는데 늘 타고 다녔다. 이에 항왕이 슬피 노래하며 강개하여 스스로 시를 지어 불렀다.

힘은 산을 뽑을 만하고 기운은 세상을 덮었으나
때가 불리하고 추마(騅馬)는 나아가지 않네.
추마가 나아가지 않으니 어찌할 수 있나!
우미인아, 우미인아, 너를 어찌할까!

노래를 몇 번 마치자, 미인이 화답하였다. 항왕이 몇 줄기 눈물을 흘리자, 측근들도 모두 울고 고개를 들어 쳐다보는 이가 없었다.

출전 ≪史記 7권 項羽本紀≫

주 ◆ 騅 : 청백이 섞인 털(蒼白雜毛)의 말. ◆ 関 : 노래 마칠 결. ◆ 行 : 줄 항.

依於仁 游於藝 (去8霽)   의어인 유어예

依於仁   인에 의지하며
游於藝   육예(六藝)에 노닌다.

학문하는 방법을 말한 것이다.

원문 子曰, "志於道, 據於德, 依於仁, 游於藝."

번역 공자가 말하였다. "도에 뜻을 두며 덕에 근거하며 인에 의지하며 육예(六藝)에 노닌다."

출전 ≪論語 述而≫

주 ◆ 志於道 … : 지(志)는 마음이 가는 것을 말한다. 거(據)는 잡아서 지킨다는 뜻이다. 의(依)는 어김이 없음을 말한 것이다. 유(游)는 사물을 감상하여 성정에 알맞게 함을 말한 것이다.〔志者, 心之所之謂. 據者, 執守之意. 依者, 不違之謂. 游者, 玩物適情之謂.〕(≪論語 述而 集註≫)
◆ 藝 : 예(藝)는 예(禮)·악(樂)의 글과 활쏘기·말부리기·육서(六書)·산수의 법이니, 모두 지극한 이치가 만나는 것이요, 일상생활에 빼놓을 수 없는 것이다. 아침저녁으로 육예(六藝)에 노닐어 의리(義理)의 취

향을 넓혀간다면, 일을 대응함에 여유가 있고 마음도 놓아버리는 바가 없을 것이다.〔藝則禮樂之文, 射御書數之法, 皆至理所寓而日用之不可闕者也. 朝夕游焉, 以博其義理之趣, 則應務有餘, 而心亦無所放矣.〕(≪論語 述而 集註≫)

[원문] 士依於德, 游於藝.
[원문] 선비는 덕에 의거하며 예에서 노닌다.
[출전] ≪禮記 少儀≫

膚不毀 虎難制 (去8霽) 부불훼 호난제

膚不毀　살갗을 다치지 않고는
虎難制　호랑이를 제어하기 어렵다.

고생해야 성공한다.

[원문] 膚不毀, 虎難制. 言不勞身, 不成功也.
[번역] 살갗을 다치지 않고는 호랑이를 제어하기 어렵다. 몸을 수고롭게 하지 않고는 성공 할 수 없음을 말한다.
[출전] 李德懋 ≪靑莊館全書 62권 冽上方言≫

入則孝 出則弟 (去8霽) 입즉효 출즉제

入則孝　들어가서는 효도하고
出則弟　나와서는 공손하다.

효도하고 공손해야 한다.

[원문] 弟子入則孝, 出則弟, 謹而信, 汎愛衆, 而親仁. 行有餘力, 則以學文.

[번역] 아우와 아들은 집에 들어서는 효도하고, 나와서는 공손하며, 행실을 삼가고 말을 성실하게 하며, 널리 사람을 사랑하되 어진 사람을 친히 해야 한다. 이를 행하고 여력이 있으면 글을 배워야 한다.

[출전] ≪論語 學而≫

[주] ◆ 弟子入則孝 出則弟 : 제자(弟子)의 '弟'는 상성(上8聲)이고, 즉제(則弟)의 '제(弟)'는 거성(去8聲)이다.〔弟子之弟上聲, 則弟之弟去聲.〕(≪論語 學而 集註≫) 이에 의하면 '제자(弟子)'의 '제(弟)'는 '아우'라는 뜻이고, '즉제(則弟)'의 '제(弟)'는 '공경하다'는 뜻으로 '제(悌)'와 통한다. '제자(弟子)'는 아우와 아들이다. 이에 대하여, "'제자(弟子)'는 아우와 아들이 된 사람이다.〔弟子, 是爲人弟爲人子者〕"(≪論語 學而 備旨≫)라고 하였다. ◆ 餘力 : 여가(餘暇). 이에 대하여, "'여력(餘力)'은 틈나는 시간이라는 말과 같다.〔餘力, 猶言暇日.〕"(≪論語 學而 集註≫라고 하였다.

祈雨祭 祈晴祭 (去8聲)   기우제 기청제

祈雨祭   비가 오라고 비는 제사
祈晴祭   날이 개라고 비는 제사.

가뭄과 장마에 지내던 제사이다.

[원문] 遣玉川君劉敞等于北郊白岳木覓楊津漢江, 行祈雨祭. 聚僧一百于興天寺舍利塔, 以曹溪宗判事尙形, 奉香禱雨, 又以群巫, 禱于漢江. 遣檢校工曹參議崔德義, 行畫龍祭于楮子島.

[번역] 옥천군(玉川君) 유창(劉敞) 등을 북교(北郊)・백악(白岳)・목멱(木覓)・양진(楊津)・한강(漢江)에 보내어 기우제(祈雨祭)를 행하

였다. 중〔僧〕 1백 명을 흥천사(興天寺)의 사리탑(舍利塔)에 모아서 조계종(曹溪宗) 판사(判事) 상형(尙形)에게 향(香)을 받들어 비오기를 빌게 하고, 또 여러 무당에게 한강에서 기도하게 하고, 검교(檢校) 공조 참의 최덕의(崔德義)를 보내어 저자도(楮子島)에서 화룡제(畫龍祭)를 행하였다.

|출전| ≪太宗實錄 13년 7월 5일≫

|주| ◆ 화룡제(畫龍祭) : 용(龍)을 그려 물속에 넣어 지내는 기우제(祈雨祭). 용(龍)이 비를 오게 한다고 믿는 사상에서 나온 것이며, 비가 흡족히 내리면 3일 뒤에 돼지 머리를 놓고 다시 용을 그려 물속에 넣어 보사(報祀)하였다.

|원문| 朝陰晚晴. 曉以洪喜男爲獻官, 行祈晴祭于南海之神.
|번역| 아침에 흐리고 늦게 갰다. 새벽에 홍희남(洪喜男)을 헌관(獻官)으로 삼아 남해의 신령에게 기청제(祈晴祭)를 지냈다.
|출전| 姜弘重 ≪東槎錄 2월 12일 辛卯≫
|주| ◆ 祈晴祭 : 오랫동안 장마가 질 때 비가 개기를 비는 나라의 제사. 영제(禜祭)라고도 한다.

|원문| 以久雨, 祈晴于京城四門.
|번역| 오랜 비로 인하여 경성(京城) 사문(四門)에 기청제(祈晴祭)를 지냈다.
|출전| ≪太宗實錄 8년 7월 23일≫

有一利 有一弊 (去8霽)　유일리 유일폐

有一利　하나의 이익이 있으면

有一弊 하나의 폐해가 있다.

모든 일에는 유리함과 불리함이 함께 있음을 말한 것이다.

[원문] 此眞所謂'有一利必有一弊', 而又'有一弊必有一利'也.
[번역] '有一弊 有一利'를 참고하라.
[출전] 魯迅 ≪書信集 致黎烈文≫

誠於中 形於外 (去9泰) 성어중형어외

誠於中 안에서 성실하면
形於外 외면에 나타난다.

속의 것은 반드시 밖으로 나타남을 말한다.

[원문] 小人閒居, 爲不善, 無所不至. 見君子而后, 厭然揜其不善, 而著其善, 人之視己, 如見其肺肝然, 則何益矣! 此謂誠於中形於外, 故君子必愼其獨也.

[번역] 소인이 한가로이 거할 때에 불선한 짓을 하되 이르지 못하는 바가 없다가, 군자를 본 뒤에 겸연쩍게 그 불선함을 가리고 선함을 드러내나니, 남들이 자기를 보기를 그 폐부를 보듯이 할 것이니, 그렇다면 무슨 유익함이 있겠는가. 이것을 '안에서 성실하면 외면에 나타난다.'고 이르는 것이다. 그러므로 군자는 반드시 그 홀로 있을 때를 삼가는 것이다.

[출전] ≪大學章句 傳6장≫
[주] ◆ '有諸內 形諸外'와 같다.

有諸內 形諸外 (去9泰)　유저내 형저외

有諸內　안에 있으면
形諸外　밖으로 드러난다.

내면에 지니고 있으면 밖으로 드러나게 됨을 말한 것이다.

원문 昔者王豹處於淇, 而河西善謳, 綿駒處於高唐, 而齊右善歌, 華周杞梁之妻善哭其夫, 而變國俗. 有諸內必形諸外.

번역 옛적에 왕표(王豹)가 기수에 있을 때에 하서(河西) 지방이 창가를 잘하였고, 면구(綿駒)가 고당(高唐)에 있을 때에 제나라 서쪽 지방이 노래를 잘 불렀고, 화주(華周)와 기량(杞梁)의 처가 그 남편의 상(喪)에 곡을 잘하여 나라의 풍속을 변화시켰으니, 안에 있으면 반드시 밖으로 드러난다.

출전 ≪孟子 告子下≫

주　◆ 王豹處於淇… : 왕표(王豹)는 위(衛)나라 사람이니, 동요를 잘하였다. 기(淇)는 물 이름이다. 면구(綿駒)는 제(齊)나라 사람이니, 노래를 잘 불렀다. 고당(高唐)은 제(齊)나라 서쪽에 있는 고을이다. 화주(華周)와 기량(杞梁) 두 사람은 모두 제(齊)나라 신하였는데, 거(莒) 땅에서 전사(戰死)하자, 그 아내가 곡(哭)하기를 애통하게 하니, 국가 풍속이 변화하여 모두 곡을 잘하게 되었다.〔王豹, 衛人, 善謳. 淇, 水名. 綿駒, 齊人, 善歌. 高唐, 齊西邑. 華周杞梁二人, 皆齊臣. 戰死於莒, 其妻哭之哀, 國俗化之, 皆善哭.〕(≪孟子 告子下 集註≫)

善可法 惡可戒 (去10卦)　선가법 악가계

善可法　선한 것은 본받을 만하고

惡可戒 악한 것은 경계할 만하다.

권선징악(勸善懲惡)을 말한 것이다.

원문 治者興, 亂者亡, 得失俱載於往牒. 善可法, 惡可戒, 勸懲宜示於後人.

번역 다스리는 자는 흥하고 어지럽히는 자는 망하여 득실이 모두 지나간 기록에 실려 있습니다. 선한 것은 본받을 만하고 악한 것은 경계할 만하니, 권장하고 징계하는 것을 마땅히 후인에게 보여주어야 하는 것입니다.

출전 李季甸 ≪東文選 44권 治平要覽 箋文≫

前車覆 後車誡 (去10卦) 전거복 후거계

前車覆 앞 수레가 넘어짐에
後車誡 뒤 수레가 경계로 삼는다.

앞 사람의 잘못을 거울삼는다.

원문 賈誼曰, "'前車覆, 後車誡.' 夫三代之所以長久者, 其已事可知也."

번역 가의(賈誼)가 말하기를, "'앞 수레가 넘어짐에 뒤 수레가 경계로 삼는다.'라고 하니, 삼대가 장구한 이유는 지나간 일에서 알 수 있다."라고 하였다.

출전 ≪漢書 48권 賈誼傳≫

원문 前車覆, 後車誡. 彼之不幸, 我以爲鑑

번역 '앞 수레가 넘어짐에 뒤 수레가 경계로 삼는다.'는 저쪽의 불행을 내가 경계로 삼는 것이다.

출전 ≪與猶堂全書 제1집 雜纂集 제24권 耳談續纂 東諺≫

少所見 多所怪 (去10卦)　소소견 다소괴

少所見　아는 것이 적으면
多所怪　괴상해 하는 것이 많다.

견문이 좁으면 다른 것을 믿지 않는다.

[원문] 少所見, 多所怪, 睹橐駝, 謂馬腫背.
[번역] 아는 것이 적으면 괴상해 하는 것이 많으니, 낙타를 보고 말 등에 종기가 났다고 말한다.
[출전] 漢 牟融 ≪理惑論≫

[원문] 少所見, 多所怪. 孤陋之人, 不信異聞.
[번역] '아는 것이 적으면 괴상해 하는 것이 많다.'는 고루한 사람이 다른 견문을 믿지 않는 것이다.
[출전] ≪與猶堂全書 제1집 雜纂集 제24권 耳談續纂 東諺≫

同生姉 同生妹 (去11隊)　동생자 동생매

同生姉　어머니가 같은 손윗누이
同生妹　어머니가 같은 손아랫누이.

어머니가 같은 자매를 말한다.

[원문] 老生不幸前月遭同生姉喪, 摧痛悲悼, 尙復何言?
[번역] 저는 불행하게도 몇 달 전에 동생자(同生姉)의 초상을 만나 가슴 찢어지며 애통한 슬픔을 다시 어찌 말하겠습니까?

|출전| ≪南坡先生文集 11권 書 與韓僉正執義昆季書≫

|원문| 下書黃海道觀察使安沼曰, "信川接鄭同同生妹尹雙妻, 米太幷十碩. 三寸姪鄭羣生尹松山三寸姪女夫金生金孝末李卜敬張檢松安岳接鄭孝孫, 各米太幷五碩題給."

|번역| 황해도 관찰사(黃海道觀察使) 안초(安沼)에게 글을 내리기를, "신천(信川)에 사는 정동(鄭同)의 동생매(同生妹) 윤쌍(尹雙)의 아내에게 쌀·콩 아울러 10석(碩), 3촌 조카 정군생(鄭群生)·윤송산(尹松山)과 3촌 조카딸의 남편 김생(金生)·김효말(金孝末)·이복경(李卜敬)·장검송(張檢松)과 안악(安岳)에 사는 정효손(鄭孝孫)에게 각각 쌀·콩 아울러 5석(碩)을 지급하도록 하라."라고 하였다.

|출전| ≪成宗實錄 12년 4월 17일≫

無賴漢 不良輩 (去11隊)　무뢰한 불량배

無賴漢　의지하지 못할 놈
不良輩　착하지 않은 무리.

나쁜 사람을 말한다.

|원문| 向出郊外, 被敺於無賴漢.
|번역| 일전에 교외에 나가서 무뢰한에게 매를 맞았다.
|출전| 姜至德 ≪靜一堂遺稿 附尺牘 幷上夫子≫

|원문| 불량배(不良輩), 행실이나 성품이 나쁜 사람들의 무리.
|출전| ≪표준국어대사전≫

守錢奴 謀利輩 (去11隊)　수전노 모리배

守錢奴　돈을 지키는 노예
謀利輩　이익을 꾀하는 무리.

금전과 이익만 추구하는 사람을 말한다.

[원문] 凡殖財者貴以施也, 不則守錢奴耳!
[번역] 재물을 늘리는 이는 베풂을 귀하게 여겨야 하니 그렇지 않으면 돈을 지키는 노예일 뿐이다!
[출전] 晉 袁宏 ≪後漢紀 光武帝紀≫

[원문] 謀利輩, 唯利是圖之輩.
[번역] 모리배(謀利輩)는 오직 이익만 꾀하는 무리이다.
[출전] http://cndic.naver.com

見於面 盎於背 (去11隊)　현어면 앙어배

見於面　얼굴에 드러나며
盎於背　등에 가득 찬다.

인의예지를 닦으면 본성이 축적되어 드러나게 됨을 말한다.

[원문] 君子所性, 仁義禮智根於心, 其生色也, 睟然見於面, 盎於背, 施於四體, 四體不言而喻.
[번역] 군자의 본성은 인의예지가 마음에 근본한지라, 빛을 발함이 윤택하게 얼굴에 드러나며 등에 가득차고 사지에 펼쳐져서 사지가 말

하지 않아도 알게 된다.

출전 ≪孟子 盡心上≫

주 ◆ 見 : 보일 현.

治則進 亂則退 (去11隊)   치즉진 난즉퇴

治則進   다스려지면 나아가고
亂則退   혼란해지면 물러난다.

자신의 처신을 명확히 함을 말한 것이다.

원문 伯夷目不視惡色, 耳不聽惡聲, 非其君不事, 非其民不使, 治則進, 亂則退, 橫政之所出, 橫民之所止, 不忍居也. 思與鄕人處, 如以朝衣朝冠, 坐於塗炭也.

번역 백이는 눈으로 추악한 색을 보지 않으며 귀로 추악한 소리를 듣지 않고 그 군주가 아니면 섬기지 않으며 그 백성이 아니면 부리지 않았다. 다스려지면 나아가고 혼란해지면 물러나서 포악한 정치가 나오는 곳과 포악한 백성이 머무는 곳에는 차마 거처하지 않았다. 시골뜨기와 함께 거처하는 것을 조회하는 의관으로 진흙탕이나 숯에 앉아 있는 듯이 여겼다.

출전 ≪孟子 萬章下≫

不泄邇 不忘遠 (去14願)   불설이 불망원

不泄邇   가까운 자를 마구 친하지 않고

不忘遠 멀리 있는 자를 잊지 않는다.

가까운 자도 멀리하고 먼 자도 가까이하는 경우가 있다. 주(周)나라 무왕(武王)의 인사(人事) 정책을 말한 것이다.

|원문| 孟子曰, "禹惡旨酒而好善言, 湯執中, 立賢無方, 文王視民如傷, 望道而未之見, 武王不泄邇, 不忘遠."
|번역| '惡旨酒 好善言'을 참고하라.
|출전| ≪孟子 離婁下≫

性相近 習相遠 (去14願) 성상근 습상원

性相近 본성은 서로 가까우나
習相遠 습관은 서로 멀다.

인간이 습관에 의해 서로 차이 나게 됨을 말한다.

|원문| 性相近也, 習相遠也.
|번역| 본성은 서로 가까우나 습관은 서로 멀다.
|출전| ≪論語 陽貨≫

不敢請 固所願 (去14願) 불감청 고소원

不敢請 감히 청하지 못하지만
固所願 진실로 바라는 바이다.

요구는 못하지만 몹시 희망함을 말한다.

원문 孟子致爲臣而歸, 王就見孟子曰, "前日願見而不可得, 得侍同朝甚喜, 今又棄寡人而歸, 不識可以繼此而得見乎?" 對曰, "不敢請耳, 固所願也."

번역 맹자가 신하 지위를 사직하고 돌아갈 적에 왕이 맹자에게 가서 만나보고 말하기를, "지난날에는 만나기를 원했으나 이룰 수 없었는데, 모시고 조정 일을 함께 하게 되어 매우 기뻤습니다. 지금 또 과인을 버리고 돌아가시니 이어서 만날 수 있을지를 알지 못하겠습니다."라고 하니, 대답하기를, "감히 청하지는 못하지만, 진실로 원하는 바입니다."라고 하였다.

출전 ≪孟子 公孫丑下≫

西夷怨 北狄怨 (去14願)　서이원 북적원

西夷怨　서쪽 오랑캐가 원망하며
北狄怨　북쪽 오랑캐가 원망하다.

어진 군주가 오기를 간절히 바람을 말한 것이다.

원문 湯始征, 自葛載, 十一征而無敵於天下. 東面而征, 西夷怨, 南面而征, 北狄怨, 曰, "奚爲後我?" 民之望之, 若大旱之望雨也.

번역 탕왕(湯王)이 첫 번째 정벌을 갈(葛)나라로부터 시작하여 11개 나라를 정벌하였는데, 천하에 대적한 이가 없었다. 동쪽을 향하여 정벌하면 서쪽의 오랑캐가 원망하며 남쪽을 향하여 정벌하면 북쪽의 오랑캐가 원망하여 말하기를, "어찌하여 우리나라를 뒤에 정벌하시는가." 하여, 백성들이 〈탕왕(湯王)의 정벌을〉 바라기를 큰 가뭄에 비를 바라듯이 하였다.

[출전] ≪孟子 滕文公下≫

[주] ◆ 自葛載 十一征 : 재(載)도 또한 시작이다. 십일정(十一征)은 정벌한 나라가 11개 나라이다.〔載, 亦始也. 十一征, 所征十一國也.〕(≪孟子 滕文公下 集註≫)

納嘉謀 陳善算 (去15翰) 납가모 진선산

納嘉謀 아름다운 계획을 내고
陳善算 좋은 계책을 말하다.

훌륭한 정책을 제시하다.

[원문] 當世之務, 所尤先者有三. 一曰立志, 二曰責任, 三曰求賢. 今雖納嘉謀, 陳善算, 非君志先立, 其能聽而用之乎? 君欲用之, 非責任宰輔, 其孰承而行之乎? 君相恊心, 非賢者任職, 其能施於天下乎?

[번역] 당세의 일에 우선해야 할 것이 셋이 있다. 첫째는 뜻을 세움이고, 둘째는 임무를 맡김이고, 셋째는 어진 이를 구함이다. 지금 비록 아름다운 계획을 내고 좋은 계책을 말하더라도 임금의 뜻이 먼저 서지 않으면 어찌 따라서 쓸 수 있겠는가? 임금이 쓰려고 해도 임무를 맡을 재상이 없으면 누가 받들어 행하겠는가? 임금과 재상이 협심하더라도 어진 자가 직무를 맡지 않으면 어찌 천하에 시행될 수 있겠는가?

[출전] ≪近思錄 8권 治體≫

> 愛酒家 好色漢 (去15翰)　　애주가 호색한

愛酒家　술을 썩 좋아하는 사람
好色漢　여색을 몹시 좋아하는 남자.

주색(酒色)을 밝히는 사람을 말한다.

[원문] 愛酒家 술을 썩 좋아하는 사람.
[출전] http://cndic.naver.com

[원문] 好色漢 여색을 몹시 좋아하는 남자.
[출전] http://cndic.naver.com

> 耳無聞 目無見 (去17霰)　　이무문 목무견
> 耳有聞 目有見　　　　　　이유문 목유견

耳無聞　귀가 들리지도
目無見　눈이 보이지도 않았다.
耳有聞　귀가 들리고
目有見　눈이 보였다.

굶주리면 시청각 기능이 작용하지 않고 음식을 먹어야 작용한다.

[원문] 陳仲子豈不誠廉士哉! 居於陵, 三日不食, 耳無聞, 目無見也. 井上有李, 螬食實者過半矣, 匍匐往將食之, 三咽, 然後耳有聞, 目有見.
[번역] 진중자는 어찌 청렴한 선비가 아니리오! 오릉 땅에 있을 때 3일 동안 굶어서 귀가 들리지도 눈이 보이지도 않았는데, 굼벵이가 반

넘게 먹은 우물가의 오얏을 기어가서 주워 먹으니 세 번 삼킨 후에 귀가 들리고 눈이 보였다.

출전 ≪孟子 滕文公下≫

學不厭 敎不倦 (去17霰) 학불염 교불권

學不厭 배움에 싫증 내지 않고
敎不倦 가르침에 게을리 하지 않는다.

성인의 학문하는 자세를 말한다.

원문 昔者子貢問於孔子曰, "夫子聖矣乎?" 孔子曰, "聖則吾不能, 我學不厭而敎不倦也." 子貢曰, "學不厭, 智也, 敎不倦, 仁也. 仁且智, 夫子旣聖矣!"

번역 전날에 자공이 공자에게 묻기를, "선생님께서는 성인이십니까?"라고 하니, 공자가 대답하기를, "성인은 내가 미칠 수 없다. 나는 배움에 싫증내지 않고 가르침에 게을리 하지 않을 뿐이다."라고 하였다. 자공이 말하기를, "배움에 싫증내지 않음은 지혜요, 가르침에 게을리 하지 않음은 어짊입니다. 어질고 지혜로우시니 선생님께서는 이미 성인이십니다."라고 하였다.

출전 ≪孟子 公孫丑上≫

주 • 學不厭 敎不倦 : ≪論語 述而≫에 공자와 자공의 문답 가운데 "默而識之, 學而不厭, 誨人不倦, 何有於我哉"라고 한 공자의 말을 맹자가 인용한 것이다.

원문 子曰, "默而識之, 學而不厭, 誨人不倦, 何有於我哉"

번역 공자가 말하였다. "묵묵히 기억하며 배우고 싫어하지 않으며, 사람

가르치기를 게을리 하지 않는 것, 어느 것이 나에게 있겠는가?"
출전 ≪論語 述而≫

出必告 反必面 (去17霰) 출필곡 반필면

出必告　외출할 때 반드시 말씀드리고
反必面　돌아와서는 반드시 얼굴을 뵌다.

자식이 외출하고 귀가할 때의 도리를 말한다.

원문 夫爲人子者, 出必告, 反必面, 所遊必有常, 所習必有業.
번역 자식이 되어서는 외출할 때 반드시 말씀드리고, 돌아와서는 반드시 얼굴을 뵈며, 가는 곳에는 반드시 일정한 장소가 있고, 학습에는 반드시 일정한 과업이 있다.
출전 ≪禮記 曲禮上≫
주 ◆ 告 : 윗사람에게 말씀드리는 것은 음이 '곡'인데 현재 '고'로 읽고 있다. 보고(報告)의 '씀'도 '곡'인데 '고'로 읽는 것이다.

陰地轉 陽地變 (去17霰) 음지전 양지변

陰地轉　음지가 바뀌어
陽地變　양지로 변하다.

세상일은 돌고 돌아 불운과 행운이 뒤바뀜을 말한 것이다.

원문 陰地轉, 陽地變. 言世事循環也. 陰地之寒, 轉成陽地之暖也.

[번역] 음지가 바뀌어 양지로 변한다. 세상 일이 돌고 도는 것을 말한다. 차가운 음지가 변하여 따뜻한 양지가 된다.
[출전] 李德懋 ≪靑莊館全書 62권 冽上方言≫

分水嶺 分界線 (去17霽)　분수령 분계선

分水嶺　물이 나뉘는 고개
分界線　경계가 나뉘는 선.

분기점(分岐點), 즉 끝나고 시작되는 곳을 말한다.

[원문] 嶓冢以東, 水皆東流, 嶓冢以西, 水皆西流. 卽其地勢源流所歸. 故俗以嶓冢爲分水嶺.

[번역] 파총산(嶓冢山) 이동으로는 물이 모두 동쪽으로 흐르고, 파총산 이서로는 물이 모두 서쪽으로 흐른다. 바로 그 땅 형세는 원류가 돌아가는 곳이다. 그러므로 세속에서 파총산을 분수령(分水嶺)이라 한다.

[출전] 北魏 酈道元 ≪水經注 漾水≫

[주] ◆ 分水嶺 : 물이 갈라지는 경계선. 대부분 산맥으로 경계를 삼으므로 이렇게 이름을 지었다.〔河流的分界線. 多以山脈爲界, 故名.〕(≪漢語大詞典 '分水嶺'≫)

[원문] 次晨, 我們又聽了雞鳴三聲之後, 跨過了陝甘兩省的分界線, 向東進入陝北.

[번역] 다음날 새벽에 우리들은 또 닭이 세 번 울기를 듣고 나서 섬서성(陝西省)과 감숙성(甘肅省) 두 성의 분계선을 지나서 동쪽으로 섬북(陝北 : 섬서성 북쪽 지역)으로 진입하였다.

출전 成仿吾 ≪長征回憶錄 17≫

等高線 等深線 等壓線 (去17霽) 등고선 등심선 등압선

等高線　해발 높이가 같은 지표면을 서로 연결한 선.
等深線　바다나 호수 따위의 깊이가 같은 지점을 이은 선.
等壓線　기압이 서로 같은 지점을 이은 선.

땅・물・기압의 높낮이 정도가 동일함을 나타내는 선을 말한다.

원문 생략.

勤政殿 思政殿 (去17霽)　근정전 사정전

勤政殿　정무에 힘쓰는 전각,
思政殿　정무를 생각하는 전각.

서울 경복궁에 속한 전각 이름이다.

원문 命判三司事鄭道傳, 名新宮諸殿. 道傳撰名, 幷書所撰之義以進. 新宮曰景福, 燕寢曰康寧殿, 東小寢曰延生殿, 西小寢曰慶成殿, 燕寢之南曰思政殿, 又其南曰勤政殿, 東樓曰隆文, 西樓曰隆武, 殿門曰勤政, 午門曰正門.
번역 '昌德宮 景福宮'을 참고하라.
출전 ≪太祖實錄 4년 10월 7일≫
주　◆ 勤政殿 : 경복궁 안에 있는 정전(正殿). 조선(朝鮮) 시대(時代) 초엽

(初葉)부터 국왕(國王)의 즉위식(卽位式)이나 기타 공식적인 대례(大禮)를 거행(擧行)하던 곳이다. 지금 건물은 임진왜란 때 불탄 것을 26대 고종(高宗) 4(1867)년에 대원군(大院君)이 다시 지은 것이다. 뜰 좌우(左右)에는 정1품(正一品) 이하의 품석(品石)을 세웠고, 건물 안에는 중앙 후면에 네모반듯한 보좌(寶座)를 두고 단상에 어좌(御座)가 있다.
◆ 思政殿 : 경복궁 안에 있는 편전(便殿). 편전은 임금이 항상 거처하면서 정무를 보던 궁전이다.

輕富貴 安貧賤 (去17霰) 경부귀 안빈천

輕富貴　부유함과 존귀함을 가볍게 여기고
安貧賤　가난과 천함을 편안하게 여긴다.

부귀와 빈천에 구애받지 않는다.

[원문] 使天下之士, 能如莊周, 齊死生, 一毁譽, 輕富貴, 安貧賤, 則人主之名器爵祿, 所以礪世摩鈍者廢矣.

[번역] '齊死生 一毁譽'를 참고하라.

[출전] 宋 蘇軾 ≪東坡全集 51권 議學校貢擧狀≫

[주] ◆ 安貧賤 : '守貧賤'으로도 쓴다.

[원문] 竊以謂曾子之爲人敦厚質實, 而其學專以躬行爲主. … 然其所以自守而終身者, 則固未嘗離乎孝敬信讓之規, 而其制行立身, 又專以輕富貴, 守貧賤, 不求人知爲大.

[번역] 삼가 생각해보니 증자의 사람됨이 돈후(敦厚)하고 질실(質實)한데 그 학문은 전적으로 몸소 실천하는 것을 위주로 했다. … 그러나 그가 평생 동안 스스로 지킨 것은 진실로 효도・공경・신의・양보의 규범을 벗어난 적이 없고, 그 행실과 입신(立身)은 또 전적으

로 부귀를 가볍게 보고 빈천을 지키며 사람들이 알아주기를 추구하지 않는 것을 큰 것으로 삼았다.

출전 ≪御纂朱子全書 52권 道統 1 聖賢諸儒總論≫

주 ◆ 質實 : 질박하고 성실함이다.〔質樸誠實.〕(≪漢語大詞典 '質實'≫)

稀則貴 多則賤 (去17霰) 희즉귀 다즉천

稀則貴　적으면 귀하고
多則賤　많으면 천하다.

귀천은 다소 여부에 달여 있다.

원문 稀則貴, 多則賤.
출전 ≪우리말속담큰사전≫

遭一蹶 得一便 (去17霰) 조일궐 득일편

遭一蹶　한 번 넘어지면
得一便　한 번 편리함을 얻는다.

그 일을 경험해야 그 일을 알게 됨을 말한다.

원문 詎非所謂遭一蹶, 得一便, 經一事, 長一知乎!
번역 '經一事, 長一知'를 참고하라.
출전 元 吳澄 ≪吳文正集 29권 送卞子玉如京師序≫

3. 거성 | 259

下齊牛 式宗廟 (去18嘯) 하재우 식종묘

下齊牛　제사의 희생소를 보면 수레에서 내려서 걷고
式宗廟　종묘 앞을 지날 때는 머리를 숙여 예를 갖춘다.

지위가 높아도 항상 공경의 예를 행한다.

[원문] 國君下齊牛, 式宗廟. 大夫士下公門, 式路馬.
[번역] '下公門 式路馬'를 참고하라.
[출전] ≪禮記 曲禮上≫

出則忠 入則孝 (去19效) 출즉충 입즉효

出則忠　조정에 나가서는 충성하고
入則孝　집에 들어서는 효도한다.

국가와 가정에 성심을 다한다.

[원문] 景行錄云, "古人修身以避名, 今人飾己以要譽, 所以古人臨大節而不奪. 今人見小利而易守, 君子人則無古今, 無治無亂, 出則忠, 入則孝, 用則智, 舍則愚."
[번역] '用則智 舍則愚'를 참고하라.
[출전] ≪明心寶鑑 正己篇≫

斷大刑 赦小過 (去21箇)　단대형 사소과

斷大刑　큰 형벌을 단행하고
赦小過　작은 잘못을 용서하다.

큰 죄는 죄 주고 작은 죄는 용서한다.

[원문] 易通卦驗曰,"冬至, 廣莫風至, 誅有罪, 斷大刑. 立春, 條風至, 赦小罪, 出稽留"

[번역] ≪역통괘험(易通卦驗)≫에, "동지에 광막풍(북풍)이 불면 죄를 주벌하고 큰 형벌을 단행(斷行)한다. 입춘에 조풍(봄바람)이 불면, 작은 죄를 사면하고, 옥(獄)에서 내보낸다."라고 하였다.

[출전] ≪太平御覽 9권 風≫

[주] ◆ 易通卦驗 : ≪역위통괘험(易緯通卦驗)≫. 역위(易緯)의 일종. 2권으로 되었는데, 상권에는 계응(稽應)의 이치를 하권에는 괘기(卦氣)의 징험을 말하였다. ◆ 廣莫風·條風 : 8절기에 부는 바람을 8풍이라 하는데, 입춘에 조풍이 불고(동북풍), 춘분에 명서풍이 불고(동풍), 입하에 청명풍이 불고(동남풍), 하지에 경풍이 불고(남풍), 입추에 양풍이 불고(서남풍), 추분에 창합풍이 불고(서풍), 입동에 부조풍이 불고(서북풍), 동지에 광막풍이 분다(북풍).〔八節之風謂之八風, 立春條風至(東北方風), 春分明庶風至(東方風), 立夏淸明風至(東南方風), 夏至景風至(南方風), 立秋涼風至(西南方風), 秋分閶闔風至(西方風), 立冬不周風至(西北方風), 冬至廣莫風至(北方風).〕(≪易緯通卦驗≫) ≪太平御覽 9권 風≫ ◆ 稽留 : 주(周)나라의 감옥 이름.〔周代獄名.〕(≪漢語大詞典 '稽留'≫)

> **不遷怒 不貳過** (去21箇)　불천노 불이과

不遷怒　화를 옮기지 않으며
不貳過　잘못을 거듭하지 않는다.

남에게 화를 전가(轉嫁)하지 않고 잘못을 반복하지 않음을 말한 것이다.

[원문] 哀公問："弟子孰爲好學?" 孔子對曰, "有顔回者, 好學, 不遷怒, 不貳過."

[번역] 애공(哀公)이 묻기를, "제자 중에서 누가 배움을 좋아합니까?"라고 하니, 공자가 대답하기를, "안회가 배움을 좋아하여 화를 남에게 옮기지 않으며 잘못을 거듭하지 않았습니다."라고 하였다.

[출전] 《論語 雍也》

[주]　• 애공은 노나라 군주니 이름은 장이다. 이(貳)는 거듭하는 것이니, 앞에서 잘못한 것을 뒤에 거듭하지 않는 것이다.〔哀公, 魯君, 名蔣. 貳, 復也. 過於前者, 不復於後.〕(《論語 雍也 集註》)

> **養不教 父之過** (去21箇)　양불교 부지과
> **教不嚴 師之惰** (去21箇)　교불엄 사지타

養不教　기르면서 가르치지 않음은
父之過　아버지의 과실이고,
教不嚴　가르치면서 엄격하지 않음은
師之惰　선생의 게으름이다.

자식을 교양(敎養)함은 부모와 선생이 함께 힘써야 한다.

[원문] 養不敎, 父之過. 敎不嚴, 師之惰.

[번역] 생략.

[출전] ≪三字經≫

> 先時者 殺無赦 (去22禡)　　선시자 살무사
> 後時者 殺無赦　　　　　　후시자 살무사

先時者　때보다 앞서 하는 자도
殺無赦　죽여 용서하지 말며,
後時者　때보다 뒤에 하는 자도
殺無赦　죽여 용서하지 말라.

일을 알맞은 때에 해야 한다.

[원문] 政典曰, "先時者, 殺無赦, 後時者, 殺無赦."

[번역] 〈정전〉에 이르기를, "때보다 앞서 하는 자도 죽여 용서하지 말며, 때보다 뒤에 하는 자도 죽여 용서하지 말라."라고 하였다.

[출전] ≪古今攷 37권 胤征政典之刑≫

[주] ◆ 後時者 : '不及時者'를 줄여 표현한 것이다. 다음 예문을 참고하라.

[원문] 惟時羲和, 顚覆厥德, 沈亂于酒, 畔官離次, 俶擾天紀, 遐棄厥司, 乃季秋月朔, 辰弗集于房, 瞽奏鼓, 嗇夫馳, 庶人走, 羲和尸厥官, 罔聞知, 昏迷于天象, 以干先王之誅. 政典曰, "先時者, 殺無赦, 不及時者, 殺無赦."

[번역] 희화가 덕을 뒤엎고 술에 빠져 관직을 어지럽히고 처한 위치를 버렸

다. 비로소 천기를 어지럽혀 맡은 일을 멀리 버려서 9월 초하루에 해와 달이 방수(房宿)에 조화롭게 만나지 않아 일식이 있었다. 악사가 북을 울리고 색부(嗇夫 : 낮은 관리)가 뛰어 달리며 서민들이 분주하였다. 그러한데도 희화는 제 관직을 멍청히 지키기만 하여 듣고 앎이 없어, 천문의 상에 혼미하여, 선왕의 주벌을 범하였다. 〈정전〉에 이르기를, "때보다 앞서 하는 자도 죽여 용서하지 말며, 때에 미치지 않아서 하는 자도 죽여 용서하지 말라."라고 하였다.

출전 ≪書經 夏書 胤征≫

주 ◆ 羲和 : 희씨(羲氏)와 화씨(和氏)를 아울러 일컫는 말. 요(堯)의 신하. 천상(天象)을 살피고 역법(曆法)을 만들었다. ◆ 政典 : 선왕(先王)이 정치를 행한 전적(典籍).

夏之日 冬之夜 (去22禡) 하지일 동지야

夏之日　기나 긴 여름 낮
冬之夜　기나 긴 겨울 밤

한결같이 그리워함을 말한다.

원문 夏之日, 冬之夜. 百歲之後, 歸于其居. 冬之夜, 夏之日. 百歲之後, 歸于其室.

번역 기나긴 여름 낮, 기나긴 겨울밤 (홀로 보내며)
　　이 목숨이 다하거든, 님 무덤으로 돌아가리.
　　기나긴 겨울 밤, 기나긴 여름 낮 (홀로 보내며)
　　이 목숨이 다하거든, 님 무덤으로 돌아가리.

출전 ≪詩經 唐風 葛生≫

주 ◆ 百歲之後 : 목숨이 다한 후에 ◆ 居·室 : 무덤이다. 이에 대하여, "거

(居)는 분묘(墳墓)이고, 실(室)은 광중(壙中)이다.〔居, 墳墓也. 室, 壙也.〕"(≪詩經 唐風 葛生 集傳≫)라고 하였다.

明於上 親於下 (去22禡)　명어상 친어하

明於上　위에서 밝으면
親於下　아래에서 친해진다.

인륜이 위에서 밝으면 백성들이 아래에서 친해짐을 말한다.

원문　設爲庠序學校以敎之, 庠者, 養也, 校者, 敎也, 序者, 射也. 夏曰校, 殷曰序, 周曰庠, 學則三代共之, 皆所以明人倫也. 人倫, 明於上, 小民, 親於下.

번역　"夏曰校 殷曰序 周曰庠"을 참고하라.

출전　≪孟子 滕文公上≫

登泰山 小天下 (去22禡)　등태산 소천하

登泰山　태산에 올라가
小天下　천하를 작게 여기다.

식견이 높아지면 국량도 커짐을 말한다.

원문　孔子登東山而小魯, 登泰山而小天下, 故觀於海者難爲水, 遊於聖人之門者難爲言.

번역　공자가 동산에 올라가서 노나라를 작게 여기고, 태산에 올라가서 천하를 작게 여겼다. 그러므로 바다를 본 자에게는 (다른 물은) 물 되기가 어렵고, 성인의 문하에서 공부를 한 자에게는 (다른 말은) 말 되기가 어렵다.

출전 ≪孟子 盡心上≫

주 ◆ 孔子登東山而小魯… : 이는 성인(聖人)의 도(道)가 큼을 말한 것이다. 동산(東山)은 노(魯)나라 도성(都城) 동쪽에 있는 높은 산이요, 태산(太山)은 이보다도 더 높다. 이는 처한 곳이 더욱 높으면 그 아래를 봄에 더욱 작아지고, 본 것이 이미 크면 작은 것은 이미 볼 만한 것이 못됨을 말한 것이다.〔此言聖人之道大也. 東山蓋魯城東之高山, 而太山則又高矣. 此言所處益高, 則其視下益小, 所見旣大, 則其小者不足觀也.〕(≪孟子 盡心上 集註≫)

天下安 注意相 (去23漾)　천하안 주의상
天下危 注意將 (去23漾)　천하위 주의장

天下安　천하가 안정되면
注意相　재상을 중시하고,
天下危　천하가 위태로우면
注意將　장수를 중시한다.

치세와 난세에 따라서 국정을 주도하는 직책이 다르다.

원문 天下安, 注意相. 天下危, 注意將. 將相和調, 則士務附, 士務附, 天下雖有變, 卽權不分.

번역 천하가 태평하면 재상을 중시하고, 천하가 위태로우면 장수를 중시합니다. 장수와 재상이 조화로우면 사대부들이 힘써 의지하고, 사대부들이 힘써 의지하면 천하에 비록 변란이 있더라도 권력이 분산되지 않습니다.

출전 ≪史記 97권 陸賈列傳≫

주 ♦ 注意 : 중시하다, 관심을 가지다.〔重視, 關注.〕(≪漢語大詞典 '注意'≫

明天子 賢宰相 (去23漾) 명천자 현재상

明天子 총명한 천자
賢宰相 현명한 재상

임금과 보필자의 이상적인 만남을 말한다.

원문 今學如退之猶所云若是, 則唐之史述, 其卒無可託乎? 明天子, 賢宰相, 得史才如此, 而又不果, 甚可痛哉!

번역 지금 배우는 자가 만약 한퇴지가 말한 것과 같이 했다면 당나라의 역사를 기술하는 것을 끝내 맡길 수 없었겠는가? 총명한 천자와 현명한 재상이 얻은 사관의 재주가 이와 같았는데도 또한 실행하지 못했으니, 심히 애석하도다!

출전 唐 柳宗元 ≪柳河東集 31권 與韓愈論史官書≫

反其仁 反其智 反其敬 (去24敬) 반기인 반기지 반기경

反其仁 자신의 인을 돌아보고
反其智 자신의 지혜를 돌아보고
反其敬 자신의 공경을 돌아본다.

남에게 받아들여지지 않으면 철저하게 반성해서 고쳐야 한다.

|원문| 愛人不親, 反其仁, 治人不治, 反其智, 禮人不答, 反其敬.

|번역| 타인을 사랑하되 친해지지 않으면 자신의 인을 돌아보고, 타인을 다스리되 다스려지지 않으면 자신의 지혜를 돌아보고, 타인을 예로 대해도 상대하지 않으면 자신의 공경을 돌아본다.

|출전| ≪孟子 離婁上≫

|주| ◆ 愛人不親… : 내가 남을 사랑해도 남이 나를 친히 하지 않거든 자신에게 돌이켜 찾아야 하니, 이것은 나의 인(仁)이 지극하지 못할까 두려워해서이다. 지(智)와 경(敬)도 이와 같다.〔我愛人而人不親我, 則反求諸己, 恐我之仁未至也. 智敬放此.〕(≪孟子 離婁上 集註≫)

言忠信 行篤敬 (去24敬) 언충신 행독경

言忠信 말은 충성스럽고 믿음직하며
行篤敬 행실은 독실하고 공경한다.

말과 행동은 언제나 어디에서도 믿음이 있게 해야 한다.

|원문| 子張問行. 子曰 "言忠信, 行篤敬, 雖蠻貊之邦, 行矣. 言不忠信, 行不篤敬, 雖州里, 行乎哉?"

|번역| 자장이 행함을 물었다. 공자가 말하였다. "말이 충성스럽고 믿음직하며 행실이 독실하고 공경하면 비록 오랑캐의 나라라도 행할 수 있거니와 말이 충신하지 못하며 행실이 독실하고 공경하지 못하면 비록 고을이라도 행할 수 있겠는가?"

|출전| ≪論語 衛靈公≫

|주| ◆ 蠻貊 : 만은 남쪽 오랑캐이고 맥은 북쪽 오랑캐이다.〔蠻, 南蠻, 貊,

北狄.〕(≪論語 衛靈公 集註≫) ◆ 州 : 2500가를 주라고 한다.〔二千五百家爲州.〕(≪論語 衛靈公 集註≫)

喪致哀 祭致敬 (去24敬) 상치애 제치경

喪致哀 초상에는 슬픔을 지극히 하고
祭致敬 제사에는 공경을 지극히 한다.

상례와 제례를 잘 수행하여 효도를 다함을 말한다.

[원문] 丁內艱, 復歸于仁良舊第, 喪致哀, 祭致敬, 鄕人交口稱之.

[번역] 어머니 상을 만나서 인량이 마을 옛집으로 돌아와 상에 슬픔을 지극히 하고 제사에 공경을 지극히 하자 고을 사람들이 다투어 칭송하였다.

[출전] ≪葛庵先生文集 26권 先兄將仕郞慶基殿參奉存齋先生行狀≫

[주] ◆ 喪致哀 祭致敬 : 다음에 제시하는 '喪則致其哀 祭則致其嚴'에서 유래한 것이다.

[원문] 子曰, 孝子之事親也, 居則致其敬, 養則致其樂, 病則致其憂, 喪則致其哀, 祭則致其嚴, 五者備矣, 然後能事親.

[번역] 공자가 말하였다. "효자가 어버이를 섬길 적에 거처할 때에는 공경을 다하고, 봉양할 때에는 즐겁게 해드리는 것을 다하고, 병들었을 때는 근심을 다하고, 장사지낼 때는 슬픔을 다하고, 제사를 모실 때에는 엄숙함을 다해야 한다. 이 다섯 가지를 갖춘 뒤라야 어버이를 섬길 수 있다."

[출전] ≪孝經 紀孝行章≫

望遠鏡 顯微鏡 (去24敬) 망원경 현미경

望遠鏡 두 개 이상의 볼록 렌즈를 맞추어서 멀리 있는 물체 따위를
       크고 정확하게 보도록 만든 장치.
顯微鏡 눈으로는 볼 수 없을 만큼 작은 물체나 물질을 확대해서 보
       는 기구.

멀리 있는 물체와 작은 물체를 보게 하는 거울을 말한다.

[출전] ≪표준국어대사전≫

正容體 齊顔色 順辭令 (去24敬) 정용체 제안색 순사령

正容體 용모를 바르게 하고
齊顔色 안색을 단정히 하고
順辭令 언사를 온순히 하다.

예의는 얼굴, 표정, 말이 올바른 데서 시작됨을 말한다.

[원문] 冠義曰, "凡人之所以爲人者, 禮義也. 禮義之始, 在於正容體, 齊顔色, 順辭令. 容體正, 顔色齊, 辭令順, 而後禮義備."

[번역] ≪예기(禮記) 관의(冠義)≫에서 말하였다. "무릇 사람이 사람다울 수 있는 까닭은 예의가 있기 때문이다. 예의의 시작은 용모를 바르게 하고, 안색을 단정히 하고, 언사를 온순히 하는 데에 달려 있다. 용모가 바르고, 안색이 단정하고, 언사가 온순한 이후에 예의가 갖추어진다."

[출전] ≪小學 3권 敬身 明威儀之則≫

修法制 申號令 (去21敬)　수법제 신호령

修法制　법제를 고치고
申號令　호령을 거듭하다.

법령을 정비하고 지휘체계를 확립함을 말한 것이다.

[원문] 修法制.(又云, "孟秋之月, 命有司, 修法制.") 申號令.(又云, 季秋之月, 申嚴號令, 命百官, 貴賤無不務納, 以會天地之藏.)

[번역] 법제를 고친다.(≪예기(禮記) 월령(月令)≫에 또 말하였다. "초가을 달(7월)에는 담당관에게 명하여 법제를 정비한다.") 호령을 거듭한다.(≪예기(禮記) 월령(月令)≫에 또 말하였다. "늦가을 달(9월)에는 호령을 거듭 엄히 하고 백관에게 명하여 귀한 사람이나 천한 사람이나 힘써 납부하지 않음이 없게 하여 천지의 저장품을 모아둔다.")

[출전] ≪淵鑑類函 15권 歲時部 秋4≫

[원문] 今敵肆猖獗, 違天悖理, 陛下但宜固封疆, 申號令, 堅壁淸野.

[번역] 지금은 적들이 방자하게 창궐하여 천리를 어기니, 폐하께서는 다만 강토를 굳게 지키고, 호령을 거듭하며, 성벽을 견고하게 하고 들판을 텅 비우게 해야 합니다.

[출전] ≪明史 169권 王直傳≫

[주] ◆ 堅壁淸野 : 전쟁 때에 쓰는 책략의 일종이다. 사람과 물자를 옮기거나 숨기는 것으로 들판에 적군이 활용할 수 있는 각종 시설을 모두 제거하여 적군에게 노획할 것이 조금도 없도록 하는 것이다.〔作戰時采用的一種策略. 轉移或隱藏人口和物資, 淸除野外可資敵的各種設施, 使敵人毫無所得.〕(≪漢語大詞典 '堅壁淸野'≫)

過五關 斬六將 (去23漾)　과오관 참륙장

過五關　다섯 관문을 지나며
斬六將　여섯 장군을 참수하다.

관우(關羽)가 조조(曹操) 관내를 벗어날 때의 용맹함을 말한다.

[원문] 這如今萬世之下, 那一個不說道過五關斬六將掀天揭地的好大丈夫.

[번역] 이와 같다면 지금 만대 이후에 어찌 다섯 관문을 지나며 여섯 장군을 참수하여 하늘을 흔들고 땅을 진동시킨 훌륭한 대장부를 말하지 않으랴!

[출전] ≪三寶太監西洋記通俗演義 제76회≫

[주] ◆ 過五關斬六將 : 관우가 유비(劉備)의 부인(夫人) 두 분을 호송하여 유비를 찾아갈 때, 조조의 통행증이 없었기 때문에 통과하는 관문을 지키는 장군들이 관우 일행을 차단하였는데, 관우가 관문 다섯 곳에서 장군 여섯 명을 참수하여 끝내 유비와 만났다. ≪삼국연의(三國演義) 제27회≫에 보인다. 겹쳐 있는 험난한 관문을 돌파함을 비유한다.(http://dict.revised.moe.edu.tw/cbdic/search.htm ≪教育部重編國語辭典修訂本≫)

盡人事 待天命 (去24敬)　진인사 대천명

盡人事　사람의 일을 다 하고
待天命　하늘의 명을 기다린다.

자신의 최선을 다 하고서 성공을 기대한다.

| 원문 | 此病, 雖竭心思區畫, 亦不過盡人事以待天命也.
| 번역 | 이 병은 비록 마음과 방도를 다했다고는 하나 이 또한 사람의 일을 다 하여 하늘의 명을 기다리는 것에 불과하다.
| 출전 | ≪御纂醫宗金鑑 42권 編輯雜病心法要訣≫

存其心 養其性 (去24敬)　　존기심 양기성

存其心　그 마음을 보존하여
養其性　그 본성을 기른다.

심성을 연마함을 말한다.

| 원문 | 孟子曰, "盡其心者, 知其性也. 知其性, 則知天矣. 存其心, 養其性, 所以事天也. 殀壽不貳, 修身以俟之, 所以立命也.
| 번역 | 맹자가 말하였다. "그 마음을 다하는 자는 그 성을 아니, 그 성을 알면 하늘을 안다. 그 마음을 보존하여 본성을 기름은 하늘을 섬기는 것이요, 요절하거나 장수함에 의심하지 않고, 몸을 닦아 기다림은 명을 세우는 것이다."
| 출전 | ≪孟子 盡心上≫

鎭國家 撫百姓 (去24敬)　　진국가 무백성

鎭國家　나라를 안정시키고
撫百姓　백성을 어루만진다.

한나라 소하(蕭何)의 업적을 말한 것이다.

[원문] 高祖曰, "公知其一, 未知其二. 夫運籌策帷帳之中, 決勝于千里之外, 吾不如子房. 鎭國家, 撫百姓, 給饋饟, 不絶糧道, 吾不如蕭何. 連百萬之軍, 戰必勝, 攻必取, 吾不如韓信. 此三者, 皆人傑也, 吾能用之, 此吾所以取天下也. 項羽有一范增而不能用, 此其所以爲我擒也."

[번역] '戰必勝 攻必取'를 참고하라.

[출전] 《史記 8권 高祖本紀》

莫不仁 莫不義 莫不正 (去24敬) 막불인 막불의 막부정

莫不仁　어질지 않은 이가 없으며
莫不義　의롭지 않은 이가 없으며
莫不正　바르지 않은 이가 없다.

임금이 바르면 모두 어질고 의롭고 바르게 됨을 말한다.

[원문] "人不足與適也, 政不足間也. 惟大人爲能格君心之非. 君仁莫不仁, 君義莫不義, 君正莫不正. 一正君而國定矣."

[번역] "등용한 인물을 군주와 더불어 일일이 다 허물할 수 없으며 잘못된 정사를 일일이 다 흠잡을 수 없다. 오직 대인이라야 군주의 그릇됨을 바로잡을 수 있기 때문이다. 군주가 어질면 어질지 않은 이가 없으며, 군주가 의로우면 의롭지 않은 이가 없으며, 군주가 바르면 바르지 않은 이가 없으니, 만일 군주를 바로잡는다면 나라가 안정될 것이다."

[출전] 《孟子 離婁上》

曲則全 枉則正 (去24敬)　곡즉전 왕즉정

曲則全　구부리면 온전할 수 있고
枉則正　휘어지면 바르게 펼 수 있다.

유연함으로써 온전할 수 있다.

원문 曲則全, 枉則正. 洼則盈, 敝則新. 少則得, 多則惑.
번역 '洼則盈 敝則新'을 참고하라.
출전 老子 ≪道德經 22장≫

恥其言 過其行 (去24敬)　치기언 과기행

恥其言　말을 조심하고
過其行　행실을 말보다 앞서게 한다.

말보다 행실에 힘써야 한다.

원문 子曰, "君子, 恥其言而過其行"
번역 공자가 말하였다. "군자(君子)는 말을 조심하고 행실을 말보다 앞서게 한다."
출전 ≪論語 憲問≫
주　◆ 恥其言而過其行 : 행(行)은 거성이다. 치(恥)는 감히 다하지 못한다는 뜻이요, 과(過)는 넉넉함이 있게 하려는 말이다.〔行, 去聲. 恥者, 不敢盡之意, 過者, 欲有餘之辭.〕(≪論語 憲問 集註≫) 행(行)은 평측양운(平仄兩韻)으로, 측성(거성)일 때 '행실'이고, 평성일 때 '행하다'이다. '과기행(過其行)'은 본문(本文) ≪대전(大全)≫에, "행실을 말보다 넉넉하게 해야 함을 말한다."라고 하였다.〔謂行當過於其言〕"

> 聽其言 信其行 (去24敬)　　청기언 신기행
> 聽其言 觀其行　　　　　　청기언 관기행

聽其言　그의 말을 듣고
信其行　그의 행실을 믿는다.
聽其言　그의 말을 듣고
觀其行　그의 행실을 살핀다.

말과 행실이 같아야 한다.

[원문] 宰予晝寢, 子曰, "朽木, 不可雕也, 糞土之墻, 不可杇也, 於予與, 何誅?" 子曰, "始吾於人也, 聽其言而信其行, 今吾於人也, 聽其言而觀其行, 於予與, 改是."

[번역] 재여(宰予)가 낮잠을 자자, 공자가 말하였다. "썩은 나무는 조각할 수 없고, 거름흙으로 쌓은 담장은 흙손질을 할 수가 없다. 내가 재여에 대하여 무엇을 꾸짖을 것인가?" 공자가 말하였다. "내가 전에는 남에 대하여 그의 말을 듣고 그의 행실을 믿었으나, 이제 나는 남에 대하여 그의 말을 듣고 그의 행실을 살펴보게 되었다. 나는 재여 때문에 이것을 고치게 되었다."

[출전] 《論語 公冶長》

謹於言 愼於行 (去24敬)　근어언 신어행

謹於言　말을 삼가고
愼於行　행동을 조심한다.

언행(言行)을 조심한다.

[원문] 子曰, "君子道人以言, 而禁人以行, 故言必慮其所終, 行必稽其所敝, 則民謹於言而愼於行. 詩云, 愼爾出話, 敬爾威儀. 大雅曰, '穆穆文王, 於緝熙敬止.'"

[번역] 공자가 말하였다. "군자는 사람을 인도하는 데는 말로 하며 삼가게 하는 데는 행실로 한다. 그러므로 말은 반드시 그 끝마침을 생각하며, 행실은 반드시 그 가려진 것을 생각해야 하니 백성은 말을 삼가고 행실을 조심한다. ≪시경≫에 말하였다. '너의 하는 말을 삼가고 너의 위의를 공경하라.' 〈대아〉에 말하였다. '심원(深遠)하신 문왕이여! 아, 공경을 이어 밝히셨도다.'"

[출전] ≪禮記 緇衣≫

[주]　• 穆穆文王 於緝熙敬止 : 목목(穆穆)은 심원(深遠)한 뜻이다. 집(緝)은 계속함이요, 희(熙)는 밝힘이니, 또한 그치지 않는 뜻이다. 지(止)는 어조사(語助辭)이다.〔穆穆, 深遠之意. 緝, 續. 熙, 明, 亦不已之意. 止, 語辭.〕(≪詩經 大雅 文王之什 '文王' 集傳≫) '於'는 '감탄사 오'이다.

禮樂崩 夷狄橫 (去24敬)　예악붕 이적횡

禮樂崩　예악이 붕괴되고
夷狄橫　이적이 횡행하다.

혼란한 사회를 말한다.

원문 楊墨交亂, 而聖賢之道不明, 則三綱淪而九法斁, 禮樂崩而夷狄橫, 幾何其不爲禽獸也！

번역 '三綱淪 九法斁'를 참고하라.

출전 唐 韓愈 ≪與孟尙書書≫

遠間親 新間舊 (去26宥)　원간친 신간구

遠間親　소원한 자가 친한 자를 이간질하고
新間舊　신관이 구관을 이간질한다.

도리에 어긋나는 행동이다.

원문 且夫賤妨貴, 少陵長, 遠間親, 新間舊, 小加大, 淫破義, 所謂六逆也.

번역 '賤妨貴 少陵長'을 참고하라.

출전 ≪左傳 隱公 3년≫

根本固 枝葉茂 (去26宥)　근본고 지엽무

根本固　뿌리가 견고하고
枝葉茂　가지와 잎이 무성하다.

사람은 교육을 받아야 한다.

원문 木有所養, 則根本固, 而枝葉茂, 棟梁之材生. 水有所養, 則泉源壯,

而流派長, 灌漑之利博. 人有所養, 則志氣大, 而識見明, 忠義之士出, 可不養哉!

번역 '泉源壯 流派長'을 참고하라.

출전 宋 李邦獻 ≪省心雜言≫

知者樂 仁者壽 (去26宥)　　지자락 인자수

知者樂　지혜로운 사람은 즐겁게 살고
仁者壽　어진 사람은 장수한다.

지혜로운 사람은 즐겁게 살고, 어진 사람은 장수한다.

원문 子曰, "知者樂水, 仁者樂山, 知者動, 仁者靜, 知者樂, 仁者壽."

번역 '知者動 仁者靜'을 참고하라.

출전 ≪論語 雍也≫

飄輕裾 翳長袖 (去26宥)　　표경거 예장수

飄輕裾　가벼운 소매를 나부끼고
翳長袖　긴 소매로 얼굴을 가린다.

아름다운 여인의 모습을 말한다.

원문 曲眉豊頰, 淸聲而便體, 秀外而惠中, 飄輕裾, 翳長袖, 粉白黛綠者, 列屋而閒居, 妬寵而負恃, 爭姸而取憐.

|번역| 굽은 눈썹과 오동통한 뺨에 맑은 소리를 내고 몸을 날렵하게 움직이며 외모는 빼어나고 자질은 총명하여 가벼운 소매를 나부끼고 긴 소매로 얼굴을 가리며, 흰 분을 바르고 검게 눈썹을 그린 이들이 집 안에서 한가로이 살면서 총애를 다투고 사랑 받음을 자부하며, 고움을 다투고 사랑을 취하려 한다.

|출전| 唐 韓愈 ≪五百家注昌黎文集 19권 送李愿歸盤谷序≫

|주| ◆ 秀外惠中 : 용모가 빼어나고 자질이 총명하다.〔容貌秀美, 資質聰明.〕(≪漢語大詞典 '秀外惠中'≫) ◆ 粉白黛綠 : '흰 분을 바르고 검게 눈썹을 그린다'와 같다.〔猶粉白黛黑.〕(≪漢語大詞典 '粉白黛綠'≫) ◆ 列屋 : 집 안에 방치함을 말함과 같다.〔猶言放置在屋中.〕(≪漢語大詞典 '列屋'≫)

欲左左 欲右右 (去26宥)　　욕좌좌 욕우우

欲左左　왼쪽으로 가고자 하면 왼쪽으로 가고
欲右右　오른쪽으로 가고자 하면 오른쪽으로 가다.

자신의 뜻대로 하게 함을 말한다.

|원문| 湯出見有張網四面而祝之曰, "從天降, 從地出, 從四方來者, 皆罹吾網." 湯曰, "嘻! 盡之矣." 乃解其三面, 改祝曰, "欲左左, 欲右右, 不用命者, 入吾網." 諸侯聞之曰, "湯德至矣, 及禽獸."

|번역| 탕(湯)이 외출하여 사면에 그물을 펼치고 비는 자를 보았는데 그가 말하기를, "하늘에서 내려오고 땅에서 나오고 사방에서 온 것들은 모두 내 그물에 걸리라."라고 하였다. 탕이 말하기를, "아! 다 없애려고 하는구나!"라고 하고, 이에 그 삼면을 풀고 고쳐 주문하기를, "왼쪽으로 가고자 하면 왼쪽으로 가고 오른쪽으로 가고자 하면 오른쪽으로 가고 명령을 받지 않는 자는 내 그물에 들어오라."라고 하였다. 제후들이 듣고 말하기를, "탕의 덕이 지극하여

금수까지 미쳤다."라고 하였다.

출전 ≪史略 殷 殷王成湯≫

老吾老 幼吾幼 (去26宥)　노오노 유오유

老吾老　자기 어른을 공경하고
幼吾幼　자기 자식을 사랑한다.

자기의 부모와 자식처럼 살피는 정성을 말한다.

원문 老吾老, 以及人之老, 幼吾幼, 以及人之幼, 天下可運於掌.
번역 내 노인을 노인으로 섬겨서 남의 노인에게까지 미치며, 내 어린이를 어린이로 사랑해서 남의 어린이에게까지 미친다면 천하를 손바닥에 놓고 움직일 수 있습니다.

출전 ≪孟子 梁惠王上≫

好好色 惡惡臭 (去26宥)　호호색 오악취

好好色　아름다운 여색을 좋아하고
惡惡臭　나쁜 냄새를 싫어한다.

진실로 좋아하며 싫어하는 것을 말한다.

원문 讀大學, 豈在看他言語! 正欲驗之於心如何, 如好好色, 惡惡臭, 試驗之吾心, 果能好善惡惡如此乎? 閒居爲不善, 是果有此乎? 一有不至, 則勇猛奮躍不已, 必有長進. 今不知如此, 則書自書, 我自我, 何益之

3. 거성 | 281

有!
번역 '書自書 我自我'를 참고하라.
출전 ≪四書大全 讀大學法≫

賞不僭 刑不濫 (去28勘) 상불참 형불람

賞不僭 포상을 넘치게 내리지 않았고
刑不濫 형벌을 남용하지 않았다.

포상과 형벌은 정확하게 해야 함을 말한 것이다.

원문 臣聞先王之政, 賞不僭, 刑不濫, 與其不得已, 寧僭無濫.

번역 신이 들으니, '선왕(先王)의 정치는 포상을 넘치게 내리지 않았고 형벌을 남용하지 않았는데, 어찌하지 못하기보다는 차라리 포상을 넘치게 내릴지언정 형벌을 남용하지는 않았다.' 하였습니다.

출전 ≪後漢書 76권 陳寵傳≫

주 ◆ 與其不得已 : ≪좌전(左傳) 양공(襄公)≫ 26년의, "만일 불행하여 포상과 형벌이 지나치면 차라리 포상을 넘치게 내릴지언정 형벌을 남용하지는 않으며, 선인(善人)을 잃기보다는 차라리 부정한 자를 이롭게 하겠다.〔若不幸而過, 寧僭無濫, 與其失善, 寧其利淫.〕"에서 유래한 것으로, '不得已'는 '若不幸而過'와 '失善'의 뜻이 되어, '포상과 형벌이 지나치게 되거나 선인을 잃게 됨'을 말한다.

口有蜜 腹有劍 (去29艶)　구유밀 복유검

口有蜜　입에는 꿀을 머금고
腹有劍　배 속에는 칼을 품었다.

겉으로 친한 체하면서 속으로는 음흉한 계략을 가진 것을 말한다.

원문 李林甫爲相, … 尤忌文學之士, 或陽與之善, 啗以甘言而陰陷之, 世謂李林甫口有蜜腹有劒.

번역 이임보(李林甫)가 재상이 되어서는 … 더욱 문학의 선비를 꺼려서 혹 겉으로는 잘 지내는 것처럼 하면서 그를 감언이설로 속여서 은밀히 모함하곤 하였으므로, 세상에서 이임보를 일러, "입에는 꿀을 머금고 뱃속에는 칼을 품었다."라고 하였다.

출전 ≪資治通鑑 215권 玄宗至道大聖大明孝皇帝中之下 天寶元年≫

주 ◆ 口有蜜 : 그 말이 달콤함을 말한다.〔口有蜜, 謂其言甘也.〕(≪資治通鑑 胡三省 注≫) ◆ 腹有劍 : 마음이 남을 해치는데 있음을 말한다.〔腹有劍, 謂其心在害人也.〕(≪資治通鑑 胡三省 注≫)

不怕慢 只怕站 (去30陷)　불파만 지파참

不怕慢　느린 것을 두려워하지 말고
只怕站　다만 중지하는 것을 두려워하라.

끊임없이 노력해야 한다.

출전 高大民族文化硏究所中國語大辭典編纂室　≪中韓大辭典≫

4. 입성(入聲)

侶魚鰕 友麋鹿 (入1屋)　여어하 우미록

侶魚鰕　물고기와 새우를 짝하고
友麋鹿　고라니와 사슴을 벗한다.

자연을 벗 삼아 생활하는 것을 말한 것이다.

[원문] 況吾與子, 漁樵於江渚之上, 侶魚蝦而友麋鹿, 駕一葉之扁舟, 擧匏樽而相屬, 寄蜉蝣於天地, 渺滄海之一粟.

[번역] 하물며 나와 그대는 강가에서 물고기를 잡고 나무를 하면서, 물고기와 새우를 짝하고 고라니와 사슴을 벗 함에랴! 한 잎 같은 조각배를 타고서 술잔을 들어 서로 권하며, 하루살이 삶을 천지에 부치니, 아득한 넓은 바다의 한 알갱이 좁쌀이로다.

[출전] 宋 蘇軾 ≪東坡全集 33권 前赤壁賦≫

三綱領 八條目 (入1屋)　삼강령 팔조목

三綱領　세 가지 강령과
八條目　여덟 가지 조목.

≪대학(大學)≫의 체제를 말한다.

[원문] 子朱子纂輯周程張四先生之書, 以爲近思錄. 盖古聖賢窮理正心修己治人之要, 實具於此, 而與大學一書相發明者也. 故其書篇目, 要不外三綱領八條目之間.

[번역] 자주자께서 주돈이(周敦頤)·정호(程顥)·정이(程頤)·장재(張載) 4선생의 책을 편집하시어 ≪근사록(近思錄)≫이라고 하였다. 옛적의 궁리(窮理)·정심(正心)·수기(修己)·치인(治人)의 요점은 실로 여기에 갖추어져 있어서 ≪대학(大學)≫ 한 책과 상호적으로 밝혀낸 것이다. 그러므로 그 책의 편목은 요컨대 삼강령과 팔조목의 사이를 벗어나지 않는 것이다.

[출전] 茅星來 〈思錄集註原序〉

[주] ◆ 子朱子 : 주희(朱熹). 앞의 '子'는 높은 선생을 일컫는 말이다. ◆ 三綱領八條目 : ≪대학(大學)≫의 기본인 세 강령과 여덟 조목을 말한다. 삼강령은 명명덕(明明德)·신민(新民)·지어지선(止於至善)이고, 팔조목은 격물(格物)·치지(致知)·성의(誠意)·정심(正心)·수신(修身)·제가(齊家)·치국(治國)·평천하(平天下)이다.

虛其心 實其腹 (入1屋) 허기심 실기복

虛其心 그 마음을 비우게 하고
實其腹 그 배를 채워준다.

무위(無爲)로 하면 다스려지지 않는 것이 없다.

[원문] 不尙賢, 使民不爭, 不貴難得之貨, 使民不爲盜, 不見可欲, 使民心不亂. 是以聖人之治, 虛其心, 實其腹, 弱其志, 强其骨, 常使民無知無欲, 使夫智者不敢爲也, 爲無爲, 則無不治.

[번역] 현명함을 숭상하지 않으면 백성들이 다투지 않게 되고 얻기 힘든 재화를 귀하게 여기지 않게 되며, 백성들이 도둑이 되지 않게 하고, 욕심날 만한 것을 드러내지 않으면 백성들이 마음이 어지럽지 않게 된다. 그러므로 성인의 다스림은 백성들의 마음을 비우게 하고 그 배를 채워주고, 백성들의 뜻을 부드럽게 하고 몸을 튼튼히

해준다. 항상 백성들이 지식과 욕심이 없게 하려면 지혜로운 자가 함부로 함이 없도록 해야 한다. 무위를 하면 다스려지지 않는 것이 없다.

출전 ≪道德經 安民 제3≫

齊得喪 忘禍福 (入1屋) 제득상 망화복

齊得喪 얻음과 잃음을 같게 보고
忘禍福 재앙과 복을 잊어버린다.

만물일체 사상을 말한 것이다.

원문 方其寓形於一醉也, 齊得喪, 忘禍福, 混貴賤, 等賢愚, 同乎萬物, 而與造物者遊, 非獨自比於樂天而已.
번역 '混貴賤 等賢愚'를 참고하라.
출전 宋 蘇軾 ≪東坡全集 36권 醉白堂記≫

東家食 西家宿 (入1屋) 동가식 서가숙

東家食 동쪽 집에서 밥을 먹고
西家宿 서쪽 집에서 잠을 잔다.

욕심 많은 사람이 이로움만 찾는 것을 비유한다.

원문 齊人有女, 二人求之. 東家子醜而富, 西家子好而貧. 父母疑不能決, 問其女, '定所欲適, 難指斥言者, 偏袒令我知之.' 女便兩袒, 怪問其

故. 云, '欲東家食, 西家宿.' 此爲兩袒者也.

[번역] 제나라 사람에게 딸이 있었는데 두 사람이 청혼을 하였다. 동쪽 집안 아들은 못생겼으나 부유했고, 서쪽 집안 아들은 잘생겼으나 가난했다. 부모가 주저하여 결정을 내리지 못하고 딸에게 물었다. '시집가려고 하는 곳을 정하자면 지적하여 말하기가 어려우니 한쪽 소매를 벗어서 나에게 알려다오.' 딸이 바로 양쪽 소매를 걷어 올리니 괴이하게 여겨 그 까닭을 묻자. '동쪽 집에서 밥을 먹고 서쪽 집에서 잠을 자려고요.'라고 하였다. 이것이 양쪽 소매를 걷은 까닭이다.

[출전] ≪藝文類聚 40권 引漢應劭 風俗通≫

[주] ◆ 東食西宿 : 욕심 많은 사람이 이로움만 찾는 것을 비유한다.〔比喩貪得之人唯利是圖.〕(≪漢語大詞典 '東食西宿'≫) 또는, 이곳저곳으로 떠돌아 다니면서 얻어먹고 지냄을 이르는 말로도 쓰인다.

其進銳 其退速 (入1屋) 기진예 기퇴속

其進銳 나아가기를 빨리하면
其退速 물러남이 빠르다.

너무 서두르면 쉽게 중지한다.

[원문] 其進銳者, 其退速.
[번역] 나아가기를 빨리하는 자는 물러남이 빠르다.
[출전] ≪孟子 盡心上≫

床下床 屋上屋 (入1屋)　상하상 옥상옥

床下床　상 아래에 상을 더하고
屋上屋　지붕 위에 지붕을 더한다.

쓸데없이 겹치는 것을 말한다.

원문　其所以自立說者, 雖極精工無差錯, 猶爲床下床屋上屋, 況未必無差錯耶!

번역　그가 스스로 말하는 것은 비록 매우 정밀한 솜씨라서 착오가 없더라도 마치 상 아래에 상을 더하고 지붕 위에 지붕을 더하는 것과 같거늘 하물며 반드시 착오가 없지는 못한 것이겠는가!

출전　朝鮮 金昌緝 ≪圃陰集 2권 書 答士敬≫

원문　必如所云, 則樂府之文, 所謂床上安床, 屋上架屋, 古人已具, 何煩贅膡耶?

번역　반드시 말한 대로라면 악부의 글은 이른바 상 위에 상을 놓고 지붕 위에 지붕을 가설하는 것이니 옛 사람이 이미 갖추었거늘 어찌 번거로이 덧붙이는가?

출전　淸 馮班 ≪鈍吟雜錄 正俗≫

주　◆ 屋上架屋 冠上加冠: '옥하가옥 상상시상(屋下架屋 床上施床)'과 같다.

원문　魏晉已來, 所著諸子, 理重事複, 遞相模斅, 猶屋下架屋, 床上施床耳.

번역　위·진나라 이후로 저술된 제자서(諸子書)는 이치가 중첩되고 일이 겹쳐 번갈아 서로 모방하였으니, 지붕 아래에 지붕을 가설하고 상 위에 상을 놓는 것과 같다.

출전　北齊 顔之推 ≪顔氏家訓 序致≫

|주| ◆ 屋下架屋 床上施床 : '옥상가옥 관상가관(屋上架屋 冠上加冠)'과 같다.
◆ 屋下架屋 : 또한 겹쳐 덧붙인 것을 비유한다.〔亦比喻重複累贅〕(《敎育部重編國語辭典修訂本'屋下架屋'》) '옥하개옥(屋下蓋屋 : 지붕 위에 지붕을 덮는다)', '옥상가옥(屋上架屋 : 지붕 위에 지붕을 가설한다)'으로도 쓴다. ◆ 床上施床 : '상상안상(床上安床)'으로도 쓴다. '床'은 '상(牀 : 상 상)'의 속자(俗字).

挂羊頭 賣狗肉 (入1屋) 괘양두 매구육

挂羊頭　양머리를 걸어놓고서
賣狗肉　개고기를 판다.

겉 다르고 속 다름을 말한다.

|원문| 我們要求實現眞正的民主政治 … 反對挂羊頭賣狗肉的有名無實或徒有形式而缺乏精神的'民主'政治.
|번역| 우리들의 요구는 진정한 민주정치를 실현하는 것이다. … 양머리를 걸어놓고서 개고기를 파는 유명무실하거나 형식만 있고 정신이 결핍된 '민주' 정치를 반대한다.
|출전| 鄒韜奮 《患難餘生記 제3장》
|주| ◆ 挂羊頭 賣狗肉 : '懸羊頭 賣狗肉'으로도 쓴다. '懸羊頭 賣馬肉', '懸牛頭 賣馬脯'와 같다.

|원문| 問, "懸羊頭 賣狗肉 意旨如何?"
|번역| 물었다. "양머리를 걸어놓고서 개고기를 파는 것은 뜻이 어떻습니까?"
|출전| 淸 汪琬 《崑山選佛場性空臻禪師塔銘》

懸羊頭 賣馬肉 (入1屋)   현양두 매마육

懸羊頭   양머리를 걸어놓고서
賣馬肉   말고기를 판다.

겉 다르고 속 다름을 말한다.

[원문] 晏子春秋 "懸羊頭於門, 而賣馬肉於內." 世祖賜丁邯詔曰, "懸牛頭, 賣馬脯. 盜跖行, 孔子語." 今俗語小變, 以羊狗易牛馬, 意仍不異也.

[번역] '盜跖行 孔子語'를 참고하라.

[출전] 清 錢大昕 ≪恒言錄 6권≫

[주] ◆ 懸羊頭 賣馬肉 : '挂羊頭 賣狗肉', '懸牛頭 賣馬脯'와 같다.

明譜系 收世族 (入1屋)   명보계 수세족

明譜系   족보의 계통을 밝혀서
收世族   대물린 종족을 수습한다.

근본을 잊지 않도록 하기 위해 자기 계통을 기록하게 함을 말한다.

[원문] 管攝天下人心, 收宗族, 厚風俗, 使人不忘本, 須是明譜系, 收世族, 立宗子法.

[번역] 천하의 인심을 통괄하여 종족을 수습하고 풍속을 두텁게 하여 사람들이 근본을 잊지 않게 하려면, 모름지기 족보의 계통을 밝혀서 대물린 종족을 수습하고 종자의 법을 세워야 한다.

[출전] 宋 張載 ≪張子全書 4권 宗法≫

[주] ◆ 譜系 : 한 집안의 혈통과 역사를 적은 책. 족보(族譜). ◆ 宗子法 : 종

자가 그 집안을 통솔하는 법.

收宗族 厚風俗 (入2沃) 수종족 후풍속

收宗族 종족을 수습하고
厚風俗 풍속을 두텁게 한다.

사람 마음은 종족을 보존하여 풍속을 아름답게 하는 것이다.

[원문] 管攝天下人心, 收宗族, 厚風俗, 使人不忘本, 須是明譜系, 收世族, 立宗子法.
[번역] 위의 '明譜系 收世族'을 참고하라.
[출전] 宋 張載 ≪張子全書 4권 宗法≫

假公義 濟私欲 (入2沃) 가공의 제사욕

假公義 공적인 의리를 빌려서
濟私欲 개인의 이익을 성취하다.

표면상의 명분과 달리 사리사욕을 취함을 말한 것이다.

[원문] 唐太宗誅建成, 比於周公誅管蔡, 只消以公私斷之. 周公全是以周家天下爲心, 太宗則假公義以濟私欲者也.
[번역] 당태종이 건성을 죽인 것을 주공이 관숙과 채숙을 죽인 것에 견주었는데, 공적인 것과 사적인 것을 빼고 판단한 것이다. 주공은 전적으로 주나라 천하를 마음으로 삼은 것이고 태종은 공적인 의리

를 빌려서 개인의 이익을 이룬 것이다.

출전 ≪朱子語類 136권 歷代 3≫

주 ◆ 假公濟私 : 공적인 명분과 의리 혹은 역량을 빌어 개인의 이익을 도모하여 취한다.〔借公家的名義或力量, 謀取私人的利益.〕(≪漢語大詞典 '假公濟私'≫) ◆ 唐太宗誅建成 : 당나라 고조(高祖) 재위 시에 이세민(李世民 : 훗날의 태종)의 공명(功名)이 날로 성해지자, 이세민의 동복(同腹) 형인 태자 이건성(李建成)은 위기의식을 느끼고 동복아우인 이원길(李元吉)과 함께 이세민을 제거하려고 도모하였다. 이세민이 이를 알고 군사를 거느리고 현무문(玄武門)에서 기다렸다가 두 사람을 모두 죽였다.(≪新唐書 2권 太宗本紀≫) ◆ 周公誅管蔡 : 주 무왕(周武王)의 아우인 관숙(管叔) 선(鮮)과 채숙(蔡叔) 도(度)는 무왕이 죽은 뒤에 주공이 어린 성왕(成王)을 도와 섭정(攝政)하자 유언비어를 퍼뜨리며 주(紂)의 아들 무경(武庚)을 끼고 반란을 일으켰다. 이에 주공이 성왕의 명을 받들고 정벌하여 무경과 관숙을 죽이고 채숙을 유배 보냈다.(≪史記 35권 管蔡世家≫)

視爾褥 展厥足 (入2沃)　시이욕 전궐족

視爾褥　네 요를 살펴서
展厥足　그 발을 뻗어라.

'누울 자리를 보고 발을 뻗어라'는 속담의 한문 표현이다. 처지를 헤아리고 나서 뜻을 행함을 말한다.

원문 先視爾褥, 乃展厥足. 言先度處地, 方行其志也.

번역 네 요를 먼저 살펴서 그 발을 뻗어라. 처지를 먼저 헤아리고 비로소 그 뜻을 행함을 말한다.

출전 ≪與猶堂全書 제1집 雜纂集 제24권 耳談續纂 東諺≫

주 ◆ 先視爾褥 乃展厥足 : '탁이금 신이각(度爾衾 伸爾脚)'과 같다.

去其角 兩其足 (入2沃) 거기각 양기족

去其角　그 뿔을 제거하고
兩其足　그 다리를 둘로 하였다.

한 사람에게 모든 재능을 다 주지 않음을 말한 것이다.

원문 或問, "其引孟獻子之言, 何也?" 曰, "鷄豚牛羊, 民之所畜養以爲利者也. 旣已食君之祿而享民之奉矣, 則不當復與之爭. 此公儀子所以拔園葵, 去織婦. 而董子因有與之齒者, 去其角, 傅之翼者, 兩其足之喩, 皆絜矩之義也."

번역 혹자가 묻기를, "맹헌자(孟獻子)의 말을 인용한 것은 무엇 때문인가?"라고 하니, 말하기를, "닭, 돼지, 소, 양은 백성이 길러서 이로움으로 삼는 것이다. 이미 군주의 녹을 먹고 백성의 받듦을 누렸으니 다시 그들과 다투는 것은 마땅하지 않다. 이것은 공의자가 채소밭의 아욱을 뽑아버리고 베를 짠 아내를 쫓아버린 이유이고, 동중서(董仲舒)가 그로 인해 강한 이빨을 준 자에게는 그 뿔을 제거하고 날개를 준 자에게는 그 다리를 둘로 하였다는 비유를 한 것이니, 모두 혈구(絜矩 : 나를 기준으로 남을 헤아림)의 뜻이다."라고 하였다.

출전 ≪大學或問≫

주 ◆ 孟獻子 : 노(魯)나라의 어진 대부(大夫) 중손멸(仲孫蔑). ≪대학(大學) 전(傳) 10장(章)≫에는 맹헌자(孟獻子)가 말하기를, "말[馬乘]을 기르는 이는 닭·돼지 따위를 살피지 않고, 벌빙지가(伐氷之家 : 경대부 이상의 집)에서는 소·양을 기르지 않으며, 백승(百乘)의 집에서는 가렴주구(苛斂誅求)하는 신하를 기르지 않는다."라고 하였다. ◆ 公儀子 : 춘추시대(春秋時代) 노 목공(魯穆公)의 재상 공의휴(公儀休). 그가 재상이 되었는데 아내가 베틀을 놓고 비단을 짜는 것을 보고 노하여, 베틀을 던지고 아내를 쫓아 보냈으며, 밥을 먹을 때에 아욱국을 보고 크게 성을 내어 마당에 심은 아욱을 뽑아 버리고 말하기를, "내가 국록(國祿)을 먹는데, 어째서 집에서 비단을 짜고 아욱을 심어 여공(女工)과 전부(田夫)의 이익까지 빼앗는가?"라고 하였다.(≪史記 119권 循吏傳≫) ♦ 絜矩 : 재거나 헤아린다는 뜻의 혈(絜)과 자[尺]를 의미하는 구(矩)의 합성어로, 나의 마음을 가지고 남의 마음을 헤아리는 것을 말한다.

心有餘 力不足 (入2沃) 심유여 역부족

心有餘　마음은 여유가 있으나
力不足　힘은 부족하다.

마음은 있으나 능력이 따라가지 못함을 말한 것이다.

[원문] 我手裏但凡從容些, 也時常來上供, 只是'心有餘而力不足'.
[번역] 내 손 안에 다만 조용히 조금 가지고 있기만 하면 늘 와서 제물을 바치니, 다만 마음은 여유가 있지만 힘이 부족하다.
[출전] ≪紅樓夢 제25회≫

損有餘 補不足 (入2沃) 손유여 보부족

損有餘　남는 것을 덜어내고
補不足　부족한 것을 채운다.

천도는 활을 메우는 것과 같다.

[원문] 天之道, 其猶張弓乎. 高者抑之, 下者擧之, 有餘者損之, 不足者補

之. 天之道, 損有餘, 補不足, 人之道, 則不然, 損不足以奉有餘, 孰能以有餘奉天下? 唯有道者, 是以聖人爲而不恃, 功成而不處, 不欲見賢.

[번역] 천도는 활을 당기는 것과 같다. 높은 것은 억누르고 낮은 것은 치켜 올리며, 남은 것은 줄이고 부족한 것은 보충한다. 천도는 남은 것을 덜어내어 부족한 것을 보충하지만, 사람의 도는 그렇지 않아 부족한 데에서 덜어내 남는 데에 봉양한다. 어느 누가 남는 것으로 천하를 봉양할까? 오로지 도를 깨친 자일 뿐이니 이로써 성인은 일을 하되 기대하지 않고, 공을 이루어도 처하지 않으며 현명함을 드러내려고 하지 않는다.

[출전] ≪老子 天道 제77≫

心有餘 識不足 (入2沃) 심유여 식부족

心有餘　마음에 여유가 있지만
識不足　지식이 모자라다.

의욕은 넘치지만 식견이 부족함을 말한다.

[원문] 文寶好談方略, 以功名爲己任. 久在西邊, 參預兵計, 心有餘而識不足, 又不護細行, 所延薦屬吏至多, 而未嘗擇也.

[번역] 정문보(鄭文寶)는 책략을 이야기를 좋아하고 공명이 자기의 임무라고 생각하였다. 오래 동안 서쪽 변경에 있으면 군사 계책에 참여하였고 마음은 여유가 있었으나 식견이 부족하였다. 또 소소한 행실은 신경 쓰지 않았으니 이끌어 추천한 소속 관리는 매우 많았지만 선택된 적이 없었다.

[출전] ≪宋史 277권 鄭文寶列傳≫

倉廩實 衣食足 (入2沃)　창름실 의식족

倉廩實　곳집이 가득 차고
衣食足　의식이 풍족하다.

식생활이 여유롭다.

[원문] 倉廩實則知禮節, 衣食足則知榮辱.
[번역] 곳집이 가득 차면 예절을 알게 되고, 의식이 풍족하면 영욕을 알게 된다.
[출전] ≪管子 牧民≫

濯吾纓 濯吾足 (入2沃)　탁오영 탁오족

濯吾纓　나의 갓끈을 씻고
濯吾足　나의 발을 씻다.

세속과 타협하지 않는 결백한 마음을 말한다.

[원문] 滄浪之水淸兮, 可以濯吾纓, 滄浪之水濁兮, 可以濯吾足.
[번역] 창랑의 물이 맑으면 내 갓 끈을 씻을 수 있고, 창랑의 물이 흐리면 내 발을 씻을 수 있다.
[출전] 屈原　≪楚辭 漁父辭≫

一擧手 一投足 (入2沃)　일거수 일투족

一擧手　손 한 번 들고
一投足　발 한 번 옮긴다.

작은 힘을 말한다.

[원문] 如有力者, 哀其窮而運轉之, 蓋一擧手一投足之勞也.
[번역] 만일 힘이 있는 이가 그 곤궁함을 애처로워하여 돌봐준다면 손 한 번 들고 발 한 번 옮기는 수고에 지나지 않을 뿐이다.
[출전] 唐 韓愈 ≪五百家注昌黎文集 18권 應科目時與人書≫

[원문] 夫所謂種植耕稼者, 不過以一擧手一投足之勞.
[번역] 이른바 씨 뿌리고 밭을 간다는 것은 손 한 번 들고 발 한 번 옮기는 수고에 지나지 않을 뿐이다.
[출전] 胡適 ≪古史討論的讀後感≫

旣平隴 復望蜀 (入2沃)　기평롱 부망촉

旣平隴　농(隴) 지역을 평정하고 나서
復望蜀　다시 촉(蜀) 지역을 바란다.

끝없는 욕심을 말한다.

[원문] 西城若下, 便可將兵, 南擊蜀虜. 人苦不知足, 旣平隴, 復望蜀! 每一發兵, 頭鬚爲白.
[번역] 서성이 만일 항복하면 바로 군대를 인솔하여 남으로 가서 촉(蜀)

지역 놈들을 공격하라. 사람이 참으로 만족할 줄 모르니, 이미 농(隴) 지역을 평정하고 나서 다시 촉 지역을 바라는구나. 군대를 한 번 출동할 때마다 머리칼이 희어진다.

출전 ≪後漢書 47권 岑彭傳≫

주 ◆ 농(隴)은 농우(隴右)를 가리키고, 촉(蜀)은 서촉(西蜀)을 가리킨다. 나중에는 '隴蜀'으로 써서 사람 마음에 만족되지 않아 구하는 것이 물리지 않음을 비유하게 되었다.〔隴, 指隴右. 蜀, 指西蜀. 後用'隴蜀'比喻人心不足, 所求無厭.〕(≪漢語大詞典 '隴蜀'≫)

如負薪 如掛角 (入3覺) 여부신 여괘각

如負薪 땔나무를 지고 다니면서 공부하는 것과 같은 것
如掛角 소뿔에 책을 걸고 다니면서 공부하는 것과 같은 것.

곤궁한 속에 애써 공부한 일이다.

원문 如負薪, 如掛角, 身雖勞, 猶苦卓.

번역 땔나무를 지고 다닐 때도 공부하는 것과 같은 것, 소 뿔에 책을 걸고 다니면서 공부하는 것과 같은 것은 몸이 비록 수고로워도 여전히 괴로움 속에 우뚝하였다.

출전 ≪三字經≫

원문 朱買臣, 字翁子, 吳人也. 家貧, 好讀書, 不治産業, 常艾薪樵, 賣以給食. 擔束薪, 行且誦書. 其妻亦負戴相隨, 數止買臣毋歌謳道中, 買臣愈益疾歌. 妻羞之, 求去.

번역 주매신(朱買臣)은 자가 옹자(翁子)이고, 오(吳) 지역 출신이다. 집이 가난하였으나 독서를 좋아하고 농사 등의 일을 하지 않고 늘

땔나무를 베어서 나무를 팔아 음식을 공급하였다. 묶은 땔나무를 지고 걸어가면서도 글을 외었다. 그 아내 역시 등에 지고 머리에 이고서 따랐는데 자주 주매신에게 길거리에서 노래하지 말라고 제지하였으나 주매신은 더욱 더 빨리 불렀다. 그 아내는 부끄러워하여 떠나가겠다고 이혼을 요구하였다.

출전 《漢書 64권上 朱買臣傳》

주 • 朱買臣 : 주매신은 아내가 떠난 뒤로도 나뭇짐을 지고 다니다가 마침내 벼슬길에 올라 회계 태수(會稽太守)가 되어 부임하였다. 부임하는 길에 보니 옛날의 아내가 개가(改嫁)한 남편과 함께 길을 청소하고 있었다. 주매신은 그 부부를 수레에 태워 태수의 관사(官舍)에 머물며 편히 살게 했으나 옛날의 아내는 부끄러워 한 달쯤 뒤에 스스로 목을 매어 자결하였다.(《漢書 64권상 朱買臣傳》)

원문 李密 … 聞包愷在緱山, 往從之. 以蒲韉乘牛, 挂漢書一帙角上, 行且讀.

번역 이밀(李密)은 … 포개(包愷)가 구산에 있다는 소식을 듣고 가서 그를 따르려 하였다. 부들로 엮은 안장을 얹고서 소를 타고 《한서(漢書)》 한 질(帙)을 뿔 위에 걸어두고 가면서 한편으로는 읽었다.

출전 《新唐書 84권 李密列傳》

주 • 이밀(李密) : 582~618. 수(隨)나라 말기의 군웅(群雄) 가운데 한 사람. 수 양제(隋煬帝)가 고구려 침략을 위해 출병하였을 때 양현감(楊玄感)과 함께 난을 일으켰다. 그 후 다시 적양(翟讓) 등과 함께 하남(河南)에서 난을 일으켰다가 장안(長安)의 이연(李淵)에게 투항하였다. 뒤에 성세언(盛世彦)에게 죽임을 당하였다.(《新唐書 84권 李密列傳》)

龜生毛 兎生角 (入3覺) 귀생모 토생각

龜生毛　거북에게서 털이 나고
兎生角　토끼에게서 뿔이 나다.

일어날 수 없는 일을 말한다.

원문 殷紂時, 大龜生毛, 而兎生角, 是甲兵將興之兆.
번역 은나라 주왕(紂王) 때에 큰 거북에게서 털이 나고 토끼에게서 뿔이 났으니, 이는 전쟁이 일어날 조짐이었다.
출전 ≪述異記上≫

破廉恥 沒知覺 (入3覺) 파렴치 몰지각

破廉恥　염치가 없는 놈
沒知覺　지각이 없는 놈.

비상식적인 사람을 말한다.

원문 파렴치(破廉恥) 염치를 모르고 뻔뻔스러움.
출전 ≪표준국어대사전≫
주 破廉恥 : 몰염치(沒廉恥)와 같다.

원문 可謂愚之甚蔽之甚, 全沒知覺者也.
번역 매우 어리석고 매우 가리워져 전혀 지각이 없는 자라고 말할 수 있다.
출전 ≪無名子集文稿 6책 家禁≫

見其禮 聞其樂 (入3覺)　견기례 문기악

見其禮　그 예를 보며
聞其樂　그 음악을 듣는다.

예와 음악으로 군주의 정치와 덕을 알 수 있다.

원문 子貢曰, "見其禮而知其政, 聞其樂而知其德, 由百世之後, 等百世之王, 莫之能違也. 自生民以來, 未有夫子也."

번역 자공이 말하였다. "그 예를 보면 그 정치를 알 수 있고 그 음악을 들으면 그 덕을 알 수 있으니 백 대의 뒤에서 백 대의 군주를 차등지어 보건대, 그 실정을 벗어난 자가 없었을 것이다. 백성이 있어온 이래로 부자(夫子 : 공자) 같은 분이 있지 않았다."

출전 ≪孟子 公孫丑上≫

刪詩書 定禮樂 (入3覺)　산시서 정예악

刪詩書　시와 서를 산삭하고
定禮樂　예와 악을 정하다.

공자가 고전을 찬술함을 말한 것이다.

원문 孔子刪詩書, 定禮樂, 贊周易, 脩春秋, 皆傳先王之舊, 而未嘗有所作也.

번역 '贊周易 脩春秋'를 참고하라.

출전 ≪論語 述而 '述而不作' 集註≫

興於詩 立於禮 成於樂 (入3覺) 흥어시 입어례 성어악

興於詩　시로 흥기하고
立於禮　예로 서며
成於樂　악으로 완성한다.

배움에는 차례가 있음을 말한 것이다.

원문 子曰, "興於詩, 立於禮, 成於樂."
번역 공자가 말하였다. "시로 일으키고, 예로 서며 악으로 완성한다."
출전 ≪論語 泰伯≫

繼往聖 開來學 (入3覺) 계왕성 개래학

繼往聖　지나간 성현을 잇고
開來學　후세의 학자를 열다.

옛 성현의 가르침으로 후학들을 교육함을 말한 것이다.

원문 若吾夫子, 則雖不得其位, 而所以繼往聖開來學, 其功反有賢於堯舜者.
번역 우리 선생님 같은 분은 비록 그 왕위를 얻지 못했으나, 지나간 성현을 이어받아 후세 학자에게 열어준 점은 그 공적이 도리어 요·순보다 나은 것이다.
출전 ≪中庸章句 序≫

上無禮 下無學 (入3覺) 상무례 하무학

上無禮 윗사람이 예가 없으며
下無學 아랫사람이 배움이 없다.

사람에게 예절과 학문이 없으면 멸망하게 됨을 말한다.

[원문] 上無道揆也, 下無法守也, 朝不信道, 工不信度, 君子犯義, 小人犯刑, 國之所存者幸也. 故曰, 城郭不完, 兵甲不多, 非國之災也, 田野不辟, 貨財不聚, 非國之害也. 上無禮, 下無學, 賊民興, 喪無日矣.

[번역] 위에서 도로 헤아리지 아니하며 아래에서 법으로 지키지 아니하여, 조정이 도의를 믿지 않고 장인이 척도를 믿지 아니하여 군자는 의를 범하고 소인이 형법을 범하면 나라가 보존되는 것이 요행이다. 그래서 말하기를 성곽이 견고하지 아니하며 병기가 많지 않은 것이 나라의 재앙이 아니요, 밭이 개간되지 아니하며 재화를 모으지 못함이 나라의 해가 아니다. 윗사람이 예가 없으며 아랫사람이 배움이 없으면, 해치는 백성이 일어나서 멸망이 멀지 않을 것이다.

[출전] 《孟子 離婁上》

尊德性 道問學 (入3覺) 존덕성 도문학

尊德性 덕성을 존중하고
道問學 학문을 말미암는다.

군자는 덕성과 학문을 중시한다.

[원문] 君子尊德性而道問學, 致廣大而盡精微, 極高明而道中庸, 溫故而知新, 敦厚而崇禮.

[번역] '極高明 道中庸'을 참고하라.

[출전] ≪中庸章句 27장≫

> **巧者勞 拙者逸** (入4質)　교자로 졸자일
> **巧者凶 拙者吉** (入4質)　교자흉 졸자길

巧者勞　영리한 자는 수고롭고
拙者逸　졸렬한 자는 편하다.
巧者凶　영리한 자는 흉하고
拙者吉　졸렬한 자는 길하다.

영리한 편보다 졸렬한 편이 낫다.

[원문] 巧者言, 拙者默, 巧者勞, 拙者逸, 巧者賊, 拙者德, 巧者凶, 拙者吉. 嗚呼! 天下拙, 刑政徹, 上安下順, 風淸弊絶.

[번역] 영리한 자는 말을 잘하고, 졸렬한 자는 묵묵하며, 영리한 자는 수고롭고, 졸렬한 자는 편하며, 영리한 자는 남을 해치고, 졸렬한 자는 덕이 있으며, 영리한 자는 흉하고, 졸렬한 자는 길하다. 아, 천하 사람이 다 졸렬하면 형법과 정령이 투명해져서, 윗사람은 편안하고 아랫사람은 순종하여, 풍기가 맑아지고 악폐가 단절된다.

[출전] 周敦頤≪周元公集 卷2 拙賦≫

淡如水 甘若蜜 (入4質) 담여수 감약밀

淡如水 맑기가 물과 같고
甘若蜜 달기가 꿀과 같다.

군자는 담담하고 소인은 꿀과 같다.

[원문] 味甘終易壞, 歲晚還知, 君子之交淡如水.
[번역] 단 맛은 결국 무너지기 쉬움을 나이가 늙어서 또한 알았으니 군자의 사귐은 맑기가 물과 같다.
[출전] 宋 辛棄疾 ≪洞仙歌 丁卯 8월 病中作 詞≫
[주] ◆ 君子之交淡如水 : '君子之交淡若水'로도 쓴다.

[원문] 且君子之交淡若水, 小人之交甘若醴, 君子淡以親, 小人甘以絶.
[번역] 또 군자의 사귐은 담담하기가 물과 같고, 소인의 사귐은 달기가 단술과 같다. 군자는 담담함으로 친해지고 소인은 달콤함으로 절교한다.
[출전] ≪莊子 山木≫

[원문] 眞定郡梨大若拳, 甘若蜜, 脆若菱, 可以解煩釋渴.
[번역] 진정군의 배는 크기가 주먹과 같고 달기가 꿀과 같고 연하기는 마름 풀과 같으니, 가슴이 답답함을 풀고 목마름을 풀어 준다.
[출전] ≪御定佩文齋廣羣芳譜 55권 梨≫

蠶吐絲 蜂釀蜜 (入4質) 잠토사 봉양밀

蠶吐絲 누에가 실을 토하고
蜂釀蜜 벌이 꿀을 빚는다.

곤충의 효용성을 말한다.

[원문] 蠶吐絲, 蜂釀蜜.
[번역] 생략
[출전] ≪三字經≫

縮地法 遁甲術 (入4質) 축지법 둔갑술

縮地法 땅을 줄여서 먼 거리를 가깝게 가는 술법과
遁甲術 육갑(六甲)을 운용하여 흉함을 피하는 술법.

빨리 가게 하거나 육갑을 운용한다는 전설의 술법을 말한다.

[원문] 此人催書, 亦不能一一. 須面剖始可得盡, 恨無縮地法也. 不知何間可蒙垂枉.
[번역] 이곳 인편이 편지를 재촉하는 바람에 일일이 다 적을 수가 없네. 모름지기 만나서 따져 봐야 비로소 미진하지 않을 터인데 축지법이 없는 것이 한스럽네. 언제쯤에나 찾아와 줄 수 있겠는가.
[출전] 朴世堂 ≪西溪先生集 20권 簡牘 與李元基≫
[주] ◆ 縮地 : 전설 중에 먼 곳을 변화시켜 가깝게 만드는 신선의 술법.〔傳說中化遠爲近的神仙之術.〕(≪漢語大詞典 '縮地'≫)

| 원문 | 三千里外無黃耳, 二十旬中只白雲. 安得長房來縮地, 李皐還慰倚閭勤.

| 번역 | 삼천리 밖에 보낼 황이는 없고 이백 일 동안 흰 구름만 바라보았네. 어떻게 비장방(費長房)의 축지법을 배워서 이고처럼 기다리는 어머니를 위로할까?

| 출전 | 柳希春 ≪眉巖集 제1권 七言絶句 七朔無消息≫

| 주 | ◆ 黃耳 : 진(晉)나라 육기(陸機)의 애견(愛犬) 이름. 육기가 일찍이 홀로 낙양(洛陽)에 임관(任官)해 있을 때 황이라는 총명한 개가 있어 사람의 말을 잘 알아들었다. 그때 고향 소식이 오랫동안 끊겼다. 편지를 써서 죽통(竹筒)에 담아 황이의 목에 걸어 오(吳)에 있는 자기 집에 전하라고 일렀더니, 황이가 과연 오랜 시일에 걸쳐 머나먼 길을 가서 그 편지를 고향 집에 전하고 다시 고향 집의 답서(答書)까지 가져왔다고 한다.(≪述異記≫) ◆ 費長房 : 동한(東漢) 시대 여남(汝南) 지방에 살았던 술사(術士)로, 호장공(胡長公)이라고도 하였다. 땅을 주름 잡아서 먼 거리를 잠깐 동안에 걷는 술법인데, 비장방이 축지법을 잘했다고 한다. ≪신선전(神仙傳)≫에 비장방이 선인(仙人) 호공에게서 신술(神術)을 배워 능히 지맥(地脈)을 단축시켜서 천 리 밖의 모든 사물을 눈앞에 끌어다 볼 수 있었다는 기록이 보인다.(≪神仙傳 5권 壺公≫) ◆ 李皐 : 당 태종(唐太宗)의 후손이며, 자는 자란(子蘭)이다. 호남관찰사(湖南觀察使)와 형남절도사(荊南節度使)를 지냈으며, 이희열(李希烈)의 반란을 평정했다.

| 원문 | 桑道茂者, 寒人, 失其系望. 善太一遁甲術. 乾元初, 官軍圍安慶緒於相州, 勢危甚. 道茂在圍中, 密語人曰, "三月壬申西師潰." 至期九節度兵皆敗. 後召待詔翰林.

| 번역 | 상도무(桑道茂)는 한미한 사람으로 그 세계와 군망(郡望)이 전해지지 않는다. 태일(太一 : 신 이름) 둔갑술을 잘 하였다. 건원(乾元 : 당 숙종(肅宗) 연호) 초기에 관군이 안경서(安慶緒)를 상주(相州)에서 포위하였는데 상황이 매우 위급하였다. 상도무는 포위 속에 있었는데 가만히 사람들에게 말하기를, "3월 임신일에 서사

(西師 : 관군)가 무너질 것이다."라고 하였는데, 그 때에 이르러 9절도사(節度使)의 군대가 모두 패하였다. 뒤에 황제에게 불려서 대조한림(待詔翰林)이 되었다.

[출전] ≪新唐書 204권 桑道茂傳≫

[주] ◆ 系望 : 세계(世系)와 군(郡)의 명망. ◆ 遁甲 : 고대 방사(方士)들의 술수(術數)가운데 한 가지. ≪역위건착도(易緯乾鑿度)≫의 태을항구궁법(太乙行九宮法)에서 기원하였는데 남북조(南北朝) 시대에 성행하였다. 그 설을 신성시하는 이들은, "황제(黃帝)·풍후(風后) 및 구천현녀(九天玄女)에게서 나왔다."라고 하지만 모두 허망한 것이다. 그 법은 천간(天干) 가운데 을(乙)·병(丙)·정(丁)을 삼기(三奇)로 하고, 무(戊)·기(己)·경(庚)·신(辛)·임(壬)·계(癸)를 육의(六儀)로 한다. 삼기와 육의를 구궁(九宮)에 나누어 배치하는데, 갑(甲)으로 통솔시키고 그 길흉을 더해 임하는 것을 살펴서 길함으로 나아가며 흉함을 피하므로 '둔갑(遁甲)'이라고 일컫는다. 일설에 '둔갑(遁甲)'은 '순갑(循甲)'이라고 해야 하니, 육갑(六甲)이 순환하는 수리를 추리한다고 하여 둔(遁)은 바로 '순(循)' 자라고 한다. 송(宋) 조언위(趙彦衛)의 ≪운록만초(雲麓漫鈔) 9권≫을 참고하라.〔古代方士術數之一. 起於 易緯乾鑿度, 太乙行九宮法, 盛於南北朝. 神其說者, 以爲出自黃帝風后及九天玄女, 皆妄誕. 其法以十干的乙丙丁爲三奇, 以戊己庚辛壬癸爲六儀. 三奇六儀, 分置九宮, 而以甲統之, 視其加臨吉凶, 以爲趨避, 故稱遁甲'. 一說, '遁甲'當云'循甲', 以六甲循環推數, 遁卽'循'字. 參閱宋趙彦衛 ≪雲麓漫鈔 9권≫.〕(≪漢語大詞典 '遁甲'≫) ◆ 安慶緒 : 반역자 안녹산(安祿山)의 아들. 아버지를 따라 반역했다가 757년에 안녹산을 죽였다. 그리고 안경서는 758년에 사사명(史思明)에게 살해되었으며, 사사명은 761년에 다시 아들 사조의(史朝義)에게 살해되고, 사조의의 군대는 763년에 당나라 관군에게 격파되어 9년에 걸친 안사(安史)의 난이 끝나게 되었다.

[원문] 彼李存昌者, 卽不過逃命之一氓耳. 設令此氓呼風喚雨, 遁甲藏身, 發五營之卒而不能捕者, 賴鏞之出謀發策, 一朝禽獲, 尙不足自以爲功, 況彼不過變名匿跡, 躱處鄰境者乎!

[번역] 저놈 이존창(李存昌)이라는 자는 살려고 도망다니는 하나의 어리석은 백성에 지나지 않습니다. 비록 그 어리석은 백성이 비와 바람을 부르며 둔갑술로 몸을 숨기는 사람이어서 오영의 병졸을 다 풀어서도 붙잡을 수 없는 것을 정약용이 책략을 세워서 어느 날에 체포했다고 하더라도, 오히려 공로로 여길 것이 없을 터인데, 더구나 저 사람이 이름을 바꾸고 자취를 숨기어 이웃 고을에 피해 있던 자에 지나지 않는 자에 있어서야 말할 것이 있겠습니까!

[출전] 丁若鏞 ≪茶山詩文集 제18권 書 答五沙≫

先名實 後名實 (入4質) 선명실 후명실

先名實 명분과 실적을 우선하고
後名實 명분과 실적을 뒤로 한다.

백성을 위해 명분과 실적을 우선해야 한다.

[원문] 淳于髡曰, "先名實者, 爲人也, 後名實者, 自爲也. 夫子在三卿之中, 名實未加於上下而去之, 仁者, 固如此乎?"

[번역] 순우곤(淳于髡)이 말하기를, "명분과 실적을 우선하는 것은 백성을 위함이고, 명분과 실적을 뒤로 하는 것은 스스로를 위하는 것입니다. 선생께서 삼경의 지위에 있었으나, 명분과 실적이 위와 아래에 더하지 못하고 떠나니, 인자도 진실로 이와 같습니까?" 라고 하였다.

[출전] ≪孟子 告子下≫

[주] ◆ 先名實者 爲人也 後名實者 自爲也 : 명은 명예요, 실은 실적이다. 명예와 실적을 우선하여 하는 것은 백성을 구하는데 뜻이 있는 것이요, 명예와 실적을 뒤로해서 하지 않는 것은 자신만 잘 되게 하려는 것이다. 〔名, 聲譽也, 實, 事功也. 以名實爲先而爲之者, 是有志於救民者也, 以名

實爲後而不爲者, 是欲獨善其身者也.」(≪孟子 告子下≫)

蟹旣逸 網又失 (入4質)   해기일 망우실

蟹旣逸   게는 이미 놓쳤고
網又失   그물도 또 잃었다.

되는 일이 없음을 말한다.

[원문] 蟹旣逸, 網又失. 言事無成也.
[번역] 게는 이미 놓쳤고, 그물도 또 잃었다. 일에 성공이 없음을 말한다.
[출전] 李德懋 ≪靑莊館全書 62권 冽上方言≫

攘夷狄 尊周室 (入4質)   양이적 존주실

攘夷狄   이적을 물리치고
尊周室   주나라 왕실을 높이다.

제나라 환공과 진나라 문공의 업적을 말한다.

[원문] 晉文公, 名重耳, 齊桓公, 名小白. … 二公皆諸侯盟主, 攘夷狄以尊周室者也.
[번역] 진 문공(晉文公)은 이름이 중이(重耳)이고, 제 환공(齊桓公)은 이름이 소백(小白)이다. … 이들 두 공은 모두 제후의 맹주로서 이적을 물리쳐 주나라 왕실을 높인 자들이다.
[출전] ≪論語 憲問 '晉文公譎而不正' 集註≫

주 ◆ 晉文公…齊桓公 : 춘추 시대의 패자(霸者)들임. 제 환공(齊桓公), 진 문공(晉文公), 진 목공(秦穆公), 송 양공(宋襄公), 초 장왕(楚莊王)을 춘추 시대(春秋時代) 오패(五霸 : 제후의 맹주 다섯 사람)라 한다.

원문 齊桓公, 用管仲, 霸諸侯, 人稱頌, 尊周室, 攘夷狄, 三十年, 干戈息.

번역 제나라 환공이 관중을 등용하여 제후의 패자(霸者)가 되자 사람들이 칭송했으며, 주나라 왕실을 높이고 이적을 물리친 지 30년만에 전쟁이 종식되었다.

출전 ≪三字鑑 1권≫

春社日 秋社日 (入4質) 춘사일 추사일

春社日 오곡신에게 봄 제사 지내는 날. 제비 오고 기러기 가는 날.
秋社日 오곡신에게 가을 제사 지내는 날. 제비 가고 기러기 오는 날.

봄과 가을에 오곡신에게 제사하는 날이며 또 제비와 기러기가 오가는 날이다.

원문 春社日雨, 年豐菓小. 秋社日雨, 來年豐稔.

번역 춘사일에 비가 오면 그 해 곡식은 풍년들지만 과일이 적게 나고, 추사일에 비가 오면 다음 해에 풍년이 든다.

출전 ≪山林經濟 1권 治農 驗歲≫

주 ◆ 春社日 : 입춘(立春) 이후 다섯 번째 무일(戊日). ◆ 秋社日 : 입추(立秋) 이후 다섯 번째 무일.

원문 春社日, 當祭五穀之神, 以祈一年豐熟. 秋社日亦祭, 以報一年秋成.

번역 춘사일에는 오곡의 귀신에게 제사를 지내 한 해의 풍년을 기원한다. 추사일에도 역시 제사하여 그 해의 추수에 보답한다.

출전 ≪山林經濟 1권 治農 祈穀≫

원문 春社纔過, 又逢秋社, 燕雁行相遇.
번역 춘사일이 겨우 지나 또 추사일을 만나니 제비와 기러기가 가면서 서로 만나네.
출전 ≪十五家詞 28권 御街行 贈雁≫
주 ◆ 燕雁行相遇 : 제비는 춘사일에 왔다가 추사일에 떠나가고, 기러기는 춘사일에 떠났다가 추사일에 다시 돌아온다고 한다. 본문에서는 제비와 기러기가 춘추사일(春秋社日)에 만나다고 하였으나, 대부분 서로 떠나간 뒤에 와서 만나지 못하는 경우로 사용한다.

苦言藥 甘言疾 (入4質) 고언약 감언질

苦言藥 쓴 말은 약이고,
甘言疾 달콤한 말은 병이다.

충고는 이롭고 감언이설은 해롭다.

원문 商君曰, "語有之矣, 貌言華也, 至言實也, 苦言藥也, 甘言疾也. 夫子果肯終日正言, 鞅之藥也. 鞅將事子, 子又何辭焉!"
번역 상군이 말하기를, "이런 말이 있습니다. '외모에 대한 말은 꽃이고, 지극한 말은 열매이며, 쓰디쓴 말은 약이고, 달콤한 말은 병이다.' 선생이 기꺼이 하루 종일 바른 말을 해 준다면 저 상앙에게 약이 될 것입니다. 저 상앙이 장차 그대를 섬기겠으니 그대가 또 어찌 사양할 것입니까?"라고 하였다.
출전 ≪史記 商君列傳≫
주 ◆ 商君 : 전국 시대 위(衛)나라 사람. 성은 공손(公孫)이고 이름은 앙

(鞅)인데, 상(商)에 봉하였기 때문에 상군이라고 한다. 19년 동안 진 효공(秦孝公)을 보필하여 진나라를 강국으로 만들었으나 법을 가혹하게 사용하여 결국 실패하였다.

不能移 不能屈 (入5物) 불능이 불능굴

不能移 옮겨가지 아니하며
不能屈 굴복하지 아니한다.

대장부의 기개를 말한다.

원문 居天下之廣居, 立天下之正位, 行天下之大道, 得志與民由之, 不得志獨行其道, 富貴不能淫, 貧賤不能移, 威武不能屈, 此之謂大丈夫.

번역 천하의 넓은 집에 거처하며, 천하의 바른 자리에 서며, 천하의 큰 도를 행하여, 뜻을 얻으면 백성과 함께 행하고 뜻을 얻지 못하면 홀로 그 도를 행하여, 부귀하더라도 음란해지지 않고, 빈천하더라도 뜻이 옮겨가지 않으며, 위엄과 무력에도 굴복하지 않으니, 이를 대장부라 이른다.

출전 ≪孟子 滕文公下≫

주 ◆ 居天下之廣居 立天下之正位 行天下之大道 : 광거(廣居)는 인(仁)이고, 정위(正位)는 예(禮)이고, 대도(大道)는 의(義)이다.〔廣居, 仁也. 正位, 禮也. 大道, 義也.〕(≪孟子 滕文公下 集註≫)

起死人 肉白骨 (入6月) 기사인 육백골

起死人 죽은 사람을 일으키고
肉白骨 백골에 살이 붙게 하다.

큰 은혜를 말한다.

원문 天王親趨玉趾, 以心孤勾踐, 而又宥赦之, 君王之於越也, 繄起死人而肉白骨也.

번역 천왕(天王 : 부차(夫差))께서 친히 귀한 발걸음을 하신 것은 마음에 저의 임금 구천(勾踐)을 버리려 한 것인데 또한 용서를 해 주셨습니다. 군왕(君王 : 부차)께서는 저희 월나라에 은혜를 베풀어 죽은 사람을 일으키고 백골에 살이 붙게 한 것입니다.

출전 《國語 吳語》

주 ◆ 孤 : 고(孤)는 버린다는 뜻이다.〔孤, 棄也.〕(《國語 吳語 韋昭注》) ◆ 繄起死人而肉白骨也 : 예(繄)는 시(是)의 뜻이다. 백골에 살을 나게 하는 것은 덕이 매우 두터운 것이다.〔繄, 是也. 是使白骨生肉, 德至厚也.〕(《國語 吳語 韋昭注》)

賜彤弓 揚黃鉞 (入6月) 사동궁 양황월

賜彤弓 붉은 활을 하사하고
揚黃鉞 황금 도끼를 휘두르게 한다.

천자가 반란을 진압할 때 장군에게 하사하여 사용케 하는 물건이다.

원문 諸侯賜彤弓, 然後專征伐, 震揚黃鉞之威, 以遏亂略.

[번역] 제후들에게 붉은 칠을 한 활을 하사한 후에 정벌을 전담하게 하고, 황금 도끼의 위엄을 떨쳐서 반란이나 침략을 막았다.

[출전] ≪御定淵鑑類函 211권≫

[주] ♦ 彤弓 : 붉게 칠한 활. 고대 천자가 사용하였는데 공이 있는 제후나 대신에게 하사하여 정벌을 전담하게 하였다.〔朱漆弓. 古代天子用, 以賜有功的諸侯或大臣, 使專征伐.〕(≪漢語大詞典 '彤弓'≫) ♦ 黃鉞 : 황금으로 장식한 자루가 긴 도끼. 천자의 의장이며, 또한 정벌에 사용되었다(飾以黃金的長柄斧子. 天子儀仗, 亦用以征伐.)(≪漢語大詞典 '黃鉞'≫)

[원문] 用賚爾秬鬯一卣, 彤弓一, 彤矢百.

[번역] 너에게 검은 기장 술 한 동이와 붉은 활 하나와 붉은 화살 백 개를 하사한다.

[출전] ≪書經 周書 文侯之命≫

[주] ♦ 彤弓一 彤矢百 : 제후에게 큰 공이 있으면 궁시(弓矢)를 하사한 뒤에, 그런 뒤에야 정벌을 전담시키는 것이다. 동궁(彤弓)은 덕을 익히며 활쏘기를 연습하는 것인데 보관하여 자손들에게 보이게 한다.〔諸侯有大功, 賜弓矢, 然後專征伐. 彤弓以講德習射, 藏示子孫.〕(≪書經 周書 文侯之命 孔傳≫)

[원문] 王左杖黃鉞, 右秉白旄以麾.

[번역] 왕(王 : 주나라 무왕)이 왼손에는 황월(黃鉞 : 황금으로 꾸민 도끼)을 짚고 오른손에는 흰 깃발을 잡고서 휘둘렀다.

[출전] ≪書經 周書 牧誓≫

火始然 泉始達 (入7屑) 화시연 천시달

火始然 불이 처음 타오르고
泉始達 샘이 처음 솟아난다.

심성의 발동은 불이 처음 타듯 샘이 처음 나듯이 은미하다.

[원문] 孟子言性善, 存心, 養性, 孺子入井之心, 四端之發, 若火始然, 泉始達之類, 皆是要體認得這心性下落, 擴而充之.

[번역] 맹자가 말한 성선(性善), 존심(存心), 양성(養性), 어린아이가 우물에 들어갈 때 생기는 마음, 사단의 발현, 불이 처음 타오르고, 샘이 처음 솟아오르는 것과 같다는 종류는 모두 이러한 심성이 있는 곳을 체인(體認)하고 확충하라는 것이다.

[출전] ≪朱子語類 19권 語孟綱領≫

取無禁 用不竭 (入9屑) 취무금 용불갈

取無禁 취하여도 금하지 않고
用不竭 써도 고갈되지 않다.

자연을 즐기는 것은 막는 자가 없고, 고갈되지 않아 마음껏 누릴 수 있다.

[원문] 取無禁而用不竭兮, 誕弘濟於民瘼.

[번역] 취하여도 금지하지 않고 써도 고갈되지 않아, 이에 백성들의 병통을 널리 구제하는구나.

[출전] 李承召 ≪三灘集 제1권 椒水賦≫

[주] ◆ 소식(蘇軾) 《前赤壁賦》의 '取之無禁 用之不竭'을 생략한 것이다.

[원문] 惟江上之淸風, 與山間之明月, 耳得之而爲聲, 目遇之而成色, 取之無禁, 用之不竭, 是造物者之無盡藏也.

[번역] 오직 강 위의 맑은 바람과 산 속의 밝은 달은 귀로 들으면 음악이 되고, 눈으로 만나면 빛깔을 이룬다. 이를 취하여도 금지하지 않고, 이를 써도 고갈되지 않으니, 조물주의 무궁무진한 보물이다.

[출전] 蘇軾 《東坡全集 33권 前赤壁賦》

如囊螢 如映雪 (入9屑)   여낭형 여영설

如囊螢　반딧불을 주머니에 넣어 보듯이
如映雪　눈에 비추어 보듯이 한다.

가난하지만 학업에 열중하는 것을 말한 것이다.

[원문] 如囊螢, 如映雪, 家雖貧, 學不輟.

[번역] 반딧불을 주머니에 넣어 보듯이, 눈에 비추는 보듯이 하여 하여, 집이 비록 가난해도 학문을 그치지 않는다.

[출전] 〈三字經〉

[주] 如囊螢 如映雪 : 진(晉)나라 차윤(車胤)이 반딧불에 책을 비추어 읽듯이, 진나라 손강(孫康)이 흰 눈의 빛에 책을 비추어 읽듯이 하라는 것이다.

文王謨 武王烈 (入9屑) 문왕모 무왕열

文王謨 문왕의 계책
武王烈 무왕의 공적.

문왕과 무왕을 칭송한 것이다.

[원문] 周公相武王誅紂, 伐奄三年, 討其君, 驅飛廉於海隅而戮之, 滅國者五十, 驅虎豹犀象而遠之, 天下大悅. 書曰, "丕顯哉, 文王謨! 丕承哉, 武王烈! 佑啓我後人, 咸以正無缺."

[번역] 주공이 무왕을 도와 주왕(紂王)을 죽이고 엄(奄)나라를 정벌한 지 3년 만에 그 군주를 토벌하고, 비렴(飛廉)을 바다 모퉁이로 몰아내어 죽이니, 멸망시킨 나라가 50개국이요, 범과 표범, 코뿔소, 코끼리를 몰아내어 멀리 쫓으니, 천하가 크게 기뻐하였다. 《서경》에 이르기를, "크게 드러났도다. 문왕의 계책이여! 크게 계승하였도다. 무왕의 공적이여! 우리들을 돕고 계발하되 모두 바르고 결점이 없게 하였다."라고 하였다.

[출전] 《孟子 滕文公下》

[주] ◆ 飛廉 : 은(殷)나라 주왕(紂王) 때의 간신. 주왕에게 요부 달기(妲己)를 바쳐서 결국 은나라를 멸망시킨 장본인이다.

辨異端 闢邪說 (入9屑) 변이단 벽사설

辨異端 이단을 변별하고
闢邪說 사악한 말을 막다.

유학(儒學)의 정도(正道)를 유지시킴을 말한다.

원문 周公沒, 聖人之道不行, 孟軻死, 聖人之學不傳. 道不行, 百世無善治, 學不傳, 千載無眞儒, 無善治, 士猶得以明夫善治之道, 以淑諸人, 以傳諸後, 無眞儒, 則天下貿貿焉莫知所之, 人欲肆而天理滅矣. 先生生乎千四百年之後, 得不傳之學於遺經, 以興起斯文, 爲己任, 辨異端, 闢邪說, 使聖人之道, 煥然復明於世, 蓋自孟子之後一人而已.

번역 주공이 죽자 성인의 도가 행해지지 못하였고, 맹가(孟軻 : 맹자)가 죽자 성인의 학문이 전해지지 못하였다. 도가 행해지지 못하여 백 대 동안 선한 정치가 없었고, 학문이 전해지지 못하여 천 년 동안 참된 선비가 없었으니, 선한 정치가 없더라도 선비는 오히려 선한 정치의 도를 밝혀서 남에게 사숙하여 후세에 전할 수 있거니와, 참된 선비가 없으면 천하가 어두워져 갈 곳을 알지 못해서, 인욕이 함부로 펴지고 천리가 없어질 것이다. 선생(정명도)은 〈맹자보다〉 천 4백 년 뒤에 태어나서 전해지지 않던 학문을 남은 경전에서 얻어 사문(斯文 : 道學)을 흥기시킴을 자기의 책임으로 삼아, 이단을 분별하고 사악한 말을 막아서 성인의 도가 환하게 다시 세상에 밝혀지게 하였으니, 맹자 이후로 한 사람일 뿐이다.

출전 ≪孟子 盡心下 集註≫

知仁誼 重禮節 (入9屑) 지인의 중예절

知仁誼 인과 정의를 알고
重禮節 예절을 중요시한다.

군자의 모습을 형용한 것이다.

원문 孔子曰, "天地之性人爲貴." 明於天性, 知自貴於物, 知自貴於物, 然後知仁誼, 知仁誼, 然後重禮節, 重禮節, 然後安處善, 安處善, 然後樂循理, 樂循理, 然後謂之君之. 故孔子曰 "不知命, 亡以爲君子", 此

之謂也.

번역 '安處善 樂循理'를 참고하라.

출전 ≪漢書 56권 董仲舒傳 제26≫

操欺罔 權僭竊 (入9屑) 조기망 권참절

操欺罔 조조는 속이고
權僭竊 손권은 참람히 훔쳤다.

삼국시대 조조와 손권에 대해 나쁘게 평가한 말이다.

원문 劉玄德, 都西蜀, 立宗廟, 延漢祚. 魏曹操, 吳孫權, 彼兩國, 各數傳. 操欺罔, 權僭竊, 論正統, 惟昭烈.

번역 유현덕(유비)이 서촉(西蜀)을 도읍으로 삼고 종묘(宗廟)를 세워 한나라 국운을 이었다. 위나라 조조와 오나라 손권의 저 두 나라는 각각 수 세대가 전해졌다. 조조는 속이고 손권은 참람히 훔쳤으니, 정통을 논할 것은 오직 소열(昭烈 : 유비의 시호)뿐이다.

출전 ≪三字鑑 2권≫

生同衾 死同穴 (入9屑) 생동금 사동혈

生同衾 살아서는 이불을 함께 덮고
死同穴 죽어서는 무덤을 함께 한다.

부부의 은애(恩愛)를 말한다.

[원문] 當我初歸爾之時, 生同衾, 死同穴, 何等好話! 但爾不違悖前盟, 則與爾同死亦甘心, 子何故不亮我也!

[번역] 내가 애초에 너에게 시집갈 때 살아서는 이불을 함께 덮고 죽어서는 무덤을 함께 한다고 하였으니 얼마나 아름다운 말인가! 다만 네가 과거의 언약을 어기지 않는다면 너와 함께 같이 죽어도 또한 마음에 달가울 것인데 그대는 무슨 이유로 나를 믿지 않는가!

[출전] ≪待軒詩記 邶風 谷風 '及爾同死'≫

[주] ◆ 生同衾 死同穴 : '穀則異室 死則同穴'에서 유래한 것이다.

[원문] 穀則異室, 死則同穴. 謂予不信, 有如皦日.

[번역] 살아서는 방을 달리했으나, 죽어서는 무덤을 같이하리라. 나를 믿지 못한다고 한다면, 저 밝은 해가 있다.

[출전] ≪詩經 王風 大車≫

[주] ◆ 穀·穴·皦 : 곡(穀)은 산다는 뜻이고, 혈(穴)은 광중이고, 교(皦)는 밝다는 뜻이다.〔穀, 生. 穴, 壙. 皦, 白也.〕(≪詩經 王風 大車 集傳≫) ◆ 謂予不信 有如皦日 : 약속한 말이다.〔約誓之辭也.〕(≪詩經 王風 大車 集傳≫)

度爾衾 伸爾脚 (入10藥) 탁이금 신이각

度爾衾　네 요를 헤아려
伸爾脚　네 발을 뻗어라.

속담 '누울 자리를 보고 발을 뻗어라'는 한문 표현이다. 처지를 헤아리고 나서 뜻을 행함을 말한다.

[원문] 先度爾衾, 方伸爾脚.

|번역| ≪百言解≫

|주| ◆ 度爾衾 伸爾脚 : '시이욕 전궐족(視爾褥 展厥足)'과 같다.

責己厚 責人薄 (入10藥)　책기후 책인박

責己厚　자신을 꾸짖기를 엄하게 하고
責人薄　남을 꾸짖기를 가볍게 하라.

자신을 수양하는 방법의 하나이다.

|원문| 責己厚, 故身益修. 責人薄, 故人易從, 所以人不得而怨之.
|번역| 자신을 꾸짖기를 엄히 하기 때문에 자신은 더욱 수양되고, 남을 꾸짖기를 가볍기 때문에 사람들이 쉽게 따른다. 그런 까닭에 사람들이 원망하지 않는다.
|출전| ≪論語 衛靈公 '躬自厚而薄責於人' 集註≫

仰不愧 俯不怍 (入10藥)　앙불괴 부불작

仰不愧　우러러보아도 부끄럽지 않고
俯不怍　굽어보아도 부끄럽지 않다.

마음에 따져보아 부끄러움이 없음을 말한다.

|원문| 孟子曰, "君子有三樂, 而王天下不與存焉. 父母俱存, 兄弟無故, 一樂也, 仰不愧於天, 俯不怍於人, 二樂也, 得天下英才而教育之, 三樂也."〈集註〉程子曰, "人能克己, 則仰不愧, 俯不怍, 心廣體胖, 其樂

可知, 有息則餒矣."

[번역] 맹자가 말하였다. "군자는 세 가지 즐거움이 있으나, 천하에 왕 노릇 하는 것은 그 속에 끼어 있지 않다. 부모님이 모두 생존하시고 형제자매가 탈이 없는 것이 첫째 즐거움이요, 우러러 보아도 하늘에 부끄럽지 않고 굽어보아도 사람들에게 부끄럽지 않은 것이 둘째 즐거움이요, 천하의 영재를 얻어 가르치는 것이 셋째 즐거움이다."〈집주〉에 정자(程子)가 말하였다. "사람이 능히 자기의 사욕을 극복하면 우러러보아도 부끄럽지 않고, 굽어보아도 부끄럽지 않아서, 마음이 너그럽고 몸이 펴지니 그 즐거움을 알 만하지만, 이것이 그침이 있으면 결핍될 것이다."

[출전] ≪孟子 盡心上≫

一傳十 十傳百 (入11陌)   일전십 십전백

一傳十   한 사람이 열 사람에게 전파하고
十傳百   열 사람이 백 사람에게 전파한다.

질병의 전염 또는 소식의 전파가 매우 빠르다.

[원문] 一傳十, 十傳百, 展轉無窮, 故號義疾.

[번역] 한 사람이 열 사람에게 전하고, 열 사람이 백 사람에게 전하여, 전염됨이 한이 없으므로 의질(義疾 : 폐결핵)이라 한다.

[출전] 宋 陶穀 ≪清異錄 義疾≫

[주] ◆ 一傳十 十傳百 : 원래 질병의 전염이 매우 빠른 것을 가리켰으나 뒤에는 소식 전파가 매우 빠른 것을 형용하는데 쓰인다.〔原指疾病傳染很快, 後用于形容消息傳播得很快.〕≪中國成語大辭典 '一傳十 十傳百'≫

[원문] 一人傳十, 十人傳百, 飛飛揚揚, 都說這話死人被老虎吃了.

[번역] 한 사람이 열 사람에게 전파하고, 열 사람이 백 사람에게 전파하여, 날듯이 들끓으니, 모두 말하기를 늙은 호랑이에게 잡혀 먹혀 죽었다고 말한다.

[출전] 贛南莊 ≪何典 6회≫(≪中國成語大辭典 '一傳十 十傳百'≫ 再引用)

欲心平 躁心釋 (入11陌) 욕심평 조심석

欲心平　욕심이 평탄해지고
躁心釋　조급한 마음이 풀어진다.

좋은 음악의 효과를 말한 것이다.

[원문] 作樂, 以宣八風之氣, 以平天下之情. 故樂聲淡而不傷, 和而不淫, 入其耳感其心, 莫不淡且和焉. 淡則欲心平, 和則躁心釋.

[번역] 음악을 만들어 팔풍의 기를 펴서 천하의 마음을 평화롭게 한다. 그러므로 음악소리는 맑으면서 마음을 상하지 않게 하며 화평하면서 음란하지 아니하여 그 귀에 들어오면 그 마음을 감동시킴에 맑고 화평하지 아니한 것이 없다. 맑으면 욕심이 평탄해지고 화평하면 조급한 마음이 풀어진다.

[출전] ≪近思錄 제9 治法≫

滿招損 謙受益 (入11陌) 만초손 겸수익

滿招損　자만하면 손해를 자초하고,

謙受益 겸손하면 이익을 받는다.

자만하지 말고 겸손해야 함을 말한다.

원문 滿招損, 謙受益, 時乃天道.

번역 자만하면 손해를 자초하고, 겸손하면 이익을 받으니, 이것이 바로 하늘의 도이다.

출전 ≪書經 虞書 大禹謨≫

勤有功 戲無益 (入11陌) 근유공 희무익

勤有功 부지런하면 공이 있고
戲無益 놀면 유익함이 없다.

노력해야 이익이 있다.

원문 勤有功, 戲無益. 戒之哉! 宜勉力.

번역 부지런하면 공이 있고 놀면 유익함이 없으니 경계할지어다. 힘써 노력하라.

출전 ≪三字經≫

因丘陵 因川澤 (入11陌) 인구릉 인천택

因丘陵 언덕에 의거하고
因川澤 연못에 의거한다.

자연의 형세를 이용함을 말한다.

[원문] 爲高必因丘陵, 爲下必因川澤, 爲政不因先王之道, 可謂智乎？ 是以惟仁者, 宜在高位, 不仁而在高位, 是播其惡於衆也.

[번역] 높은 것을 만들 때에 반드시 언덕에 의거하고 낮은 것을 만들 때에는 반드시 연못에 의거하는데 정치를 하면서 선왕의 도에 의지하지 않는다면 지혜롭다 말할 수 있겠는가？ 이러한 까닭으로 오직 어진 사람이 높은 지위에 있어야 하니 어질지 않으면서 높은 지위에 있으면 이는 악을 대중들에게 전파하는 것이다.

[출전] ≪孟子 離婁上≫

一人敵 萬人敵 (入12錫)　일인적 만인적

一人敵　한 사람을 대적하고
萬人敵　많은 사람을 대적한다.

한 사람을 대적하는 검술과 만인을 대적하는 병법을 말한다.

[원문] 項籍少時, 學書不成, 去學劍, 又不成. 項梁怒之. 籍曰, "書足以記名姓而已, 劍一人敵, 不足學, 學萬人敵." 於是梁奇其意, 乃敎以兵法.

[번역] 항적(項籍 : 항우)은 어릴 때 글을 배웠으나 성공하지 못하여 포기하고 검술을 배웠으나 또 성공하지 못하였다. 항량(項梁)이 화를 내니 항적이 말하였다. "글은 성명을 기록하는 것으로 충분할 따름이며, 검은 한 사람만을 대적할 뿐으로 배울 만하지 못하니, 만인을 대적하는 것을 배우겠습니다." 이에 항량이 그 뜻을 기특하게 여겨 병법을 가르쳤다.

[출전] ≪史記 7권 項羽本紀≫

[주] ◆ 一人敵 : 필부의 용기를 말하니, 다만 한 사람 만을 대적하기에 충분

하다.〔一人敵, 謂匹夫之勇, 止足以敵一人.〕(≪漢語大詞典 '一人敵'≫). ◆
萬人敵 : 만인과 싸워 이기는 기술. 병법을 가리킨다.〔萬人敵, 戰勝萬人 之術. 指兵法.〕(≪漢語大詞典 '萬人敵'≫)

承天休 建皇極 (入13職) 승천휴 건황극

承天休 하늘의 아름다움을 계승하여
建皇極 황제의 표준을 세운다.

하늘의 도리를 본받아 법을 준수할 것을 말한 것이다.

[원문] 凡我造邦, 無從匪彝, 無卽慆淫, 各守爾典, 以承天休.
[번역] 우리 새로 출발하는 나라들은 법(法)이 아닌 것을 따르지 말며, 태만하고 음탕함에 나아가지 말아서, 각자 너희들의 규범을 지켜서 하늘의 아름다움을 이어가라 .
[출전] ≪書經 尙書 湯誥≫
[주] ◆ 天休 : 하늘이 준 덕과 혜택.

[원문] 聖人作則, 必建皇極, 敍彝倫, 植禮爲務, 坦順爲路.
[번역] 성인이 법을 만들 때 반드시 황제의 표준을 세우고 떳떳한 윤리를 펼침에 예를 수립함을 힘쓰고 순리를 평탄히 하여 길로 삼았다.
[출전] 唐 柳識 ≪新修四皓廟記≫

[원문] 昔在上聖, 唯建皇極, 經緯天地.
[번역] 옛날에는 성인이 오직 황극을 세우고 천지를 다스렸다.
[출전] 隋 王通 ≪中說 魏相≫

偃干戈 修文德 (入13職)　언간과 수문덕

偃干戈　전쟁을 멈추고
修文德　문덕을 닦는다.

전쟁을 멈추고 문화적 덕치에 힘써야 함을 말한 것이다.

원문 復知帝欲偃干戈, 修文德, 不欲功臣擁衆京師, 乃與高密侯鄧禹並剽甲兵, 敦儒學.

번역 가복(賈復)은 황제가 전쟁을 멈추고 문덕을 닦고자하며 공신들을 서울에 집결시키려고 하지 않는 것을 알아차리고는, 고밀후(高密侯) 등우(鄧禹)와 함께 갑옷과 병기를 빼앗아 두고 유학을 돈독히 했다.

출전 ≪後漢書 17권 賈復列傳≫

주　◆ 賈復 : 후한 광무제(後漢光武帝)는 천하가 안정된 후 무력에 의존하지 않고 문덕(文德)에 힘쓰고자 하였는데, 무장(武將) 가복(賈復)은 이러한 황제의 심중을 이해하고 자신의 군사를 모두 물리치고 유학(儒學)을 숭상하였다. 이에 화답하여 광무제는 그의 군사직을 면직하고 열후(列侯)에 봉하였고 가복은 사저의 문을 닫아건 채 오직 위덕(威德)을 수양하는 데 힘을 쏟았다.(≪後漢書 17권 賈復列傳≫) ◆ 鄧禹 : 후한(後漢) 창업기의 명신(名臣). 광무제를 도와서 천하를 평정하고 벼슬이 대사도(大司徒)에 이르렀다. 명제(明帝)가 전대의 공신(功臣)을 추념하여 등우 등 28인의 장수의 초상을 운대(雲臺)에 그리게 하였는데, 등우가 운대 28장(雲臺二十八將)의 제1위(第一位)였다.(≪後漢書 16권 鄧禹列傳≫)

德勝才 才勝德 (入13職) 덕승재 재승덕

德勝才 덕성이 재주를 능가하고
才勝德 재주가 덕성을 능가한다.

덕성과 재주의 우열에 의해 군자와 소인이 판별된다.

[원문] 德勝才謂之君子, 才勝德謂之小人.
[번역] 덕성이 재주를 능가하면 군자라고 하고, 재주가 덕성을 능가하면 소인이라고 한다.
[출전] ≪資治通鑑 1권 周紀1 威烈王 23년≫

志於道 據於德 (入13職) 지어도 거어덕

志於道 도에 뜻을 두며
據於德 덕에 근거한다.

학문하는 방법을 말한 것이다.

[원문] 子曰, "志於道, 據於德, 依於仁, 游於藝."
[번역] '依於仁 游於藝'를 참고하라.
[출전] ≪論語 述而≫

莫如爵 莫如齒 莫如德 (入13職) 막여작 막여치 막여덕

莫如爵　벼슬만한 것이 없고
莫如齒　나이만한 것이 없고
莫如德　덕만한 것이 없다.

세상에서 높이는 것이 벼슬, 나이, 덕이라고 말한 것이다.

[원문] 天下有達尊三, 爵一, 齒一, 德一. 朝廷莫如爵, 鄉黨莫如齒, 輔世長民莫如德.

[번역] 천하에 통용되는 높임이 셋이니 벼슬이 하나요, 나이가 하나요, 덕이 하나이다. 조정에서는 벼슬만한 것이 없고 마을에서는 나이만한 것이 없고 세상을 보조하고 백성을 성장시키는 데는 덕만한 것이 없다.

[출전] ≪孟子 公孫丑下≫

祖有功 宗有德 (入13德)　조유공 종유덕

祖有功　조(祖)는 공이 있고
宗有德　종(宗)은 덕이 있다.

제왕 묘호(廟號 : 사당 신주에 쓰는 호칭)의 조와 종의 쓰임을 말한 것이다.

[원문] 古者祖有功而宗有德, 創業垂統有功者, 祀以爲祖, 守文之主有德者, 祀以爲宗, 其廟皆百世而不毁. … 祖有功宗有德之制, 至漢而猶存, 故高祖世祖皆爲一時之祖宗. 前漢以文帝爲太宗, 武帝爲世宗, 宣帝爲

中宗, 後漢以明帝爲顯宗, 章帝爲肅宗, 此皆以其功德而祖宗也. 至於
魏晉以來, 各推其一代之賢君而宗之. 晉未得乎三代立宗之意, 故唐
室自太宗至於昭宗凡十八帝, 皆以宗名, 至於此, 則是宗爲廟號之常
稱, 不復論德建爲不朽之廟, 而先王建廟立宗之制, 至是紊矣.

[번역] 옛날에 조는 공이 있고 종은 덕이 있었으니 창업하여 계통을 내려
주어 공이 있는 이는 제사하여 조로 하고, 문치(文治)를 지키는
군주로서 덕이 있는 이는 제사하여 종으로 하여, 그 사당은 모두
백 대가 되어도 없애지 않았다. … 조는 공이 있고 종은 덕이 있는
제도는 한나라에 와서도 보존되었으므로 고조(高祖: 전한의 첫째
황제 유방(劉邦))·세조(世祖: 후한의 첫째 황제 유수(劉秀))는
모두 한 시대의 조·종이 되었다. 전한의 문제는 태종(太宗)이고,
무제는 세종(世宗)이고, 선제는 중종(中宗)이었으며, 후한은 명제
가 현종(顯宗)이고, 장제가 숙종(肅宗)이니 이것은 모두 그 공과
덕으로 조와 종을 삼은 것이다. 위(魏)·진(晉) 이래에 와서는 각
각 한 시대의 현명한 임금을 추대하여 종으로 하였다. 진(晉)나라
는 삼대(三代: 하은주)에 종을 세웠던 뜻을 얻지 못하였다. 그러
므로 당나라는 태종(太宗)부터 소종(昭宗)까지 18황제가 모두 종
으로 명칭을 하였으니 이 지경이 되어서는 종이 묘호(廟號)의 일
상 칭호가 되고, 덕이 확립되어 불후의 사당이 되는 것을 다시 논
의하지 않게 되어 선왕의 사당을 건설하여 종을 세우는 제도가 이
에 이르러 문란해졌다.

[출전] 宋 林之奇 ≪尚書全解 20권 說命上≫

[주] • 創業垂統有功者, 祀以爲祖, 守文之主有德者, 祀以爲宗: 이를 줄이면
'왕업을 창시하여 공이 있는 이는 조가 되고 문치를 지켜 덕이 있는 이
는 종이 된다(創業有功爲祖, 守文有德爲宗)', '왕업을 창시하는 이는 조
가 되고 문치를 지키는 이는 종이 된다(創業爲祖, 守文爲宗)'로 할 수
있다. 그리고 '조는 공이 있고 종은 덕이 있다(祖有功 宗有德)'로 되고
또 후일에는 '조는 공, 종은 덕(祖功宗德)'으로 표현하였다. 애초에 조와
종은 어느 군주에게나 사용하는 것이 아니고 특이한 공과 덕이 있는 군

주에게만 사용하고 그 사당은 영원히 철거하지 않았던 것인데, 이것이 당나라에 와서 시조(始祖)만 고조(高祖: 이연(李淵))라 하고 태종(太宗) 이하 모두 종을 사용하여 종이 묘호의 일상 칭호가 되고 송나라에 와서도 역시 그러하였다. 그리하여 송나라에는 '創業爲祖 守成爲宗'이라고 하여 시조만 태조(太祖)로 하고 이하는 모두 종을 사용하였다. 이것이 원나라에 와서는 시조가 태조(太祖)였으나 5대에 와서 세조(世祖)가 있어 조(祖)가 또 생겨 '創業爲祖'가 깨어진 것이다. 우리나라는 삼국시대에 고구려 6대 태조왕(太祖王), 신라 29대 태종무열왕(太宗武烈王) 두 왕의 조·종(祖宗)이 있고, 고려에는 태조(太祖)가 있은 이후 24대 원종(元宗)까지는 모두 종(宗)으로 잘 지켜졌으나 25대 충렬왕(忠烈王) 이후는 원(元)나라에 의해 왕(王)으로 일컫고, 조선에는 태조(太祖) 이후 7대 세조(世祖)가 있고 이후 선조(宣祖)·인조(仁祖)·영조(英祖)·정조(正祖)·순조(純祖)가 있어 조와 종이 섞여지고 말았다. 이외에 왕이 아닌 이를 추존하여 덕종(德宗: 성종 생부), 원종(元宗: 인조 생부), 진종(眞宗: 정조 양부), 장조(莊祖: 정조 생부 사도세자), 익종(翼宗: 헌종 생부. 고종 때 문조익황제(文祖翼皇帝)로 개칭함)으로 일컬어, 조·종의 칭호가 왕을 역임하지 않은 이까지 남용되었다. 이리하여 조가 창업의 공이라는 의미는 사라지고, 조·종이 모두 일상 칭호로 된 것이다. 그리고 종은 용군(庸君: 용렬한 임금)이나 망국지주(亡國之主: 나라를 잃은 임금)에도 붙여 '완성을 지킨다'는 '守成爲宗'의 의미를 찾을 수 없게 되었다.

|원문| 惟功以創業爲祖, 德以守成爲宗, 皆尊尊之大義也.

|번역| 공으로 왕업을 창시함을 조로 하고 덕으로 완성을 유지함을 종으로 하니, 모두 높은 것을 높이는 큰 의리입니다.

|출전| 宋 李攸 ≪宋朝事實 1권 祖宗世次≫

|주| ◆ 祖·宗: 묘호(廟號). 시호(諡號)의 일종으로 제왕의 칭호 중에 가장 존귀한 것이다. 일생의 업적을 나타내는 1글자를 앞에 놓아 'ㅇ조(祖)'·'ㅇ종(宗)', 예컨대 '태조(太祖)'·'세종(世宗)' 등으로 나타낸다. '조(祖)'는 '창업제왕 조', '종(宗)'은 '계승제왕 종'으로 정리된다. 그리고 '조종

(祖宗)'은 '임금의 조상'을 뜻하는 말로도 쓰이게 되었다. ◆ 大誼: 대의(大義)이다.

원문 祖功宗德之說, 當以始祖爲祖功, 其後有德者則宗之, 宗無數, 而祖則一而已, 如殷有太甲太戊戊丁爲三宗. 祭法言, 殷人宗湯, 則有四宗, 湯且稱宗而不稱祖, 可知殷人之廟惟契稱祖也. 周人之廟亦豈有二祖者? 然則祖宗之祭, 在明堂明審矣.

번역 공을 조(祖)로 하고 덕을 종(宗)으로 하는 설은, 당연히 시조로써 공을 조로 해야 하고, 그 뒤에 덕이 있는 이가 있으면 종으로 해야 한다. 종은 한정된 수효가 없으나 조는 한 사람뿐이니 예를 들면 은(殷)나라에 태갑(太甲)·태무(太戊)·무정(戊丁)이 삼종(三宗: 3명의 종)이 되는 것과 같다. ≪예기(禮記) 제법(祭法)≫에 은나라 사람들은 탕(湯)을 종으로 한다고 하였으니 사종(四宗: 4명의 종)이 있는 것이다. 탕도 종이라고 일컫고 조라고 일컫지 않았으니 은나라 사람들의 사당에는 설(契: 은나라 시조)만 조로 일컬었음을 알 수 있다. 주(周)나라 사람들의 사당에도 어찌 2명의 조가 있겠는가? 그렇다면 조와 종의 제사는 명당(明堂: 정무를 보는 전각)에서 했던 것이 확실하다.

출전 ≪周禮 天官 太宰 '祀五帝' 孫詒讓正義≫

주 ◆ 四宗: 은나라 30왕(王) 중에 4왕만 종으로 일컬은 것이다. 4대왕 태갑은 태종(太宗), 9대왕 태무는 중종(中宗), 22대왕 무정은 고종(高宗)이다. 창업자 탕은 4종에 속한다고 하였으나, 조라고 한 견해도 있으니, "상나라에서 사당을 세우는 제도는 조로 한 이가 탕이고, 종으로 한 이가 태갑·태무·무정이다. 태갑은 태종이고 태무는 중종이고, 무정은 고종이다.〔商立廟制, 所祖者湯, 所宗者太甲太戊武丁, 太甲爲太宗, 太戊爲中宗, 武丁爲高宗.〕(≪書集傳或問 下卷 說命上≫)"라고 하였다.

원문 祭法, 有虞氏禘黃帝而郊嚳, 祖顓頊而宗堯. 夏后氏亦禘黃帝而郊鯀, 祖顓頊而宗禹. 殷人禘嚳而郊冥, 祖契而宗湯. 周人禘嚳而郊稷, 祖文

王而宗武王. (疏) 祖, 始也, 言爲道德之初始, 故云祖也. 宗, 尊也, 以有德可尊, 故云宗.

번역 제사 지내는 법에 유우씨(有虞氏: 순(舜))는 황제(黃帝)를 체(禘) 제사하고 곡(嚳)을 교(郊) 제사하며, 전욱(顓頊)을 조(祖)로 제사하고 요(堯)를 종(宗)으로 제사하였다. 하후씨(夏后氏: 하(夏)나라) 역시 황제를 체 제사하고 곤(鯀: 우(禹)의 아버지)을 교 제사하며, 전욱(顓頊)을 조로 제사하고 우(禹)를 종으로 제사하였다. 은나라 사람은 곡(嚳)을 체 제사하고 명(冥: 설(契)의 5대손)을 교 제사하며, 설(契: 은나라 시조)을 조로 제사하고 탕(湯)을 종으로 제사하였다. 주나라 사람은 곡을 체 제사하고 직(稷: 주나라 시조)을 교 제사하며, 문왕(文王)을 조로 제사하고 무왕(武王)을 종으로 제사하였다. 〈공영달(孔穎達)의〉 소(疏)에, "조는 시작이니, 도덕의 시초가 됨을 말하므로 조라고 한다. 종(宗)은 높음이니, 덕을 높일 만한 덕이 있으므로 종이라고 한다." 라고 하였다.

출전 ≪禮記 祭法≫

주 ◆ 祭法, 有虞氏禘黃帝而郊嚳… : 조는 전욱·설·문왕이고, 종은 요·우·탕·무왕으로 제시되고 있다. ◆ 冥: 사공(司空: 수토(水土) 담당 장관) 관직에 있으면서 일하다가 물에서 죽었으므로 은나라 사람들이 교 제사를 지냈다.(≪史記 殷本紀 集解≫)

원문 古者祖有功而宗有德, 諸見祖宗者, 其廟皆不毀

번역 고대에 공이 있으면 조(祖)라 하고, 덕이 있으면 종(宗)이라 하였는데 모든 조종이라고 불린 신주는 그 사당을 어느 것이든 제거하지 않고 모신다.

출전 ≪孔子家語 廟制≫

巧者言 拙者默 (入13職)　교자언 졸자묵
巧者賊 拙者德 (入13職)　교자적 졸자덕

巧者言　영리한 자는 말을 잘하고
拙者默　졸렬한 자는 묵묵하다.
巧者賊　영리한 자는 남을 해치고
拙者德　졸렬한 자는 덕이 있다.

영리한 편보다 졸렬한 편이 낫다.

[원문] 巧者言, 拙者默, 巧者勞, 拙者逸, 巧者賊, 拙者德, 巧者凶, 拙者吉. 嗚呼! 天下拙, 刑政徹, 上安下順, 風淸弊絶.

[번역] '巧者勞 拙者逸 巧者凶 拙者吉'을 참고하라.

[출전] 周敦頤≪周元公集 卷2 拙賦≫

加不得 減不得 (入13職)　가부득 감부득

加不得　더할 수도 없고
減不得　덜 수도 없다.

꼭 알맞아서 가감해서는 안 되는 경우를 말한다.

[원문] 判. 司寇關石, 錙銖是爭, 公家文書, 格例自有盆不喩, 一律之案, 三尺至重, 下一字措一語, 必須加不得減不得, 移易不得, 闊狹不得. 然後犯者可使自服, 獄體可以益尊.

[번역] 〔판부〕법관이 법을 다룰 때에는 털끝만한 차이도 다투며, 공문서

에는 본래 격례가 있는 법이다. 뿐만 아니라 사형 죄에 대한 옥안은 나라의 법이 매우 중대하여, 글자 하나 낱말 하나를 놓을 때에 반드시 더할 수도 없고 덜 수도 없으며 바꿀 수도 없고 변통할 수도 없게 해야 한다. 그런 뒤라야 범인을 승복시킬 수 있고 옥사의 체모를 더욱 높일 수 있다.

출전 ≪弘齋全書 159권 審理錄25 京囚李昌麟 金處信獄≫

주 ◆ 判 : 왕의 재가. ◆ 司寇 : 법관. ◆ 關石 : ≪서경(書經)≫〈오자지가(五子之歌)〉의 '관석화균(關石和鈞)'에서 나온 말로, 채침(蔡沈)의 주(注)에, "관은 통(通)함이고, 화는 평(平)함이며, 200근(斤)이 석(石)이 되고, 30근이 균(鈞)이 되는데, 관통(關通)하여 피차가 서로 손해 봄이 없게 하고, 화평(和平)하여 인정(人情)에 어긋나거나 다툼이 없도록 하는 뜻이다."라고 하였는데, 여기서는 전하여 매우 공평함을 의미한다. ◆ 旀不喩 : '뿐만 아니라'의 이두식 표기. ◆ 一律 : 사형. ◆ 三尺 : 법.

不度德 不量力 (入13職) 불탁덕 불량력

不度德   자신의 덕을 헤아리지도 않았고,
不量力   역량을 헤아리지도 않았다.

제 주제 파악을 못함을 말한다.

원문 不度德, 不量力, 不親親, 不徵辭, 不察有罪, 犯五不韙, 而以伐人, 其喪師也, 不亦宜乎!

번역 식(息)나라는 자신의 덕을 헤아리지도 않았고, 역량을 헤아리지도 않았고, 친한 이를 친하게 여기지도 않았고, 사실에 근거하여 자기의 말을 따져 보지도 않았고, 누구에게 허물이 있는지 살피지도 않았다. 이 다섯 가지 옳지 못한 죄를 범하고서 남을 공격하였으니 패전한 것이 또한 당연하지 않겠는가!

[출전] ≪春秋左氏傳 隱公 11年≫

室於怒 市於色 (入13職) 실어노 시어색

室於怒 집 안에서 화난 것을
市於色 시장 사람에게 분풀이한다.

자기의 화를 남에게 분풀이함을 말한다.

[원문] 諺所謂室於怒市於色者, 楚之謂矣. 注, 人忿於室家, 而作色於市人.

[번역] 속담에 말한, "집안에서 화난 것을 시장 사람에게 분풀이한다."라는 것은 초나라를 말한 것이다. 두예(杜預) 주석에는, "사람이 집 안에서 화난 것을 시장 사람에게 분풀이한다."라고 하였다.

[출전] ≪春秋左氏傳 昭公 19년 및 杜預 注≫

[주] ◆ 室於怒 市於色 : '怒於室 色於市'의 도치이다. '怒於室 色於市'를 참고하라. ◆ 杜預 : 진(晉)나라의 경학자. 특히 ≪춘추좌씨전(春秋左氏傳)≫을 매우 좋아하여 스스로 좌전벽(左傳癖 : 좌전 애호증(愛好症))이 있다고 하였다.(≪晉書 34권 杜預列傳≫)

[원문] 室於怒, 市於色. 東諺云, "受批鍾路, 流眄氷庫." 亦此意.

[번역] 집 안에서 화난 것을 시장 사람에게 분풀이한다. 우리나라 속담에, "종로에서 뺨 맞고, 빙고에 가서 눈 흘긴다."라는 것이 또한 이 뜻이다.

[출전] ≪與猶堂全書 제1집 雜纂集 제24권 耳談續纂 東諺≫

[주] ◆ 氷庫 : 조선(朝鮮) 시대에 얼음을 간직해 두는 일과 그 창고를 맡던 관청. 한강 가에 동빙고(東氷庫)와 서빙고(西氷庫)가 있었다.

朝不食 夕不食 (入13職)　조불식 석불식

朝不食　아침도 먹지 못하고
夕不食　저녁도 먹지 못한다.

끼니를 이을 수 없을 만큼 몹시 곤궁한 상황을 말한다.

[원문] 朝不食夕不食, 飢餓不能出門戶, 君聞之曰, "吾大者, 不能行其道, 又不能從其言也, 使飢餓於我土地, 吾恥之." 周之, 亦可受也, 免死而已矣.

[번역] 아침도 먹지 못하고 저녁도 먹지 못하여 굶주려 문을 나갈 수 없을 때 군주가 이 말을 듣고, "내 크게는 그 도를 행하지 못하고 또 그 말을 따르지 못해서, 내 땅에서 굶주리게 하는 것을 나는 부끄러워한다."라고 하며 구원해 준다면 또한 그것을 받을 수 있거니와 죽음을 면할 정도로만 받을 뿐이다.

[출전] ≪孟子 告子下≫

愼言語 節飮食 (入13職)　신언어 절음식

愼言語　언어를 삼가며
節飮食　음식을 절제한다.

말과 음식을 함부로 하지 않는다.

[원문] 山下有雷頤, 君子以, 愼言語, 節飮食.

[번역] 산 아래에 우레가 있는 것이 이(頤)이니, 군자는 이 괘를 보고서 언어를 삼가며 음식을 절제한다.

출전 ≪周易 頤卦 象≫

攀龍鱗 附鳳翼 (入13職) 반용린 부봉익

攀龍鱗　용의 비늘은 잡고
附鳳翼　봉황의 날개를 붙잡다.

영주(英主)를 섬겨 공명을 세우다.

원문 天下士大夫捐親戚, 棄土壤, 從大王於矢石之間者, 其計固望其攀龍鱗, 附鳳翼, 以成其所志耳.
번역 '捐親戚 棄土壤'을 참고하라.
출전 ≪後漢書 1권 光武帝紀上≫

車兩輪 鳥兩翼 (入13職) 거양륜 조양익

車兩輪　수레의 두 바퀴
鳥兩翼　새의 두 날개.

짝진 사물은 양쪽이 함께 있어야 함을 말한다.

원문 程夫子之言曰, "涵養必以敬, 而進學則在致知. 此兩言者, 如車兩輪, 如鳥兩翼, 未有廢其一而可行可飛者也."
번역 정부자(程夫子)가 말하였다. "함양은 반드시 경으로 해야 하고, 학문의 진취는 앎을 극치로 하는 데에 있다. 이 두 마디 말은 수레의 두 바퀴와 같고 새의 두 날개와 같으니, 그중 하나를 폐하고서 달릴 수 있거나 날 수 있는 것은 없다.

출전 ≪晦庵集 63권 答孫敬甫≫

주 ◆ 涵養必以敬 而進學則在致 : ≪二程遺書 18권≫에는, "함양은 반드시 경으로 해야 하고, 학문 진취는 앎을 극치로 하는 데에 있다.〔涵養須用敬, 進學則在致知.〕"로 되어 있다.

원문 敬者, 成始終徹上下之工夫也. 故大學要旨, 卽敬字也, 中庸要旨, 卽誠字. 誠敬亦於學問, 車兩輪鳥兩翼者也.

번역 '大學敬 中庸誠'을 참고하라.

출전 英祖 ≪御製童蒙先習序≫

稻粱菽 麥黍稷 (入13職) 도량숙 맥서직

稻粱菽   벼, 수수, 콩,
麥黍稷   보리, 기장. 피.

여섯 가지 곡식을 말한다.

원문 稻粱菽, 麥黍稷, 此六穀, 人所食.

번역 벼, 수수, 콩, 보리, 기장, 피, 이 여섯 가지 곡식은 사람이 먹는 것이다.

출전 ≪三字經≫

巡所守 述所職 (入13職) 순소수 술소직

巡所守 천자는 지키는 지역을 순행하고
述所職 제후는 맡은 바를 진술한다.

천자의 순수(巡狩)와 제후의 술직(述職)을 말한 것이다.

원문 天子適諸侯曰巡狩, 巡狩者, 巡所守也, 諸侯朝於天子曰述職, 述職者, 述所職也. 無非事者, 春省耕而補不足, 秋省斂而助不給.

번역 '春省耕 秋省斂'을 참고하라.

출전 ≪孟子 梁惠王下≫

內志正 外體直 (人13職) 내지정 외체직

內志正 안으로 뜻이 바르고
外體直 밖으로 몸이 곧다.

활 쏘는 예를 통해 덕행을 볼 수 있음을 말한 것이다.

원문 射者, 進退周還, 必中禮, 內志正, 外體直, 然後持弓矢審固, 持弓矢審固, 然後可以言中, 此可以觀德行矣.

번역 활을 쏘는 사람은 진퇴와 주선(周旋)을 반드시 예절에 맞게 하여야 하니, 안으로 뜻이 바르고 밖으로 몸이 곧은 뒤에야 활과 화살을 잡음이 세심하고 견고하다. 활과 화살을 잡음이 세심하고 견고한 뒤에야 명중에 대해 말할 수 있으니, 이 부분에서 덕행을 볼 수 있는 것이다.

출전 ≪禮記 射義≫

주 ◆ 進退周還 : 진퇴(進退)는 단에 오르고 내려오는 절도이며, 주선(周還)은 읍하고 양보하는 모양이다.〔進退者, 升降之節, 周還者, 揖讓之容.〕(≪小學集註 '進退周還' 集說≫) 선(還)은 '돌 선'이다. ◆ 中禮 : 예의에 맞다.〔合乎禮儀.〕(≪漢語大詞典 '中禮'≫) ◆ 內志 : 마음에서 생각하는 것.〔內心所想.〕(≪漢語大詞典 '內志'≫) ◆ 外體 : 신체의 외부.〔身體的外部.〕(≪漢語大詞典 '外體'≫) ◆ 觀德亭 : 활 쏘기는 높고 훌륭한 덕을 보기 위한 것이다.〔射者所以觀盛德也.〕(≪禮記 射義≫)에서 유래하여 평시에는 활쏘기를 비롯한 무예를 연습하는 곳을 말한다.(≪韓國民族文化大辭典≫)

三不朽 三不惑 (入13職) 삼불후 삼불혹

三不朽　세 가지 썩지 않는 것
三不惑　세 가지 미혹되지 않는 것.

길이 칭송받는 세 가지 일[德·功·言], 그리고 미혹되지 않았던 세 가지 일[酒·色·財]을 말한다.

원문　古之所謂三不朽者, 首立德, 次立功, 又其次乃立言.
번역　옛날에 말한바 삼불후는 덕행을 남김〔立德〕이고, 그 다음은 공업을 남김〔立功〕이고, 그 다음은 후대에 전할 만한 말(문장)을 남김〔立言〕이다.
출전　淸 管同≪方埴之文集序≫
원문　太上有立德, 其次有立功, 其次有立言, 雖久不廢, 此之謂不朽.
번역　최상은 덕행을 남김이고, 그 다음은 공업을 남김이고, 그 다음은 후대에 전할 만한 말(문장)을 남김이다. 이는 세월이 아무리 오래 흐르더라도 없어지지 않으니, 이를 일러 썩지 않는다고 한다.

[출전] ≪春秋左氏傳 襄公 24년≫

[원문] 秉性不飮酒, 又早喪夫人, 遂不復娶, 所在以淳白稱. 嘗從容言曰, "我有三不惑, 酒色財也."
[번역] '德功言 酒色財'를 참고하라.
[출전] ≪後漢書 84권 楊秉傳≫

少則得 多則惑 (入13職) 소즉득 다즉혹

少則得 적게 가지면 얻을 수 있고
多則惑 많이 가지면 미혹된다.

마음을 비우면 채워지는 이치를 역설적으로 표현한 것이다.

[원문] 曲則全, 枉則正, 洼則盈, 敝則新. 少則得, 多則惑.
[번역] '洼則盈 敝則新'을 참고하라.
[출전] 老子 ≪道德經 22장≫

* 색인

ㄱ

假公義 － 292
加不得 － 336
歌永言 － 89
竭心思 － 222
曷爲人　66, 76
竭耳力 － 222
減不得 － 336
甘受和 － 192
甘若蜜 － 306
甘言疾 － 313
剛不吐 － 177
江原道 － 196
開來學 － 303
開誠心 － 195
更逢虎 － 182
更少年 － 101
車轂擊 － 113
去其角 － 294
車同軌 － 81
車兩輪 － 340
據於德 － 330
去言美 － 163
居移氣 － 190

去平安 － 98
建萬國 － 151
建春門 － 85
建皇極 － 328
擊空明 － 117
擊石火 － 118
見其禮 － 302
犬守夜 － 66
決沉機 － 44
謙受益 － 325
京畿道 － 196
景福宮 － 27
輕富貴 － 258
慶尙道 － 196
經一事 － 228
驚天地 － 64
雞犬家 － 167
啓乃心 － 153
鷄登塒 － 156
雞司晨 － 66
啓予手 － 211
啓予足 － 211
繼往聖 － 303
股肱臣 － 71
古今同 － 29

固所願 － 250
苦言藥 － 313
敲釣鉤 － 149
高鳥盡 － 127
曲則全 － 275
攻猛虎 － 182
空手去　62, 233
空手來 － 233
空手回 － 62
孔子語 － 173
攻必取 － 180
過其行 － 275
過五關 － 272
觀其行 － 276
觀德亭 － 140
管城子 － 169
管中天 － 106
光化門 － 86
挂羊頭 － 290
掛長川 － 107
教不倦 － 254
教不嚴 － 262
巧者勞 － 305
巧者言 － 336
巧者賊 － 336

巧者囚 － 305	起死人 － 315	納嘉謀 － 252
狡兔死 － 138	祈五祀 － 67	來言美 － 163
驅群羊 － 182	祈雨祭 － 241	內志正 － 342
救無辜 － 191	飢則附 － 125	來平安 － 98
九法斁 － 236	其進銳 － 288	寧烈死 － 133
口不言 － 209	旣借堂 － 122	寧玉碎 － 105
苟不學 66, 76	棄妻子 － 233	怒於室 － 167
苟不學 － 76	祈晴祭 － 241	老吾老 － 281
口有蜜 － 283	棄土壤 － 206	怒有刑 － 142
久則天 － 70	其退速 － 288	訥於言 － 139
究天文 － 161	旣平隴 － 298	能愛人 － 75
國志四 － 226	棄敝屣 － 57	能惡人 － 75
君食之 － 41	騎黃鶴 － 148	
君臣正 － 116		
君子儒 － 56	**ㄴ**	**ㄷ**
窮則變 － 31		
窮地理 － 161	絡馬首 － 210	多諫諍 － 118
權僭竊 － 321	樂循理 － 160	多奇峯 － 32
龜生毛 － 301	樂則安 － 209	多所怪 － 246
貴易交 － 59	洛出書 － 47	多則賤 － 259
極高明 － 32	落花巖 － 156	多則惑 － 344
根本固 － 278	難爲水 － 89	斷大刑 － 261
謹於言 － 277	難爲言 － 89	達四聰 － 29
勤有功 － 326	難爲弟 － 190	淡如水 － 306
勤政殿 － 257	難爲兄 － 190	膽欲大 － 194
僅避狐 － 182	亂則退 － 249	待天命 － 272
矜其能 － 23	難畫骨 － 153	大學敬 － 134
氣蓋世 － 238	南大門 － 84	德功言 － 61
		德勝才 － 330

德潤身 - 69
稻粱菽 - 341
屠龍技 - 231
渡孟津 - 78
道問學 - 304
蹈水火 - 203
道中庸 - 32
盜跖行 - 173
陶泓子 - 169
敦化門 - 86
東家食 - 287
董強項 - 215
東大門 - 84
棟梁材 - 68
同腹弟 - 187
同腹兄 - 187
東氷庫 - 235
同生妹 - 246
同生弟 - 187
同生姊 - 246
同生兄 - 187
冬之夜 - 264
遁甲術 - 307
得道者 - 205
得一便 - 259
得正傳 - 106
等高線 - 257
登大寶 - 90

等深線 - 257
等壓線 - 257
登泰山 - 265
等賢愚 - 55

ㅁ

馬角生 - 132
馬牛羊 - 167
莫空過 - 60
莫不義 - 274
莫不仁 - 274
莫不正 - 274
莫如德 - 331
莫如爵 - 331
莫如齒 - 331
萬里鵬 - 143
萬里心 - 151
萬物衰 - 35
滿四澤 - 32
萬人敵 - 327
滿招損 - 325
亡是公 - 25
網又失 - 311
望遠鏡 - 270
網中魚 - 48
忘禍福 - 287
賣狗肉 - 290

賣馬肉 - 291
賣馬脯 - 181
梅熟雨 - 178
昧人心 - 152
麥黍稷 - 341
明倫堂 - 140
明譜系 - 291
名不正 - 136
名不知 - 43
明四目 - 29
明於上 - 265
明則誠 - 134
明天子 - 267
暮氣歸 - 44
謀利輩 - 248
謀臣亡 - 127
侮人者 - 41
目無見 - 253
目有見 - 253
沒知覺 - 301
夢中夢 - 31
卯金刀 - 110
眇能視 - 159
無驕易 - 225
無賴漢 - 247
無名難 - 91
撫百姓 - 273
無伐善 - 112

색인 | 347

武伐紂 － 211	髮懸樑 － 175	父之過 － 262
無服親 － 80	放言易 － 96	不知義 － 221
無生氣 － 230	白受采 － 192	北狄怨 － 251
無施勞 － 112	百草萎 － 35	分界線 － 256
母佚生 － 133	伐有罪 － 191	分水嶺 － 256
母瓦全 － 105	闢邪說 － 319	分宅里 － 162
武王烈 － 318	璧潤望 － 119	不敢請 － 250
無慾易 － 91	辨異端 － 319	不能屈 － 314
無怨難 － 225	變則通 － 31	不能移 － 314
無恒產 － 154	並五經 － 140	不量力 － 337
無恒心 － 154	並魏王 － 126	不良輩 － 247
聞其樂 － 302	兵凶器 － 223	不忘遠 － 249
文王謨 － 319	補不足 － 295	不勉己 － 73
文字香 － 128	腹有劍 － 283	不俟車 － 46
迷其邦 － 34	本法意 － 137	不俟屨 － 46
未知生 － 165	鳳生鳳 － 159	不泄邇 － 249
敏於事 － 88	蜂釀蜜 － 307	不成器 － 221
敏於行 － 139	復望蜀 － 298	不尤人 － 77
	附鳳翼 － 340	不怨天 － 77
ㅂ	俯不怍 － 323	不貳過 － 262
	膚不毀 － 240	不知心 － 153
薄夫敦 － 83	父生之 － 41	不遷怒 － 262
反其敬 － 267	富易妻 － 59	不度德 － 337
反其仁 － 267	俯畏人 － 76	不怕慢 － 283
反其智 － 267	富潤屋 － 69	鄙夫寬 － 83
攀龍鱗 － 340	父子親 － 116	比翼鳥 － 42
反必面 － 255	不再來 － 60	鬢雖殘 － 165
反乎爾 － 168	釜中魚 － 50	冰淸姿 － 119

ㅅ

師教之 － 41
史記一 － 226
食功乎 － 58
賜彤弓 － 315
死同穴 － 321
四美具 － 131
事不成 － 136
赦小過 － 261
思政殿 － 257
舍則亡 － 120
舍則愚 － 54
師之惰 － 262
食志乎 － 58
社稷臣 － 71
士希賢 － 108
山上蓋 － 57
刪詩書 － 302
山如沐 － 229
山河在 － 152
殺無赦 － 263
殺人魔 － 114
三角山 － 99
三綱領 － 285
三綱淪 － 236
三更雨 － 151
三不祥 － 123

三不幸 － 123
三不惑 － 343
三不朽 － 343
三握髮 － 237
三吐哺 － 237
上匡國 － 73
喪厥功 － 23
喪厥善 － 194
上無禮 － 304
傷美蠅 － 145
賞不僭 － 282
喪思哀 － 60
上愛無 － 54
商曰祀 － 101
喪盡禮 － 135
喪致哀 － 269
床下床 － 289
色於市 － 167
生男惡 － 198
生女好 － 198
生同衾 － 321
生紫煙 － 107
西家宿 － 287
書卷氣 － 128
書同文 － 81
誓牧野 － 78
西氷庫 － 235
西夷怨 － 251

書自書 － 200
夕不食 － 339
善可法 － 244
先名實 － 310
先睡心 － 193
先時者 － 263
善易消 － 53
先入金 － 155
閃電光 － 118
姓不知 － 43
性相近 － 250
成於樂 － 303
誠於中 － 243
聲爲律 － 236
誠則明 － 134
世皆濁 － 138
小加大 － 225
疏君子 － 74
少陵長 － 207
少所見 － 246
泝流光 － 117
小役大 － 116
小人儒 － 56
少則得 － 344
小天下 － 265
損有餘 － 295
秀孤松 － 32
修其職 － 30

색인 | 349

水流濕 — 198	詩中畫 — 37	心自咎 — 209
修文德 — 329	識見明 — 130	十日寒 — 98
修法制 — 271	式路馬 — 203	十傳百 — 324
守成難 — 93	識某文 — 81	
收世族 — 291	識不足 — 296	ㅇ
守勝難 — 95	食不語 — 87	
樹欲靜 — 170	食牛氣 — 231	我獨醒 — 138
修字典 — 139	植遺腹 — 147	我獨清 — 138
守錢奴 — 248	式宗廟 — 260	我爲我 — 200
收宗族 — 292	新間舊 — 278	我自我 — 200
水中鷗 — 149	信其行 — 276	惡可戒 — 244
水中珠 — 57	愼於言 — 88	惡難除 — 53
脩春秋 — 150	愼於行 — 277	安其危 — 39
垂統緒 — 173	愼言語 — 339	眼不見 — 82
首孝弟 — 81	身爲度 — 236	安貧賤 — 258
順辭令 — 270	伸爾脚 — 322	眼中疔 — 226
巡所守 — 342	申號令 — 271	安則久 — 209
舜何人 — 78	失家猪 — 52	安處善 — 160
述所職 — 342	實其腹 — 286	遏人欲 — 161
崇禮門 — 84	失道者 — 205	狎白鷗 — 148
崇文學 — 104	失匕箸 — 233	仰不愧 — 323
習相遠 — 250	實若虛 — 53	盎於背 — 248
乘肥馬 — 146	室於怒 — 338	仰畏天 — 76
乘船危 — 96	心未死 — 165	良狗亨 — 138
承天休 — 328	心不煩 — 82	良弓藏 — 127
市於色 — 338	心欲小 — 194	梁上燕 — 149
詩言志 — 89	心有餘 — 295	量吾被 — 171
視爾褥 — 293	心有餘 — 296	愛物難 — 92

愛野雉 - 172	如映雪 - 318	欲心平 - 325
愛酒家 - 253	余何人 - 78	欲右右 - 280
弱役强 - 116	力拔山 - 238	欲左左 - 280
養其性 - 273	力不足 - 295	欲敗度 - 186
兩其足 - 294	力行難 - 96	用不竭 - 317
揚明暉 - 32	連理枝 - 42	龍生龍 - 159
養不教 - 262	捐親戚 - 206	龍在淵 - 104
攘夷狄 - 311	厭家雞 - 172	用則智 - 54
養移體 - 190	影隨形 - 136	右規矩 - 176
陽地變 - 255	迎秋門 - 85	友麋鹿 - 285
揚黃鉞 - 315	禮樂崩 - 277	右白虎 - 183
禦侮臣 - 65	翳長袖 - 279	右織女 - 172
魚成魯 - 178	五臺山 - 99	又借房 - 122
魚依水 - 166	五大洋 - 150	雲從龍 - 185
偃干戈 - 329	烏頭白 - 132	遠間親 - 278
言顧行 - 82	惡惡臭 - 281	遠小人 - 74
言寡尤 - 193	烏有子 - 25	原人情 - 137
言不順 - 136	惡旨酒 - 88	遠賢臣 - 74
言不惰 - 202	五花馬 - 147	月如眉 - 213
言有盡 - 26	玉不琢 - 221	月如弦 - 108
焉知死 - 165	屋上屋 - 289	爲耒耜 - 163
言之易 - 99	沃朕心 - 153	爲網罟 - 174
言忠信 - 268	洼則盈 - 71	爲善難 - 92
言必信 - 198	枉則正 - 275	爲惡易 - 92
如掛角 - 299	往處多 - 113	有其善 - 194
如囊螢 - 318	外體直 - 342	有房杜 - 126
如負薪 - 299	邀處無 - 113	有服親 - 80
侶魚鰕 - 285	欲勉人 - 73	柔不茹 - 177

색인 | 351

有死心 − 230	異父兄 − 187	一毁譽 − 52
幼習業 − 73	易爲食 − 213	任小人 − 74
有若無 − 53	易爲飮 − 213	臨深淵 − 144
游於藝 − 239	耳有聞 − 253	立不蹕 − 229
幼吾幼 − 281	夷狄橫 − 277	立於禮 − 303
有一利 221, 242	履至尊 − 90	入則孝 240, 260
有一弊 221, 242	離必合 − 34	入乎耳 155, 208
有諸內 − 244	人皆醉 − 138	
流派長 − 128	人肩摩 − 113	**ㅈ**
有恒心 − 154	因丘陵 − 326	
六大洲 − 150	人歸之 − 40	自棄者 − 204
肉白骨 − 315	人侮之 − 41	自明誠 − 134
肉中刺 − 226	仁民易 − 92	自誠明 − 134
殷曰序 − 124	人不學 − 221	子欲養 − 191
陰地轉 − 255	人月刀 − 110	自暴者 − 204
淫破義 − 225	仁者壽 − 279	作結繩 − 174
泣鬼神 − 64	仁者靜 − 207	雀夕聲 − 130
衣輕裘 − 146	人擠之 − 41	作霖雨 − 180
意無窮 − 26	因川澤 − 326	作舟車 − 163
衣食足 − 297	一擧手 − 298	作舟楫 − 180
依於仁 − 239	一簞食 − 214	蠶吐絲 − 307
利其菑 − 39	日月門 − 234	長其長 − 206
二難幷 − 131	一人敵 − 327	長幼和 − 116
耳無聞 − 253	一日暴 − 98	長一智 − 228
履薄氷 − 144	一傳十 − 324	壯致身 − 73
異腹弟 − 187	一朝塵 − 79	齎盜糧 − 131
異腹兄 − 187	一投足 − 298	才勝德 − 330
異父弟 − 187	一瓢飮 − 214	楮先生 − 169

敵國破 － 127	祭致敬 － 269	宗有德 － 331
赤兔馬 － 109	鳥驚心 － 152	縱敗禮 － 186
前車覆 － 245	操欺罔 － 321	左牽牛 － 172
展厥足 － 293	吊其民 － 63	坐不邊 － 229
全羅道 － 196	造基業 － 173	左準繩 － 176
戰勝易 － 95	朝氣銳　44, 201	左靑龍 － 183
戰危事 － 223	釣龍臺 － 156	誅其君 － 63
前朱雀 － 183	朝不食 － 339	晝氣惰 － 201
前怕狼 － 185	俎上肉 － 50	注四書 － 140
戰必勝 － 180	朝夕變 － 29	酒色財 － 61
節飮食 － 339	躁心釋 － 325	柱石臣 － 68
折衝臣 － 65	鳥兩翼 － 340	周曰年 － 101
正經界 － 162	朝委裘 － 147	周曰庠 － 124
定禮樂 － 302	祖有功 － 331	注意相 － 266
正容體 － 270	鳥逾白 － 103	注意將 － 266
井底蛙 － 106	鳥有翼 － 166	朱折檻 － 215
鼎中魚 － 50	遭一蹶 － 259	重開日 － 101
阱中虎 － 50	鳥入簷 － 156	重桑田 － 104
除苛賦 － 142	操則存 － 120	重禮節 － 320
齊得喪 － 287	存其心 － 273	衆惡之 － 103
祭百神 － 67	尊德性 － 304	中庸誠 － 134
祭思敬 － 60	尊周室 － 311	衆好之 － 103
齊死生 － 52	存天理 － 161	志氣大 － 130
濟私欲 － 292	拙者吉 － 305	知某數 － 81
帝成虎 － 178	拙者德 － 336	志於道 － 330
齊顔色 － 270	拙者默 － 336	枝葉茂 － 278
擠人者 － 41	拙者逸 － 305	智欲圓 － 121
祭盡誠 － 135	從逆凶 － 33	知仁誼 － 320

색인 | 353

知者動 - 207	責己厚 - 323	出於口 - 208
知者樂 - 279	責人薄 - 323	出則弟 - 240
只怕站 - 283	處富易 - 225	出則忠 - 260
止虐刑 - 142	處貧難 - 225	出必告 - 255
鎭國家 - 273	千金裘 - 147	出乎爾 - 168
盡君道 - 195	千里馬 - 143	忠武公 - 23
盡其忠 - 30	賤妨貴 - 207	忠武侯 - 23
陳善算 - 252	泉始達 - 317	忠淸道 - 196
盡臣道 - 195	天與子 - 168	吹恐飛 - 43
進以禮 - 224	天與之 - 40	就橋安 - 96
盡人事 - 272	天與賢 - 168	取無禁 - 317
盡精微 - 45	穿牛鼻 - 210	測水深 - 152
盡賢良 - 118	泉源壯 - 128	致廣大 - 45
執恐虧 - 43	千載寶 - 79	恥其言 - 275
	天則神 - 70	置吾趾 - 171
ㅊ	天下安 - 266	鴟晝盲 - 130
	天下危 - 266	治則進 - 249
次見聞 - 81	聽其言 - 276	親其親 - 206
此一時 - 36	靑龍刀 - 109	親不待 - 191
借賊兵 - 131	草木深 - 152	親小人 - 74
鑿運河 - 115	草似醉 - 229	親於下 - 265
著乎心 - 155	秋社日 - 312	親諸侯 - 151
纂聖經 - 139	秋省斂 - 215	親賢臣 - 74
贊周易 - 150	錐刺股 - 175	寢不言 - 87
斬六將 - 272	築長城 - 115	寢不側 - 229
昌德宮 - 27	縮地法 - 307	
倉廩實 - 297	春社日 - 312	
創業難 - 93	春省耕 - 215	

ㅌ

打憎蠅 － 145
濯吾纓 － 297
濯吾足 － 297
度爾僉 － 322
湯放桀 － 211
兔生角 － 301
通金石 － 203
退以義 － 224

ㅍ

跛能履 － 159
破廉恥 － 301
波不興 － 145
八條目 － 285
平安道 － 196
廢私恩 － 223
敝則新 － 71
布公道 － 195
飽則颺 － 125
飄輕裾 － 279
風裏風 － 31
風不止 － 170
風似箭 － 108
風徐來 － 145
風從虎 － 185

彼爲彼 － 200
彼一時 － 36
必振衣 － 45
必察焉 － 103
必彈冠 － 45

ㅎ

下公門 － 203
下利民 － 73
下無學 － 304
霞似錦 － 213
下愛有 － 54
夏日校 － 124
夏曰歲 － 101
下齊牛 － 260
夏之日 － 264
河出圖 － 47
學不厭 － 254
學聖道 － 106
漢書二 － 226
咸鏡道 － 196
柙中虎 － 48
合必離 － 34
害公義 － 223
蟹旣逸 － 311
行顧言 － 82
行寡悔 － 193

行篤敬 － 268
行不翔 － 202
行欲方 － 121
行之艱 － 99
行必果 － 199
響應聲 － 136
虛其心 － 286
顯微鏡 － 270
懸羊頭 － 291
見於面 － 248
懸牛頭 － 181
賢宰相 － 267
賢希聖 － 108
刑不濫 － 282
形於外 － 243
形諸外 － 244
惠迪吉 － 33
狐揹之 － 39
虎難制 － 240
狐埋之 － 39
好色漢 － 253
好善言 － 88
虎在山 － 104
好好色 － 281
混貴賤 － 55
鴻雁路 － 234
畫碁局 － 149
火焠掌 － 175

색인 | 355

火始然 - 317	獲明珠 - 57	後漢三 - 226
花信風 - 178	獲山猪 - 52	後玄武 - 183
花欲燃 - 103	後車誠 - 245	黑松使 - 169
畫中詩 - 37	後名實 - 310	吸血鬼 - 114
花濺淚 - 152	後睡眼 - 193	興於詩 - 303
火就燥 - 198	後受任 - 155	興仁門 - 84
黃海道 - 196	後時者 - 263	戲無益 - 326
懷其寶 - 34	後怕虎 - 185	喜有賞 - 142
畫大謀 - 44	厚風俗 - 292	稀則貴 - 259

* 참고문헌

≪大漢和辭典≫(13冊), 諸橋轍次, 大修館書店, 東京, 昭和43年.
≪中文大辭典≫(10冊), 中文大辭典編纂委員會, 中國文化學院華岡出版有
　　　　　　　限公司, 臺北市, 民國68年.
≪漢語大詞典≫(13冊), 漢語大詞典編輯委員會漢語大詞典編纂處, 漢語大
　　　　　　　詞典出版社, 上海, 1993.
≪中韓大辭典≫, 高大民族文化硏究所中國語大辭典編纂室, 서울. 1995.
≪韓國漢字語辭典≫(4冊), 檀國大學校東洋學硏究所, 檀國大學校出版部,
　　　　　　　서울, 1996.
≪漢韓大辭典≫(16冊), 檀國大學校東洋學硏究所, 檀國大學校出版部, 서
　　　　　　　울, 2008.
≪朝鮮語辭典≫(영인본), 아세아문화사, 서울. 1976.
≪표준국어대사전≫, 국립국어연구원, ㈜두산동아, 서울. 1999.
≪우리말속담대사전≫, 송재선, 서문당, 경기도 파주시. 2006.
≪作文類典≫, 新華書店北京發行所, 北京. 1990.
≪蒙學要覽≫, 浙江古籍出版社, 杭州. 1991.
≪中華蒙學集成≫, 遼寧教育出版社, 沈陽市. 1993.
≪中國成語大辭典≫, 上海辭書出版社, 上海. 2000.
≪現代漢語句典≫, 中國大百科全書出版社, 北京. 2001.
≪對偶趣話≫, 鄭頤壽·鄭韶風·魏形峰, 福建人民出版社, 福州市. 2003.
≪中國諺語大全≫(上·下), 上海辭書出版社, 上海. 2004.
≪分類成語司典≫, 吉林教育出版社, 長春市. 2007.
≪成語對仗詞典≫, 周靖冬, 北京師範大學出版社, 北京. 2009.
≪對聯大全≫, 李偉, 北方婦女兒童出版社, 吉林省長春市. 2010.
≪漢語成語大全≫, 商務印書館國際有限公司, 北京市. 2011.

≪詩韻集成≫, 文津出版社有限公司, 台北市, 民國87.
≪平仄字典≫, 林吉溪, 明治書院, 東京, 昭和59.

어학사전, http://www.naver.com/
어학사전, http://www.daum.net/
≪重篇國語辭典修訂本≫, http://dict.revised.moe.edu.tw/
百度百科, http://www.baidu.com/

○ 社團法人 時習學舍 編著者

主編 李忠九　교원대학교 강사
校閱 李斗熙　영동대학교 호서문화연구소 연구원
　　 權奇甲　설봉서원 강사
編譯 黃容默　서울명덕여자중학교
　　 金坪鎬　북일고등학교
　　 成眞宇　북일고등학교
　　 李性燦　온양용화고등학교
　　 李承勇　선문대학교 고전문학 박사과정
　　 韓允淑　한국서가협회 상임이사
　　 黃鳳德　성균관대학교 한문학전공 문학박사
　　 宣美賢　성균관대학교 한문학전공 박사과정
　　 金奎璇　선문대학교 교수
　　 尹世衡　숭실대학교 박사과정 수료
　　 朴鎬京　단국대학교 한문교육과 졸업
　　 白鎬鉉　춘추서당 원장
　　 徐銀善　강남대학교 인문과학연구소 연구원
　　 金甫省　성균관대학교 대동문화연구원 책임연구원
　　 李秀珍　한국학중앙연구원 한국학대학원 박사과정 수료

시습고전총서 ⑤

백년 지혜 한자 짝글 三字對句

2017년 6월 12일 초판1쇄 인쇄
2017년 6월 23일 초판1쇄 발행

편저자 ┃ 사단법인 시습학사
발행인 ┃ 김 영 환
발행처 ┃ 도서출판 다운샘

05661 서울특별시 송파구 중대로27길 1
전화 02 - 449 - 9172 Fax 02 - 431 - 4151
E-mail : dusbook@naver.com
등록 제17 - 111호(1993. 8. 26)

ISBN 978-89-5817-374-8 94710
ISBN 978-89-5817-255-0 (세트)

값 23,000원